1,000% 자아 활용법
깨달음으로 가는 길
(도반편)

1,000% 자아 활용법
깨달음으로 가는 길
(도반편)

초판 1쇄 인쇄 2019년 11월 1일
초판 1쇄 발행 2019년 11월 5일

지은이   무진
펴낸이   金泰奉
펴낸곳   한솜미디어
등록   제5-213호

편집   박창서 김수정
마케팅   김명준
홍보   김태일

주소   05044 서울시 광진구 아차산로413
         (구의동 243-22)
전화   02)454-0492(代)
팩스   02)454-0493
이메일   hansom@hansom.co.kr
홈페이지 www.hansom.co.kr

값 15,000원
ISBN 978-89-5959-517-4 (03180)

* 잘못 만들어진 책은 구입하신 서점에서 바꿔드립니다.

1,000% 자아 활용법

깨달음으로 가는 길

| 도반편 |

무진 지음

한솜미디어

천문

천서

| 책머리에 |

    깨달음이 무엇인가 고민하며 여러 곳을 방황하였다.
    막연한 알음알이로 깨달음을 찾아가기에는 내가 아는 지식으로는 턱없이 부족하였고, 그러면서도 내면세계의 자유자재를 갈구하였다.
    허약하게 태어났는지 나는 늘 잦은 병치레로 부모님께 걱정을 끼쳤으며 어머니는 다 죽어가는 자식을 살리기 위해 병원으로 한의원으로 백방으로 뛰어다니셨다.
    어머니의 정성으로 2년간 한약을 꾸준히 먹고 신장병이 완치되었다. 지나간 삶의 어려움은 생각하기도 싫을 정도로 병으로 많은 고통을 겪어서 그런지 나는 정신세계가 항상 궁금했다.
    나는 왜 태어났을까? 할 일이 있어서 태어났을 텐데 무엇을 하러 태어났다는 것인가? 신장병 후유증으로 초등학교 6년 동안 체육시간에는 거의 교실에서 친구들이 뛰노는 운동장 밖을 하염없이 부러움으로 지켜보았다.
    성인이 되고부터는 아픈 사람들과 친하게 지냈으며, 그네들이 말하는 아픔의 고통을 해결해 주었다. 그러던 어느 날 말로 표현할 수 없을 정도로 어깨 통증이 심해 일상적인 생활을 거의 못 하게 되었다. 그런데 우연히 기수련이라는 광고를 보고 상담하여 두 달간 기수련 체조를 받고 어깨 통증이 완전히 사라졌다. 참 신기했다.

그 후 수련단체에 평생회원으로 가입하여 건강을 위해 열심히 기체조를 했다. 수련원에서 권하는 특별수련도 열심히 참가하여 기 세계에 조금 깊이 들어갔다.
　기공 수련지도도 받고 정신세계에 입문하여 조금씩 정신 영역을 넓혀갔다. 그러던 어느 날 수련원을 운영해 보라는 권유를 받아들여 기수련 경험을 바탕으로 운영하면서 실질적인 문제를 찾아내기 시작했다.
　어떤 사람은 잠깐만 수련지도를 해주어도 병이 호전되었다고 하는데 어떤 사람은 수련지도를 받아도 아프다고 호소했다. 주변의 기치유 잘하는 분에게 조언을 청했다.
　그분은 전생에 병으로 죽은 조상이 들어와 앉아 있으면 수련만으로는 안 된다고 했다. 그러면서 신명이 병들어 있어도 기수련으로는 역부족이라는 조언을 들었다.
　더 이상 수련원을 운영하기에 역부족이라는 것을 알고 접었다. 그리고 영성공부가 있다는 것을 찾아내어 영적 선생님을 만나 공부에 들어갔다.
　영적 공부를 하면서 알게 되었다. 인간은 태어나면서 숙명이라는 것이 있다는 것을…. 내가 왜 태어났는지 숙명을 알고 조상부터 혜원시키는 공부를 시작했다.

왜 병약하게 태어났는지 이유를 알고 뿌리공부부터 하였다. 뿌리공부하는 도중에 사업이 잘 안 된다며 도움을 청하러 오는 사람들이 있는가 하면, 기혈이 막혀 암에 걸려 도와달라고 하는 사람들, 자녀들의 어려움 등 수많은 사람들이 도움을 청하러 왔다.

처음에는 내가 능력이 있어서 오는가 보다 했는데 그게 아니라는 것을 알게 되었다. 한 사람 한 사람 전부 나를 공부시키려고 오는 천신제자들이었다.

그들의 어려움을 풀어주면 나는 그 공부가 끝나지만 그들은 나를 통해서 조상들 공부를 시켜주어야 한다는 것을 뒤늦게 알게 되었다.

어느 날 하늘에서 음성이 내려온다.

앞으로 조상 천도재는 없다. 자손들 통해서 조상들을 공부시켜 주지 않으면 그 어떤 일들도 해결이 안 된다며 법을 알려주었다. 앞으로 명심하고 선원에 들여보낸 천신제자들에게 조상공부를 시켜주어야 한다고 명이 내려왔다.

선원에 들여보낸 제자를 통해 나는 많은 공부를 확인했다. 그리고 영을 빼고 넣을 수 있는 자격증을 내려받았다.

선원에서는 천어와 천서로 영성공부를 지도해 준다. 천어와 천서는 전생의 수많은 삶의 정보를 지워주는 탁월한 능력이 있다. 천어와 천서를 하면 힘들게 조상 천도재를 하지 않아도 되고, 몸이 아픈 사람들도, 가정에 우환이 끊이지 않는 사람들도 다른 환경에 가서 구원의 손길을 던지지 않아도 가벼운 우환은 정리된다.

그리고 영적으로 공부하여 지적 수준을 올리면 조상들도 지적 수준이 승급된다.

이 글을 쓰게 된 동기는 너무나 많은 사람들이 올바른 정보를 받지 못해 자신보다 못한 낮은 수준의 신명 급수에게 도와주십사 허리를 굽히지 말라는 뜻에서이다.

내 지적 수준은 높은데 수준 낮은 곳에 가서 도움을 청하면 일이 성사되지 않는다. 고등학교 수준인 자가 유치원 수준의 신명 급수에게 도움을 청하면 일이 해결되느냐고 묻는 것이다. 여러분도 자신의 영적 수준이 어느 정도인지 알았으면 한다.

나는 그 무엇이 되려고 애쓰지 않았다. 그저 하고 싶은 것이기에 시작했을 뿐이다. 그리고 언제나 움직이고 존재하고 있음을 하늘에 알리고 싶었다. 그리고 알았다. 나의 존재를 하늘에 알리는 것은 제대로 된 숨쉬기를 하고 있으면 된다는 것을….

웅천마음선원에서는 영(靈) · 기(氣) · 신(神) 비물질 세계에서 물질세계를 만들어가도록 지도해 준다.

1,000% 자아 활용법

깨달음으로 가는 길

책머리에 _ 6

제1장 _ 하늘의 소리, 내면의 소리

주는 자 _ 20
자연인 _ 22
자신에게 투자하라 _ 23
저절로 되는 것 _ 24
무제 _ 25
깨어 있으라 _ 26
영적인 자 _ 27
본성 _ 28
겸손(1) _ 29
겸손(2) _ 30
생각하기 나름 _ 31
내면의 울음소리 _ 32
사람의 가치 _ 33
수행 _ 34
세월 _ 56
위장 _ 58

신명세계를 이해하려면 _ 60
나를 알아감이 _ 64
영광의 눈물 _ 66
비운다는 것 _ 68
깨달음 _ 69
깨달음은 말로 표현할 수 없다 _ 70
천신의 종류 _ 71
환경미화원 _ 72
영과 공존하는 세상 _ 73
가슴이 살아야 _ 75
아름다움의 근기 _ 76
수없이 많은 문 _ 77
제대로 전달하자 _ 79

제2장 _ 나를 찾아 떠나는 여행

자존심 _ 82
필요 없는 장군신 _ 83
2% 부족 _ 84
또 2% 부족 _ 85
종살이 _ 87
하늘이 웃었다 _ 89
무속의 비방문 _ 92
대역 _ 94

장한 제자 _ 96
과욕이 부른 실수 그리고 성장 _ 98
애기 주장신 _ 101
힌트를 주어도 탈락 _ 103
정신지체아 사회인 _ 104
대행의 변화 _ 106
엄벌 _ 108
부부의 상담 _ 109
아주 질기고 질긴 깐죽이 _ 111
말문이 막힌 여자 _ 112
한의 긴 줄 _ 115
신당 정리 _ 116
氣 _ 118
자신도 모르는 빙의 _ 119
다리를 절어도 본인은 모른다? _ 120
천도재로 집 날린 여자 _ 121
호기심 인자 발동 _ 123
산신 할배 _ 124
반성 못 하는 제자 _ 126
마지막 관문 _ 129
내림굿? _ 130
손바닥으로 하늘이 가려질까? _ 132
접붙이기 _ 134
여제자의 SOS _ 136
박수무당의 눈물 _ 137

막히면 뚫을 줄 알아라 _ 139
알아서 하겠다는 30% 에너지 _ 142
개천일 천제 _ 145
석모도 무당 할매 _ 147
투신자살 학생의 한 _ 150

제3장 _ 영성공부가 답이다

영성공부는 왜 할까? _ 154
영성의 정의 _ 156
신들의 밥 _ 159
영성공부 자세 _ 161
영성 상담 _ 163
신명 여행 _ 164
사람을 영으로 보는 방법 _ 166
눈물 여행 _ 169
악어의 눈물 _ 171
걸어온 길을 되돌아보며 _ 173
중단전 _ 176
전달자 _ 177
신명 교체 _ 179
나침반 _ 181
시험을 이기는 과정 _ 183
영의 방문 _ 185

영성공부 프로그램 _ 186
원격 영성 기 점검 _ 188
천신들과 소통 _ 191
중재신명 _ 193
누명 _ 194
연결 _ 197
영통 _ 199

제4장 _ 신명들의 세계

천어와 천서의 효과 _ 202
천어와 천서의 활용 _ 206
신들의 귀 막음 _ 209
신들이 원하는 것 _ 210
신 사냥 _ 211
우주는 소리로 온다 _ 212
외부 신과 내부 신 _ 213
원위치 _ 214
영적 빙의 _ 215
자유 _ 217
천층 만층 천도재 _ 219
숫자 놀이 _ 221
천도재란 _ 223
칭찬 _ 224

예의 없는 신명 _ 226
훈민정음 해석 _ 230
신들이 거두어들이는 세금 _ 232
지도자의 자격 _ 234
신들의 보복 _ 236
명분 있는 천제 _ 237
앉아야 하는 자리 _ 239
신들의 전쟁 _ 241
신명들의 활동 _ 243
저승세계는 어디 있을까? _ 244
주어진 배역 _ 245
영적 수화 _ 247
우주공부를 한다는 것은? _ 248
확실한 거래 _ 249
먼지만큼의 일들 _ 251
신들의 삶, 인간의 삶 _ 253
길 잃은 젊은이 _ 254
부족한 자식 _ 256
가장 쉬운 것? _ 258
정치인의 사주 _ 261
쉽게 영의 세계를 알려면 _ 263

제5장 _ 인내하는 자가 하늘을 이긴다

내면은 자신을 유혹할 때가 많다 _ 266
초보 시절의 마음 _ 268
새 식구 _ 271
기도 시간은? _ 273
수행 과정(1) _ 276
수행 과정(2) _ 279
수행 과정(3) _ 281
육체의 통증 _ 282
혈액 순환제 _ 284
상품 _ 286
표정 관리 _ 288
휴가 _ 290
반성 _ 291
느티나무 설렁탕 _ 292
멋진 삶 _ 293
타인의 시행착오 _ 297
애로사항 _ 300
오랜 세월의 업 _ 301
낮은 신들의 장난 _ 302
행복한 시간들 _ 304
수많은 절벽 _ 305
인내하는 자가 하늘을 이긴다 _ 306
확장 _ 308

신명 저축 _ 309
특이체질 _ 310
죽어야 산다 _ 312
결과 _ 313
뻔뻔함 _ 314
봄맞이 대청소 _ 315
처음 만난 고마움을 잊지 말자 _ 316
신을 다룬다는 것 _ 317
해제된 안부 전화 _ 319

제6장 _ 영성공부를 받다

네 번의 죽음의 고통 속에서 _ 324
처음 약속을 지켜주신 스승님 _ 327
영성공부를 받으며 _ 333
스승님께 감사! _ 336
삶의 여정 _ 338
가정의 화목을 찾다 _ 341
자연과 함께하는 공부 _ 343
삶의 방향을 바꾸어놓은 공부 _ 345
영성공부를 하며 _ 348
새로 태어난 삶 _ 351

제1장

하늘의 소리, 내면의 소리

주는 자

　인간은 '응애' 하며 세상에 태어난다. 그리고 부모 손에서 보호받고 사랑 속에서 성장한다.
　갓난아기 때에는 위험하다고 주변의 위험 요소는 다 치워버리고 마음껏 기어다니게 공간을 만들어준다.
　걸어 다닐 때는 더 많은 위험들이 곳곳에 산재해 있어서 어른들의 시선은 항시 아이에게서 떨어지지 않는다.
　그렇게 시간이 흘러 유치원, 초등학교, 중학교, 고등학교… 세상으로 나올 준비를 하며 두뇌에 지식을 입력시키며 키운다.
　세상에서 남에게 멸시당하지 않고 살려면 적어도 대학교까지는 마쳐야지 하며, 부모는 교육에 정성을 쏟는다. 더 나아가서 대학원, 박사과정까지 학위를 취하도록 도와준다.
　개인적인 삶도 중요하지만, 남을 위한 봉사하는 직업은 어떠할지. 태어나 성장하면서 부모에게 보호받음을 거시적 의미로 확장하는 정신을 가지는 것은 어떠한지.
　개인적 울타리도 튼튼하게 만들어놓고, 그 사이에 타인에게 봉사하는 공간도 만들어 받는 자의 즐거움보다 주는 자의 즐거움을 맛보는 것은 어떠할지?
　이기적 계산이 섞이지 않은 순수한 마음을 전달하는 마음속의 공간을 하나 만들어놓으면 우리가 사는 세상은 살기 좋아질 텐데 하는 마음을 가져본다.
　나는 부모님에게 사랑을 많이 받고 자랐다. 지금은 주는 즐거움이 무엇인지 만끽하며 행복을 느낀다.
　하늘과 주파수를 맞추어 제자들에게 끊임없이 나누어주고 있다. 나는 받는 즐거움과 주는 즐거움을 동시에 누리고 있다.

자연인

우주의 무언가가 나를 사랑한다.
우주가 나에게 들어온다.
하늘이 나에게 들어온다.
우주가, 하늘이 나에게 들어와 메시지를 전한다.
"인간들이 존재하기에 하늘과 우주의 신들이 존재하며, 하늘관도 존재한다."
자신을 잃으면 존재감도 사라진다.
하늘은 있는 그대로의 모습을 사랑한다.

자신에게 투자하라

자신에게 투자하는 방법은 많이 있지만 산천과 바다와 강을 다니면서 기도하는 것도 자신에게 투자하는 것이다.

사람들이 기를 쓰고 자연으로 여행을 다니는 것은 나의 신명들이 숨을 쉬기 위해 자연으로 나가도록 만드는 것인데 사람들이 잘 모르는 것 같다.

신들은 여행을 좋아한다. 여행이 곧 신명 건설이다.

여행하면서 주변에 볼거리들이 얼마나 많은가?

그 고장의 특산물인 음식들을 취하는 것도 밥을 먹는 것도 나 자신의 신들에게 투자하는 것이다. 사람은 진실로 자신의 신명들에게 투자해야 한다. 그래야 신들을 통해서 원하는 것을 할 수 있다. 내면의 신들과 통하지 않으면 무엇을 해도 힘들다는 것을 알았으면 한다.

산과 바다, 강으로 다니면서 기도하자.

자기 신명들에게 투자한다면 많은 도움을 받을 것이다.

저절로 되는 것

저절로 되는 것을 원한다면
저절로 되는 것을 하려면
저절로 되도록 내면에 입력하면 된다.
결국 하늘은 내면에 입력된 만큼 주신다.
남을 가르치고 시기하는 마음이 없을 때 비로소 공부는 깊어진다.
자신이 최고라는 착각은 곧 최고 잡신의 노예가 되는 길이다.

무제

1. 문수보살의 지혜는 사람에게 필요한 것이나 인생살이 중에 필요 없는 지혜도 있을 수 있다.
2. 그래서 지장보살의 세계를 알면 지혜가 육체적으로만 오는 것이 아니라 영적으로도 올 수 있음을 알 수 있다. 영으로 오는 것이 더 많기에 수행을 제대로 하지 않으면 풀어낼 수 없다. 영겁이 그것이다.
3. 부처님 기도를 한다면 영혼의 흩어짐을 막을 수 있다.
4. 관세음보살 기도를 한다면 사람들의 추한 모습을 감싸줄 수 있다.

단군, 부처, 예수를 천도하는 사명은 그 누구도 할 수 없는 일이기에 여기저기 다니게 하는 것이다.

세상 사람들이 살아가는 데 있어서 가장 중요한 것은 제대로 천도하는 것인데 그리하지 못해 당하는 사람들이 많다.

깨어 있으라

하늘은 항상 깨어 있으라 한다.
그리하면 보이는 사물을 파악할 능력이 주어진다고 했다.
그러나 눈을 감고 흘려 지나칠 수 있다면, 아니 보고 싶지 않은 것, 듣고 싶지 않은 것은 머리에 남겨두지 않아도 되지 않을까?
연민, 미련, 집착으로 인간을 묶는 짓이 의미 없으니, 이젠 내가 묶은 줄을 놓아야 될 때가 온 것 같다.
묶인 줄을 풀려고 하나 그 무엇인가가 보기 안쓰럽다.
이제 서서히 묶인 줄을 풀어가야겠다.
그것이 그대를 위하는 길이라면….

영적인 자

　모든 것을 받아들이고 순응하는 자가 영적인 자다.
　받아들임과 순응이 없는데 어떻게 하늘을 받아들이고 하늘을 알 수 있는가?
　받아들여야 하는 마음이 있어야 하늘 마음을 알 수 있다.
　순응하는 자세가 있어야 하늘 명을 받을 수 있다.
　명을 부여받은 자가 이건 이렇고, 저건 저렇다고 분별하려고 한다면 영과 통할 수 없다.
　영적인 존재는 그렇다.
　구분하는 마음이 없는 것이다.

본성

본성이란 무엇인가?

수많은 수행자들과 평범한 사람들이 본성을 찾고자 많은 시간들을 투자한다. 순수한 영은 어디에도 물들지 않은 순수한 물과 같다.

근기를 닦아 보아라. 근기를 수없이 닦다 보면 자기 안의 맑고 순수한 영을 보게 될 것이다.

마음을 수없이 닦아내다 보면 본성을 찾게 되고 통하게 된다. 마음을 계속 닦아내면 어떤 신들도 인간을 함부로 쥐락펴락하지 못하게 된다.

그러하니 마음을 부지런히 닦아라.

그리고 어떠한 신들에게도 함부로 자신을 내주지 마라.

겸손(1)

　많이 아는 것은 귀(貴)한 것이나 그보다 더 귀한 것은 모두 털어버리는 것이다.
　많이 갖는 것은 부(富)한 것이나 누구보다 더 부한 것은 하나도 갖지 않는 것이다.
　남을 이기는 것은 용기 있는 것이나 그보다 더 큰 용기는 져주는 것이다. 가득 찬 그릇은 넘치지만, 비어 있는 그릇에는 담아지느니라. 넘치는 곳에는 착오가 있으나 비어 있는 곳에는 정확함이 있다.
　세상에 나아가서 말을 조심하고, 남의 결점을 비난하기 전에 자기 결점을 반성하라. 겸손은 보배요, 무언(無言)은 평화다.
　말하지 않고 후회할 때보다 한 번이라면 말하고 후회할 때가 수를 헤아릴 수 없나니.
　화려하지 않지만 진흙 속에서 찬란한 꽃을 피우는 연꽃을 보라.
　여자 제자야! 무엇이 조급하고, 답답하게 했더냐? 무(無) 소유가 행복하지 않더냐? 베트남에서 국가 기운을 느끼지 않았더냐? 싸늘함이 없지 않더냐?
　포근하고 여유로움 속에서 정확함을 볼 수 있느니라.
　마음을 늘 여유롭게 하여 문을 활짝 열어놓을 때 자연과 대화도 가능하고 하늘 소리도 들을 수 있나니….

겸손(2)

인간은 겸손의 미덕이란 단어로 곧잘 자신을 위장하곤 한다.

오만 속의 겸손
기만 속의 겸손
겸손 속의 오만
겸손 속의 기만

난, 겸손 속의 오만을 한다.
벼는 익으면 고개를 숙인다. 고개를 숙인 벼는 익을 대로 다 익으면 터트리게 되어 있다.
하늘에서 못난 인간을 대단하게 만들어주었기에 나는 하늘의 위대함을 알려주기 위해 겸손 속의 오만함을 보인다. 사람들이 그것을 알아주었으면 한다. 하늘과 통하기만 하면 나같이 못난 인간도 잘난 인간으로 만들어주시니, 하늘과 통하기를 기도해 보라….
하늘과 통하려고 굳이 산으로, 강으로, 바다로 갈 필요는 없다. 천기를 통하게 하는 자를 만나 천기를 내려받으면 내가 노력하는 만큼 하늘과 통할 수 있다. 하늘과 통한다는 것은 나의 내면세계와 합일되는 것이다.
인간이 공부하거나 사업을 하거나 어떠한 일을 하든 자신의 내면세계와 합일한다면 조금은 수월해질 것이다.

• **생각하기 나름**

   인간은 살면서 수많은 일들을 만들고 수많은 일들을 겪는다.
   왜 수많은 일들을 벌이게 하며 부딪침 속에서 알게 할까?
   사람은 경험을 통해서 공부하며 성장하고 진화하기 때문에 신들은 사람과 사람 사이의 부딪침 속에서 성장할 수 있도록 프로그램을 만들어놓았다.
   삶에 실패라는 것은 없다.
   다만 경험 속에서
   정지함이냐
   뒤로 돌아감이냐
   앞으로 나아감이냐일 뿐이다.
   결국은 경험 속에 정지와 진보만이 있을 뿐이다.

내면의 울음소리

세상의 울음소리가 크다고 할 것이냐?
네 안의 울음소리가 크다고 할 것이냐?
하늘은 네 안의 울음소리가 더 크다고 하신다.
네 안의 울음소리가 더 크다는 것을 알아라.
그러니 세상의 울음에 귀 기울이지 말고,
네 안의 울음소리에 귀를 기울일 줄 알아라.

사람의 가치

사람의 가치는 그 사람의 뇌 속에 있는 정보의 양과 질에 비례하며, 우리의 인생을 결정지을 수 있다.

우리가 사는 사회에는 정보와 정보의 충돌, 문화와 문화의 충돌, 바른 정보만이 잘못된 정보를 바꿀 수 있다.

잘못된 정보를 정화시키자.

정화시키는 방법은 수없이 많다.

그중 눈물로 반성하는 것이 제일 빠르다.

수행

1.
영적인 인간, 인간적인 인간, 용서 또 용서하는 것이다.

2.
하늘의 비밀을 알려면 너 자신의 비밀을 먼저 알려라!

3.
하늘을 알려면 네 것부터 버려라. 버리는 것은 잠자듯 버리는 것이다.

4.
발바닥에 불을 붙이고 다녀야 하는데 너는 얼음을 붙이고 다니니 어떻게 하늘에 불을 붙일 수 있느냐?
몸을 활활 태울 수 있어야 하늘에서 얼음물을 내려줄 수 있는데… 불을 켜고 본다면 진정 내 몸에 불이 지펴지는 것이다.

5.
하늘을 화나게 하지 마라!
자신을 하늘에 전부 팔아야 한다.
전부를 팔지 않고 하늘을 믿었다고 하니 탈락이지.

6.
"점검을 잘 받아야지!" 하고 싶어도 못 할 것이다.
남자 여자는 없는 것이다.
때에 따라 역할만 바뀌는 것이다.

7.
자신을 깨끗하다고 하지 마라.
이미 오염되어 있지 않느냐?

8.
맑은 영들이 모여서 하늘을 만들었다.
영은 자동으로 생기고 자동으로 소멸되기도 한다.
영은 본래부터 존재하였다.
영이 원해서 인간으로 변하였다.

* 물에서부터 만들어져 하늘로 올라가 만들어짐
* 영들이 죽는 것을 개벽이라고도 함
* 영이 인간을 만든다는 것에 찬성한 영은 최대의 실수가 인간을 만들었다는 것임을 인정하면서 인간을 만든 영은 모두 소멸되었다고 함

9.
인간은 자연으로 돌아간다.
자연의 껍데기가 인간이다.
인간은 함부로 하늘로 올라가지 못하고 영과 합의되어야 올라간

다. 영과 합의가 되려면 내가 영적이 되어야 한다. 나의 생각이 다 타 버려야만 하는 것이다.

10.
친구는 싸워야 진정한 친구가 된다.
친구란 한마디 하면 "예" 하는 사이이다.

쎄쎄쎄 = 같다
그네 = 같다
보이지 않는 얼굴이 영이다.
센 것은 남자요
받쳐주는 것은 여자다.
코고는 것도 영이 해주는 것이다.

11.
인간이 가슴 아픈 것은 영을 못 써먹기 때문이다.
모든 음식과 말은 영적이다.
감정이 없는 것은 영적이 아니다(산, 나무, 돌, 그 외).
인간이 영적이 되면 영적이지 않은 것도 영적으로 보인다.
울고 우는 감정에서만 영이 나온다.
감정은 인간이 만드는 것이다.
보이는 것은 인간적이고 행위는 영적이다.
영에 속고, 영에 울고, 인간은 그러하다.
그래서 영적으로 공부를 시키는 것이다.

영들에게 속아 울고불고 하지 말라.
영들에게 속임을 당하지 말라.
소감은 영들에게 속고 있는지에 대한 확인 절차이다.

12.
영은 '용서 또 용서하는 것이다.'

- 주둥이 : 비상등
- 꾀꼬리 : 올린다
- 독수리 : 촛불도 끈다 = 촛불 : 혼비백산
- 참새 : 모인다
- 비둘기 : 순진하다
- 공기 : 할머니의 영
- 앵무새 : 환상, 말 잘하는 영

"어른 신과 아기 신이 많아야 말을 환상적으로 잘할 수 있다."
24시간 계속 말을 하려면 앵무새 신명이 있어야 한다. 어른 신 + 아기 신은 집안에 혼자 있을 때만 앵무새 신명이 쉰다.

① 똑바로 해주는 신명
② 스피커 타전(무전) 신명
③ 섭외시켜 주는 신명
④ 연구하는 신명
⑤ 연결시켜 주는 신명

이 다섯 신명이 합의하여 공부를 시켜준다면 그것처럼 좋은 공부가 없다. 제자들이 현명하게 대처하여 자신에게 필요한 신명들을 내려받아야 한다.

13.
공부를 잘하는 것이 뇌물이다.
불교에서 조상천도재가 안 되는 것은?
인사과장을 알고 있어야 되는데 그 밑에 있는 직급인 인사대리를 알기에 천도가 안 되는 것이다. 단, 조금은 기운을 내려주기도 한다.

* 성경책 : 참회하는 내용. 땅의 온갖 왕과 하늘의 온갖 왕이 합의하여 쓴 책이다.

신들은 질투가 많아 절을 못 하게 하였다.
인지(내가 신이라는)가 되어 있으면 절을 안 해도 된다고 함
인지가 안 되어 있으면 절을 해야 한다.
그래서 인식이 중요하다.
부모가 팔자를 튕기면 자식이 안 되는 것이다.

14.
제자를 키울 때는 똥구녕이 탔었고,
아리랑 고개 : 나를 찾는 작업이다.

지혜는 감싸주게 만들지만, 지식은 껍데기를 벗긴다.

숨어 있는 신명이 잘 나오면 뇌 호흡이 잘되는 것이고,
숨어 있는 신명을 잘 나오게 하려면 대화를 잘해야 한다.
커가는 것을 기뻐하고 판단을 잘하면 용기를 줄 수 있는 숨어 있는 신명이 나와 할 수 있다.
아무리 써도 비지 않는 것이 하늘의 곳간이고,
하늘과 친하면 언제라도 이자 없이 쓸 수 있다.

15.
내면을 웃게 만들면, 인간에게도 웃는 날이 온다.
자신을 위해서 웃음을 만들라.
내면은 인간의 주름을 펴게 해준다.
밀가루는 완성품이기 때문에 인간에게 밀가루로 만든 음식을 먹지 못하게 했다.

16.
껌은 제일 오래 생각하게 만든다. 사람의 마음을 제일 편하게 만든다. 껌은 뇌를 움직이게 한다.
뇌 속에 오장육부가 다 들어 있기 때문에 껌을 씹으면 뇌를 자극하여 편안함을 갖게 한다.

- 항아리 : 우주의 지구와 별자리가 먼 것은 지혜를 주기 위해서 그만큼 거리를 둔 것이다.
  거리를 두는 것은 깨우침을 주기 위함이다. 제자들이 나에게 가까이 다가오려고 할수록 거리를 두는 것은 '보아라' 함이다. 보

는 눈을 주기 위해서 거리 두는 것을 제자들은 모른다.

우주를 알려면 정성이 필요하다. 오랜 인내가 있어야 한다.
장독의 된장 항아리, 고추장 항아리, 간장 항아리처럼 숙성(정성)되는 기간이 지나야 제맛이 우러나오듯 수행자는 조바심을 내서는 안 된다.

- 호흡 1 : 하늘에 나를 알리기 위해서
       2 : 하늘에 나를 보여주기 위해서

17.
- 풀 : 아무 데서나 자란다. 약을 뿌려도 자란다. 풀이 있어서 나무가 빛이 난다.

하찮은 것일수록 생명력이 강하다 - 그래서 민초들이 강하다고 하는 것이다. 개천에서 용 난다.
세상에는 비밀이 많다. 자기 자신의 능력을 감출 때는 감추어라.
영성공부를 하게 되면 겉의 기운을 모두 안으로 감출 수 있으니, 나의 기운을 타인이 알 수 없다. 곧 적이 없게 된다는 것이다.

우주는 발바닥에 있다.
우주를 밟고 다니기 때문에 냄새가 많이 난다.
그만큼 우주공부는 더러운 공부가 더 많다는 것이다.
하늘은 발밑에 있다.

발을 잘못 디디면 추락한다.
우주와 하나로 만들기 위해서 공부를 시키는 것이다.

18.
전통 음악이란 미리 있었던 소리를 인간의 두뇌로 개발하고 새로이 창조하는 것이며, 인간의 몸과 대화를 하는데 꼭 준비해야 하는 소리이다.

- 덕 : 주어진 것에 몸과 마음을 정리해서 느낌으로 나타내는 내면의 소리
- 우리 음악 : 정과수를 나타내는 세계 민족의식을 깨울 수 있는 것
- 정 : 유한 마음(부드러움)
- 수 : 흘러가는 것
- 음악 치유 : 내면과 합의를 시켜 정신세계의 합일을 하는 데 도움을 준다.
  음악이란? 멀리 보이는 것도 가깝게, 가까이 있는 것도 멀리 느끼게 한다. 인간의 좌뇌보다 우뇌를 활성화시키고 또한 움직임을 표현하는 것이며, 인간의 몸으로부터 나오는 기와 하늘에서 나오는 기와의 합성을 말한다.
- 판소리 : 쿵 소리를 들어라. 심장의 소리를 섞어라. 두 개를 하나로 만들어 뿜어내라. 우주의 소리를….

19.
영성공부의 기초

① 공상하지 말 것
② 상상하지 말 것
③ 신명은 휴식이 없다.
④ 신명은 관광을 좋아한다.
⑤ 일 끝난 뒤에 휴가를 준다.
⑥ 방황을 해야 많이 깨닫는다.
⑦ 어느 종교도 비판하지 말라.
⑧ 편한 마음보다는 절제된 생활을 하라.
⑨ 황당한 일을 많이 겪어야 한다.
⑩ 본성 찾기
⑪ 행하라.
⑫ 따지지 말라.
⑬ 전체 파악(하늘 입장에서 공부하라)
⑭ 하늘을 이길 수 있어라(그리고 이겨라).
⑮ 힘이 하나도 안 드는 것처럼 공부하라(마음을 팔아라).
⑯ 판정이 중요하다. 깨닫고 나면 또 깨달아야 하는데 한 가지라도 실수하면 안 된다.

위에 열거한 것은 외워서라도 실천하라.

20.
불필요한 공부 다섯 가지

① 남을 흉보는 공부
② 효를 하지 않으면서 하는 하늘 공부
③ 성장하지 않는 공부
④ 형식적인 공부
⑤ 부인하는 마음으로 하는 공부

초·국·정 365×를 알기 전에는 말을 하지 말라.
한 바퀴를 다 도는 공부가 끝나지 않았으면 말할 자격이 없다.
지금까지 공부한 제자들은 초·국·정을 어겼기에 모두 탈락하였다. 부인하지 말라고 경고를 주었는데도 한결같이 부인들만 하였다. 부인한다는 것은 나의 생각을 가지고 공부하는 것이다.
하늘의 입장에서 공부하는 것이 영성공부인데 언제나 인간의 마음을 가지고 공부하니 하늘의 마음이 언제나 튕겨 나갔었다. 탈락한 자들의 이유는 모두 변명이었다.
가장 영적인 것이 가장 인간적인 것이다. 완전히 영적이 되지 않았기에 참 인간이 되지 않는 것이다. 참 인간이 되면 참과 거짓은 없어지고 인간으로 살게 된다.

21.
효과적인 영성공부

① 하늘에서 내려주는 공부인지? 내가 하는 공부인지 확인하면서 하는 것
② 정리해야 함(어느 단계인지 수준 점검)
③ 하늘에서 나에게 바라는 것은 무엇인지?
④ 의심하고 있는지?(하늘을 믿는지, 제 자신을 믿고 있는지)
⑤ 정상이 어디에 있는지?(폭발적인 공부를 얻기 위해서)
⑥ 신명을 다룰 줄 알아야 한다.
⑦ 그리고 파장은 어디만큼 나오는지?
⑧ 수준이 어디에 있는지 정리할 줄 알아야 함
⑨ 상대의 기운을 읽게 해주는지, 읽고 있는지
⑩ 하늘의 책을 몇 권 내려주셨는지?
⑪ 가만히 있어도 공부가 어느 정도 되어가고 있는지?
⑫ 앞으로의 경험을 몇 가지 했는지?
⑬ 신명들에게 잘하고 있는지, 못하고 있는지?
⑭ 신명들이 하늘에 있는지, 언제 나를 하늘에 데리고 갈지?
⑮ 지금 공부한 것이 얼마나 파생되어 효과가 있는지, 미리 또 얼마나 하고 있는지?
⑯ 하늘에서 알아서 넣어주시는지?
⑰ 나에게 맞는 공부를 해주시고 있는지? 정말 하늘에서 답을 내려주시는지?
⑱ 잘못은 무엇인지, 점검도 할 줄 알아야 하고, 받을 줄도 알아야 한다.
⑲ 다음 공부를 받을 자격이 있는지?
⑳ 인간적으로 한 것이 무엇인지? 밑바닥을 알아야 한다.

22.
- 하늘 : 모든 이치에 융합될 수 있도록 정리해 주는 곳
- 우주 : 명령하는 곳. 인간이 다 알 수 없는 것

* 인간적으로 : 인간이 과학으로 발전하게 만들어주는 곳. 생각하게 만들어주는 곳
* 영적으로 : 우리 같은 이들에게 길을 안내해 주는 곳. 형이상학적인 생태계를 가지고 있는 곳
* 하늘과 우주로 인간을 보는 법

① 신발, 머리, 얼굴 등 : 기운으로 사람을 볼 수 있는 자격증을 따야 한다. 사람을 볼 수 있는 자격증이 있어야 함
② 감정 처리를 잘할 수 있는 신명들이 들어와야 한다. 감정 처리를 잘하는 신명들이 들어와야 지혜의 신명들이 들어온다.
③ 하늘에서 강하고 약한 것을 보여줌. 자격증을 따지 못하는 것은 감정 처리를 잘하지 못하기 때문이다.

어느 제자가 목전에서 감정 처리를 잘하지 못하여 자격증을 받아가지 못했다. 한 번만 더 참았으면 자격증을 받았을 텐데. 몇 년의 고생이 하루아침에 물거품이 되어버렸다.

자격증 따기는 하늘의 별 따기이다. 힌트(자질이 있어서)를 주었는데도 바보같이, 어리석게 인간의 마음으로 직전에서 물거품처럼 공든 탑이 와르르 무너졌다.

그 제자의 교관은 본인도 모르게 착각 속에서 공부를 시킨다. 그리

고 자기 합리화를 하게 일부러 시킨다. 그 교관은 본인 행위를 철두철미하게 관리해 주기 위함이었는데, 그 제자가 교관의 참뜻을 몰랐기에 하늘의 벌이 내려졌고, 그 벌의 효과가 앞으로 어떻게 나타날지는 아무도 모른다.

오늘은 너무 화가 나서 그 신들이 총공격을 가한다. 이제는 그만두겠다고 했다.

영성공부하는 제자들아, 하늘은 굉장한 것이다. 나는 굉장한 공부를 시켜주고 있고, 그대들은 굉장한 공부를 하고 있다는 자부심을 가져야 한다.

항상 배운다는 마음 자세를 갖추어야 하고, 항상 가르친다는 마음을 가져야 한다. 필요 이상의 행동과 말은 필요 없다.
분명히 사적인 욕심이 있기 때문에 30%는 인간적으로, 70%는 영적으로 해야 한다. 그리고 상대를 속이지 않아야 한다. 그래야 하늘에서 알아준다.

갑자기 공부를 내려주기에 항시 수첩을 가지고 다니면서 메모하는 습관을 들여야 한다. 항상 입을 열고 있어야 한다(내면과 대화). 그래야 정리가 잘된다. 풀이 죽어 있으면 안 되고, 얼굴에서 발끝까지 항상 신선하고 맑고 밝게 있어야 한다. 누구나 그 재능을 하늘과 같이 쓴다면 부자가 되는 능력이 따르고 젊어질 수 있다.

배운 것은 써먹어야 한다. 단, 하늘에서 내리는 대로 해야 한다.

* 본인 행위를 철두철미하게 관리해야 한다. 그래야 하늘의 벌칙이 없어지고 효과가 나타난다.

23.
신선의 조건
① 경험이 있어야 한다.
③ 정이 있어야 한다.

신명은 인간이 생활하는 데 있어 내면과 하늘의 소리를 합쳐 하나로 이어가는 것.
인간이 살아가는 데 있어 자신을 조정할 수 있는 에너지가 될 수 있고, 그 에너지가 있어야 사람이 살아가는 데 여러 가지를 쓸 수 있으며, 태어나서 그 신명의 힘으로 기가 생기는 것이며, 어떠한 일을 할 때는 꼭 필요한 에너지로 표현할 수 있다.

* 신명은 그 사람의 수준을 나타내기도 하고 자신을 표현하는 데 도구로 쓸 수 있는 에너지가 된다는 것이다.

망설임 : 할까 말까? 하는 마음에서 나옴
마음을 다스릴 수 있는 것은
① 살아야 한다.
② 내 마음이 내 마음이어야 한다.
③ 어떠한 과정이 있어야 한다.
④ 좋은 것, 나쁜 것을 겪어야 마음을 다스릴 줄 알게 된다. 그 경

힘이 모르고 가는 경험 70%를 도와준다.
⑤ 사물을 볼 때 마음으로 보아야 마음을 다스릴 수 있다.

주인의식 : 내 마음의 주인의식 = 결국은 하늘의 조정을 당했다.
왜 하늘의 조정을 당했는지 보아라 = 답
마음이란 나의 모든 것 = 엔진(내 생각이 잘 돌아가야 함) = 마음 + 생각 = 비로소 나를 찾게 됨

* 쓸모없는 용기가 나를 망치게 하는 공부였다.
* 개성이 있어야 한다 = 나의 기운에 맞는 공부, 자연과 같다.

독단적으로 살아도 잘 살아야 지배를 받지 않고 사는 것이다(개성이 없으면 결국은 종교 속으로 들어가 능력을 행한다).

① 마음을 잘 보아야 : 가식, 진실, 참인지 구별 판단
② 살아가는 과정 : 잘하는 것이 어떤 것인지, 창조적
③ 정말로 참을 줄 알고 살 수 있는지? 참고, 인내하고, 스스로 재판관이 되어야 한다.

24.
영혼의 세계 = 보이지 않는 세계
내면이 제대로 되어 있지 않으면 볼 수 없다.

* 혼을 지배하는 것은 영이다. 영이 맑고 밝아야 남의 길을 열어줄 수

있다. 남의 길을 열어 안내자로 만들기 위해서 조정하였다.

안내자의 조건

① 자질
② 행동
③ 조건이 없어야 한다.
④ 비교하면 안 된다.
⑤ 영원히 가야 한다고 해야 한다.
⑥ 안내를 즐길 줄 알아야 한다.
⑦ 반겨주어야 한다(모르는 자도).

신선해야 따라오지 어두컴컴하면 실망하고 따라오지 않는다.
 신을 다스린다는 것은 나의 내면세계에서 불필요한 신명들이 돌출되어 곤란함을 겪는 상황을 만들 때, 지적하여(마음을 다스리는 것) 더 이상 진행하지 못하도록 하여 자신을 다스리는 것이다.
 중재해 주는 신명도 있다. 중재해 주는 신명도 있어야 여러 신명들의 반란을 막을 수 있다. 신들의 반란에서는 중재 신명들의 역할들이 아주 크다.

25.
 깨달으려면 다른 사람에게 배우는 것으로 시작하는 것이 아니라 본인 스스로 하늘이 감탄할 수 있도록 행할 때, 하늘에서는 많은 수행과 시험의 관문을 통하여 깨달음의 경지로 갈 수 있는 길을 열어

주신다.

  깨닫고자 하는 자에게 길을 안내하고 인도하려면 자격이 주어지는 시험을 거쳐야 한다.

  내 자신이 나라와 민족을 생각하며 실현하려고 하는, 깨닫고자 하는 이유가 있어야만 깨달은 자에게 연결해 준다. 그러므로 아무에게나 깨달음을 주지 않는다.

깨달음을 터득한 사람이라도 많은 사람들에게 전할 수 없다.
다만 하늘의 계시가 있고, 하늘이 원한다면 할 수밖에 없다.
깨달은 이에게는 일일이 간섭하지 않는 것이 '하늘의 법'이다.

  가난한 사람에게 복을 주나니 너보다 더 가난한 사람에게 도움을 주어라. 그러면 내가 너에게 복을 줄 것이다.
  영을 알고 있으면 할 수 있는 일이 무궁무진하다.

  까만 것도 흰 것도 없는데 너희는 왜 자꾸 생각을 하느냐?
  하늘은 인간을 볼 때 그 내면 속에 돌아가는 피를 본다(병을 준다). 그래서 불과 약을 준다.

26.
- 후불은 성실이다. 인생은 후불이다 하는 마음으로
- 고민이 있으면 누워라. 누워 있을 때 생각이 많이 난다.
- 훈민정음(욕설) 감정적인 말을 먼저 배운다.
- 세상에 조금 있는 것을 가지고 자극을 주는 것이다.

- 하늘의 섭리를 알고 가는 것이다.
- 마음을 다스릴 줄 알아야 한다.
- 알려고 하지 않았기 때문에 모르는 것이다.

본인이 태어날 때 갖고 나온 영이 제일 값비싼 것이다.
시간이 흐르면서 영을 버리는 것이다.

마음으로 사람을 보아야 진짜를 보는 것이다.
내 음성을 들어라 = 너의 귀를 열어라.
맨 나중에 가슴의 귀를 열어라.
귀와 내장은 같이 간다.
처음에는 귀가 열리고 마지막으로 가슴이 열린다.
'난지도'라고 하여도 마음의 공사를 하면 천국이 될 수 있다.
사람이 버릴 게 없어야 깨우칠 수 있는 것이다.
기운은 가는 곳마다 있다. 통박 굴리지 말라.
너무 고개도 숙이지 말라. 세울 줄도 알아라.
따라가는 사람이 되지 말라. 리더가 되어라. 따라가다 보면 리더가 된다. 인생은 선불이 아니라 후불이다. 너무 기뻐하거나 슬퍼하지 말아라, 곧 중심을 잡고 있어라.

사람은 내면에서는 항상 표현을 하고 있으며 헌것을 좋아하고 새것은 항상 의심을 갖고, 헌것이 항상 주인인 것처럼 자리를 잡고 있고 새것은 들어오기 어렵다. 헌것은 자기 발전이 없으며, 특히 자아 발전을 하기 위해서 찾아야 하는데 마음만 있으면 된다고 생각하는 것에서부터 잘못은 시작된다. 사람은 머리부터 우주의 기운을 받고 나오기 때문에 머리가 최고인 양 생각한다. 마음의 기운을 써야 한다는 것을 뒤늦게 알고 마음을 보려고 노력한다.

그때부터 조금씩 달라지는 것 같지만 결국 많은 시간과 노력, 인내, 고통이 필요하다.

그 고통을 참지 못하면 자기 자신을 찾지 못하니 언제라도 24시간 자기 자신을 되돌아보아야 한다.

* 세수 : 자기 자신을 보려는 마음
* 노숙자 : 거의 세수를 안 함(결국은 자기 자신을 보기 싫어함이다.)

27.
① 척 알아야 한다.
- 관심이 있어야 한다.
- 파악을 해야 함 = 생리가 보임 = 생리적 현상 발견

② 자기 정신이 나갔는가를 파악. 음식, 돈, 자식, 하늘, 우주 어디에 있나 파악(매일 점검)

③ 영적 공부를 하려면 홍길동이 되어야 한다.
- 세계적으로(낮은 자리에 앉아 있어도) 놀아야 한다.
- 돌색분출(음식을 어떻게 먹느냐에 따라서) 신명이 홍길동처럼 되어야 분출(모르는 것처럼 해야 사람들에게 인정받는다.)
- 영은 즉흥적으로 만들기도 함(파워)

④ 우주는 무궁무진하다. 내 주변의 모든 것이 다 우주다 하면 됨. 자기 환경 설정을 해주어야 함

⑤ 신명치유

- 초 · 국 · 정 = 기 치유 = 다 알아야 함
- 우울증, 당뇨병, 갑상선, 정신박약
- 인간의 두뇌로는 고칠 수 없으니 인간의 혼을 180도 바꾸어놓은 것을 신명치유라 한다.
  = 빙의 우선 혼이 무엇인지? = 조상 빙의

신을 내보낼 수 있는 자격증을 확실히 받아야 한다.
신을 넣을 수 있는 자격증도 확실히 받아야 한다.
깨닫고 난 후 공부를 많이 해서 영안이 열려야 해탈하고 진인, 신인이 가능하다.

* 빙의 : 환자도 중요하지만 집안의 뇌를 바꿀 수 있는 능력이 있어야 함(가족 모두 협조해야 함)

마음으로 해야 한다. 왜냐하면 하늘에서 다 주었기 때문이다.
때때로 제자들의 영을 빼내 내 몸에 실어 그 행위를 똑같이 하여 빙의 된 것을 빼준다. 그래서 측은지심이 발동 걸려야만 마음으로 끌고 들어와서 마음으로 해주는 것이다. 해주는 자는 많은 체력 소모가 따른다. 그런데도 나의 사명이라 해주고 또 해주고 한다. 알아달라고 해주는 것은 아니지만, 분노가 머리끝까지 치밀 때가 종종 있다.

하늘을 배신하는 제자에게 말한다. 하늘을 배신하지 마라. 선서를 받아도, 선서를 하고도 하늘을 배신한다. 배신한 책임의 대가는 당사자가 진다. 그 파장은 나도 모른다.

중심이 서 있어라!

중심이 서 있지 않으면 항상 꾸준하게 가도, 내 빛이 없어져도 알 수 없고, 내 빛을 잃으면 남을 비쳐줄 수 없다.

28.
신명건설은 어떻게 하나?
① 내면을 주고받는 것. 사람의 모든 것을 읽을 수 있다.
② 자주 산을 타거나 바다를 가야 함
③ 시간이 나면 백화점, 또는 시장을 구경해야 한다.
④ 인내가 있어야 함

29.
전쟁이란 본인의 껍데기와 내면의 세계를 이기려고 한다.
내면은 70%이기에 항상 이긴다.

① 내면과 전쟁을 하지 않으려면 건강해야 한다.
② 내면과의 합의 – 내면이 너무 많은 것을 요구할 때 이겨야 함
③ 하늘에 내면을 컨트롤해야 함
④ 내면이 성장해야 함(속이 넓어야 함)
⑤ 내면과 전쟁을 안 하려면 한탕주의를 삼가고 항상 변함없는 꾸준함이 있어야 한다.
⑥ 신명의 말을 제일 먼저 들어야 함
⑦ 정화를 잘 시켜야 함

* 내면이 성장하려면 항상 기도할 것. 내면과 합의 기도란 대화다. 내면을 정화시킨다(정화에는 반성이 최고다). 내면이 성장하려면 정직하고, 성급하지 말고, 욕심 부리지 말고, 늘 목욕과 기도를 할 것.
* '기'란 머리, 목욕

30.
씨종자를 어떻게 받느냐에 따라서 뿌린 대로 거두리라.
희다고 착각하지 말고, 검다고 자포자기하지 말라.
세상 이치를 알게 되면 하늘을 다 아는 것과 같다.
가다가 쉬면 멈춤이요, 멈춤은 가기 위한 준비 운동이다.
세상을 탓하지 말라. 탓함은 하늘을 탓함이고, 기만이다.
우리가 이 땅에 온 사명은 모두 이로운 자로 만들기 위함이다.
교만은 겸손을 만들게 되고, 겸손은 교만을 다스리게 된다.
먹은 쓰기 위해 갈지만, 말은 하기 위함과 하지 않기 위함이다.
안다는 것은 모르는 것을 알고자 함이지만, 모른다고 함은 자신을 찾고자 노력하는 자세이다.
알려고 하지 말고, 모른다 하지 말고, 들을 준비를 하고 있어라.
귀가 열리면 가슴도 열리게 되어 있다.
애증은 반감을 사지만, 열정은 신념을 파생시키는 힘이 있다.
가야금을 뜯음은 소리를 듣고자 함이지만, 내면의 소리를 듣고자 함은 완성의 길을 가고자 함이다.
음과 양이 합이 되면 탄생이라는 창조를 낳고, 음양이 결별하면 파멸만 남는다.

세월

하늘에서 화두로 세월이 무어냐고 묻는다면 무어라고 답을 풀어낼 것인가? 나도 물어본다. 세월을 무엇이라고 답으로 내놓아야 하는지. 풀어보자. 풀어달라고 졸라보자.

세월은 빚을 탕감해 가며 가는 것이라고 한다. 인간세계에 오기 전에 이미 빚부터 계산한다고 한다. 빚이 있으면 빚부터 청산하라고. 그래서 삶이 힘들게 느껴지는 것이라고. 빚의 종류를 물어보니 기절초풍할 대답을 준다. 아니 무슨 빚의 종류가 저리도 많단 말인가?

부모와 얽힌 빚, 형제자매와 얽힌 빚, 친구들과 얽히고설킨 빚, 조상들의 빚, 내 자신의 빚, 산신과 풀어야 할 빚, 영적 존재들과 풀어야 할 빚 그 외 기타 등등. 세월은 기다려주지 않는다. 돈보다 더 센 신이 있다면 세월을 주관하는 신일 것이다.

나는 돈이 조상신, 신명계를 움직이기에 돈신의 위력이 강한 줄 알았는데 세월을 주관하는 신이 더 강하다고 한다. 돈은 언제까지 주겠다고 하면 기다리지만 세월은 기다림이 없다는 것이다.

하늘은 이렇게 이야기한다. 하루를 일주일처럼 살라고. 하루 24시간을 1천 시간으로 나누어서 쓰라고 한다. 영성으로 공부한다면 하루를 1만 시간, 1천 시간으로 쪼개서 사용하는 것이 가능하다. 나는 하루를 1천 시간, 그 이상으로도 나누어 쓰고 있다.

제자들아, 세월의 신은 기다려주지 않는다. 기다려주지 않는다면 차라리 세월 속으로 들어가라. 받아주지 않는다면 나도 세월을 안 받아주면 된다.

누구는 세월을 반대로 해석해서 월세로 사는 세상이라고 했다고 한다. 모르긴 몰라도 월세로 사는 인간들이 많을 것이다. 집 담보로 대출받아서 이자 내고 사는 것도 엄격히 말하자면 월세 아닌가? 세월을 낭비하지 말자.
 세월을 관장하는 신들은 인간이 오기까지 기다려주지 않는다. 하루를 일주일처럼 산다면 시간을 낭비하는 자가 되지 않을 것이다.

위장

사람들은 자신의 생각을 잊어버리고 금방 타협을 잘한다.
무엇하고?
지금까지 나는 자신을 속여가면서 영성공부를 하지 않았다. 속인다는 것은 하늘의 뜻을 제대로 전달하지 못한다는 것인데 어떻게 자신을 속이겠는가? 자신을 속이는 것은 자신의 실수를 바로 인정하지 않는 것이다.
왜 자신을 속일까? 그냥 인정하면 좋은데.
지금도 영성공부하고 나간 제자들에게 묻고 싶다.
제자들의 신명들은 자신을 믿고 가라고 하늘의 조화를 수십 번 펼쳐 보이며, 노심초사 제대로 하라고 일러주었는데, 왜 실천들을 하지 못하느냐고.
영성공부는 자신의 신들을 다루는 공부라고 다짐을 받아가며 지도했는데, 얄팍한 조상 신명들 공부를 시켜주지 않아 조상 신명 인자들에게 놀아나 결국은 인간으로 태어나 스스로 잠식당한 상태를 보니 참으로 한심한 생각이 든다.
뿌리가 깊은 나무는 튼실하게 위로 잘 뻗어 올라간다. 뿌리를 제대로 박지 못한 나무는 약한 비바람에도 흔들리고 뿌리째 뽑히기 일쑤다. 나는 영성공부를 가르치면서 마음의 심지를 하늘에 깊이 박으라고 늘 전했다. 그것이 하늘에서 원하는 것이라고.
잡신들과 같이 합작하는 지금의 작태들이 잡신들과 어울림하는 것을 알면서도 제대로 수정하지 못하는 것을 보면 마음이 아프다.

하늘의 시험은 하늘에서 치르는 것이 아니다.

스스로 하늘의 시험을 당하는 것이지.

하늘에서 원하는 대로 하는데 시험하겠는가? 하늘이 그렇게 할 일이 없는가? 인간들 하나하나, 한 명씩 시험을 치르게? 시험은 각자 개개인이 치르고 있다는 것을 알았으면 한다.

나 역시 많은 시험을 치르면서 여기까지 왔지만, 뒤돌아보면 결국은 나의 마음이 갈대처럼 흔들릴 때마다 스스로 시험당했다는 것을 알게 되었다.

그렇다. 하늘에서 시험한다는 것은 자기 자신이 마음의 갈등을 느끼고 있다는 것을 알았으면 한다.

지금 많은 영성제자들이 사회에 나가서 어떻게 하고 있는지?

자신의 수많은 협잡꾼 신들과 놀아나면서 그것조차 모르고 있다는 것을 알아야 한다. 그것을 인간은 변명이나 비난 속으로 들어가 교묘히 위장한다. 핑계를 대면서. 불쌍하다. 차라리 인정하면 편한 것을.

"남을 미워하는 신들과 놀고 있다"고.

"시기하고 비난하는 신명들과 친하게 놀고 지내고 있다"고.

그러다가 나오겠다고 하면 좋을 것을. 그것을 교묘히 위장시켜 놓고, 원망이라는 단어에 모든 것을 집어넣고는 밑바닥에서 놀고들 있다. 때론 밑바닥에서 노는 것도 좋겠지.

그렇지만 너무 오래 있지는 말아야 하지 않겠는가?

나는 오늘도 나를 우주에 던져본다.

신명세계를 이해하려면

　신명세계는 경험을 통해서만 이해할 수 있다.
　경험이 없다면 신명세계를 안다고 할 수 없다. 이유는 알 수 없는 것을 알려준다고 해도 그 자신이 체득 못 했기에 이해할 수 없을뿐더러 경험 없이 신명을 말한다면 신명이 용서하지 않기 때문이다. 하지만 자신이 직접 경험하지 않고도 경험한 것처럼 말하는 사람들이 있기에 신명세계를 모르는 사람들은 속아 넘어간다. 신명의 세계는 경험이 밑바탕이 된다.
　신명은 사람 몸에 들어 있다가 자유롭게 왔다 가는 경우가 있고, 죽을 때까지 머물러 있는 신명도 있다. 그리고 좋지 않은 신명이 몸에 있다면 본래의 자리로 돌려보내는 것이 가장 좋다. 그렇지 않고 그 신명이 들어 있는 대로 살아간다면 자기도 모르는 사이에 나쁜 짓을 하게 된다. 나쁜 짓을 하면서도 나쁘다는 생각조차 할 수 없게 만든다. 처음 범죄를 저지를 때는 벌벌 떨지만 한 번 저지르고 나면 다음부터는 자연스러워지고 죄의식이 마비된다.
　신명세계는 여러 단계로 나뉘어져 있는데, 그중에서 조상신이 가장 낮은 신이라고 보면 된다. 조상신이 몸에 붙어 있으면 그 사람은 가장 얕은 신과 사는 것이다. 왜 조상신을 가장 얕다고 하는가 하면 바라는 마음이 있고 후손들을 도와줄 힘이 없기 때문이다.
　사람들에게 조상신이 있다면 그 조상신은 천도를 시키거나 그 신을 받아서 부려먹어야 한다. 그것을 무당들이 하고 있는 것이다. 무당들 수준은 비방하거나 원망을 하게끔 만들고, 인간의 의식을 높여

줄 수 없고 대가를 바라게 만든다. 대가를 바라면 가장 얕은 수준이다. 우주의 원리와 법으로 일하는 것이 가장 이상적인 수준이다.

신명세계에는 인간이 이해할 수 없는 일이 너무나 많다. 특히 신명이 몸에 있다가 나가면 사람은 기운이 없어지고, 신명이 너무 많으면 욕심을 부리게 된다. 용왕도 신명이고, 산신도 신명이고, 동자도 신명이고, 선녀도 신명이고 그 외 여러 형태의 신이 있지만 신명마다 하는 일이 각기 다르다. 학생이라고 해서 초등학생만 있는 것이 아니듯 영적 수준이 중학생, 고등학생, 대학생, 대학원 수준의 영, 학사 영, 박사 영 등등 용왕신명이 있다고 해서 다 똑같은 수준이 아니라는 것이다. 어느 수준의 신명이 있느냐에 따라서 의식 수준이 달라진다. 사람마다 신명 급수가 달라서, 어떤 신이 좌정해 있느냐에 따라서 그 사람의 능력이나 성격을 나타낼 수 있다.

주장신이 누구냐에 따라서 성격 형성이 달라지고, 주장신이 강하지 않으면 결혼을 해도 무관하다. 태어나면서 같이 들어오는 신명도 있고, 후천적으로 들어오는 신명도 있다. 물론 후천적으로 본인에게 필요로 하는 신명들이 들어온다면 좋겠지만, 불필요한 신명들이 들어온다면 그 사람은 사서 고생을 하는 꼴이 되어버린다. 그래서 생각이 건전하고 긍정적인 자는 제대로 된 신명들이 좌정하여 있는 것이고 사는 동안 많은 도움을 줄 것이다.

때로는 잘 살고 있다가도 불필요한 신명들이 들어오면 여러 가지 형태로 인간을 괴롭히기도 한다. 마음을 잘 다스리지 못하고, 욕심으로 채우고, 남 잘사는 것을 배 아파하고, 열심히 살려는 마음을 갖지 않고, 나태한 마음들은 항시 경계해야 하고, 주변 사람들에게 배우려는 마음 자세와 어려운 이웃에게 베푸는 마음을 항시 가져야 나쁜 신명들이 들어옴을 방지할 수 있다.

악신들은 언제나 소곤거린다. 사람들 마음에 속삭이면서 비위를 맞춘다. 악신은 결국 사람의 마음을 현혹시켜 분란을 일으킨다. 그것을 신의 조화라고 한다. 자기 중심이 없는 자는 결국 신의 조화로 살아간다. 길흉사는 신들의 조화로 만들어질 때가 아주 많다.

어린아이는 어머니가 주는 신명, 아버지에게 물려받은 신명, 하늘에서 주는 신명을 받고 태어난다. 부모의 유전인자를 받고 태어난 아이는 엄마나 아버지의 성격을 닮는다. 그러므로 부모의 신명이 좋은 어린이는 장차 이름난 사람이 될 가능성이 많다. 태교는 이래서 필요한 것이다. 좋은 유전인자를 받고 태어나게 하려면 하늘의 도움을 받는 것이 좋다.

어느 부모라도 자신들보다 더 나은 자식이 태어나기를 원할 것이다. 신명을 갖고 태어나는 대로 살아가는 것이다. 다만 영적으로 공부하고 있는 임산부가 있다면 정해진 신명을 바꿀 수 있는 기회가 주어진다. 부모님이 어떤 병을 가지고 돌아가셨다면 그 자녀들도 그럴 가능성이 있다. 의사들은 그것을 유전자라고 말한다. 중풍이나 암 등의 내력이 있다면 그 자식이나 친인척들도 그런 병에 걸린 확률이 70% 이상 있다고 한다.

신명세계는 사람을 구성하는 데 가장 필요한 것이다. 그러므로 신명 하나하나를 중요하게 생각해야 한다. 신명세계가 사람의 모든 것이라고 해도 과언이 아니다. 사람이 착한 것은 몸에 착한 신이 들어 있어서 그런 것이고, 경우가 바른 것도 경우를 바르게 해주는 신이 있기 때문이다. 사람이 착하지 못하다면 그 역시 나쁜 신이 들어 있기 때문이다.

사람들은 신명세계를 모르기 때문에 사람들을 욕하거나 좋은 사람이라고 섣부른 판단을 한다. 신명세계를 안다면 그 사람의 행동 하나하나가 신명이므로 이해하는 데 많은 도움이 된다. 사람들이 죽는 것은 몸에 있는 신명들이 자기의 할 일이 다 끝났을 때와 신명이 그 사람을 포기할 때이다. 그러므로 사람이 언제 성공할지, 언제 죽을지 알려면, 그 사람의 신명을 읽어 내리면 알 수 있다.

신명세계를 이해한다면 다른 사람보다 실패가 적을 것이며, 남을 이해하기 수월할 것이다. 신명세계를 이해하지 못하거나 무시한다면 사회에서 성공하기란 하늘의 별 따기보다 더 힘들 것이다. 신명세계를 이해하려면, 우선 자기가 신과 함께 살고 있다는 것을 인정해야 한다. 사람의 몸 70%가 신명 구성원으로 만들어져 있기 때문이다.

혹 나쁜 신이 있다면 본래 자리로 보내드려야 하는데 항상 답답하거나 일이 잘 풀리지 않기 때문이다.

• 나를 알아감이

　나를 앞세우면 체면과 자존심이 결부되고, 자신 탓으로 돌리기에는 저급한 신명이 인정하지 않기에 교묘하게 남의 탓으로 돌리게끔 상황을 만들어나간다.
　제자들 간에도 상대를 배려하지 않고 자신의 이익을 위해 가식적으로 대하도록 만든다. 제자들은 누구는 어떠하더라가 아니라 진심으로 걱정하고 배려하는 마음이 있어야 하는데, 지가 뭔데 하는 '나'가 먼저 나온다. 나를 앞세우면 영적 공부를 제대로 할 수 없다.
　영들은 지나간 일들이다. 현재 상황도 걸리는 것 없이 지나감이고, 스쳐지나감이다. 인간적인 나가 없어졌을 때 바로 내면의 의식이 자유자재하다고 표현할 수 있다. 내 생각으로 영적 공부를 하게 되면 언제나 자아도취에서 빠져나오지 못하고, 착각에서 계속 제자리걸음만 할 뿐이다. 내 자신을 논하기 전에 상대를 배려함이 영적 공부의 가장 기초이다.
　왜 고정관념을 놓으라고 하는가?
　時·秒(시·초)를 따지지 않고 언제나 변화할 수 있는 자세를 준비하고 있어야 한다. 풍랑을 맞으면 피하는 것이 아니라 풍랑을 덜 맞을 수 있는 방위에 서 있어야 한다. 물결을 탈 줄 아는 것은 그 자리에서의 맛보기는 끝났으니, 다른 자리를 찾으라는 것이다. 때로는 고급스러운 식당에서 나의 권위를 즐기기도 하고, 서민적인 장소에서는 대중적인 분위기도 맛보고, 고정적인 자리를 원하지 않아야 여러 형태의 손님들이 오더라도 신명 기운대로 내려줄 수 있고, 인간들의 분위기도 자연스레 맞출 수 있어야 새로운 정보를 내려줄 수 있으니, 공부하는 자가 기본적으로 갖추어야 하는 자세이다.

영성 수행자가 항시 고정된 채널에만 있다면 어느 누가 그 사람에게 새로운 정보를 받으려고 하겠는가?

나를 내세우기 전에 언제나 상대방의 입장을 배려해 줌이 영적 공부의 기본 자세임을 알게 되면 하늘은 끊임없이 새로운 것을 내려줄 것이다.

영광의 눈물

'영적 깨달음'이란 무엇인가? 하면서 이 길을 달려온 나로서는 지금 이 시간이 축복된 시간들이다.

걸림 없이 살아가고픈 욕구는 누구나 있지만, 나를 붙잡고 있는 이상 자유자재로 살아갈 수 없음이다. 나의 깊숙한 곳에서 언제나 남을 탓하고 있고, 부족하다며 끊임없이 부족한 부분을 채우려 하니 과하여 넘칠 부분은 어떻게 하려는지 안타까울 뿐이다.

영적인 삶을 살아라! 하는 외침에 영들은 탓을 하고 있지 않다는 것이고, 어느 것 하나 붙잡고 있지 않다. 영적인 것은 속칭 저급한 영을 말하는 것이 아니다. 또한 인간적인 붙잡음을 뜻하는 것도 아니다. 인간들은 말도 많고 탈도 많다. 허나 영적 세계는 탓이 없다. 단지 스쳐 지나갈 뿐이다.

이 부분은 스스로의 체득이 없으면 알 수 없고 볼 수도 없다.

"천지신명께 감사합니다(天 : 천신/地 : 지신). 저에게 그리도 많은 사랑을 주시어 천지를 알게 해주시고, 天地를 대변할 수 있는 능력을 주시어 전파시키고 깨닫는 자 나오게 사명을 주심에 뼛속 깊이 감사드립니다. 저를 끌어주시고, 밀고 당기시는 천신들의 노고를 어찌 말로 다 표현하오리까? 제 조상님들에게 낯을 들고 찾아갈 수 있음에 감사의 마음을 어찌 다 표현하오리까?

만감이 교차하는 눈물의 의미는? 여기 오기까지 포기하고 싶었던 마음들을 어찌 다 말로 하오리까? 한없이 흐르는 이 눈물들, 하늘이여! 당신은 아시지요? 이 눈물의 의미는 영광의 눈물이라는 것을!"

"가본 자만이 느껴볼 수 있는 영광의 상처들을 어찌 미련한 인간들이 알 수 있을까? 하염없이 흐르는 눈물은 상처투성이의 영광의 눈물들. 네가 울면 하늘도 우주도 운다는 것을 아느냐! 天地와 우주에서 수많은 신명들이 얼마나 수많은 작업을 했겠는가?

자네도 알고 있고, 알면서도 도망가는 자네를 보고 내가 얼마나 측은지심을 가졌었겠는가?

天地가 그 노여움을 폭발시켜도 계속 머물러 있는 자네를 미워도 했었지. 그 미운 마음이야 표현이 가능하겠는가?

머물러 있기를 거듭하였고, 거듭할 적마다 더한 시련으로 끌어당겼지. 그 강한 의지와 근기가 결국은 포기하지 않게 만들었지!

기쁘지! 천지도 우주도 기쁨을 이야기한다네.

수행한다고 하는 수행자들이 그곳까지는 들어가 보지 못한 세계이다. 이제야 자네에게 맡긴다. 한 발 더 앞서고자 하는 마음을 내 어찌 모르겠느냐? 너의 마음들이 아닌 것들이라는 것도, 내가 그 마음도 나오게 만든 것이다.

행함에 있어 언제나 중용을 택하라!

비운다는 것

많은 사람들이 마음을 비운다고 표현한다.

무엇을 비운다는 것인가? 욕심? 시기심? 이기심?

결국은 채운 마음을 비운다는 것인데, 이미 채워진 수만 가지 욕심들을 어떻게 비울 것인가?

이미 차 있는 마음들을 어떠한 방법을 사용해서 비울 것인지 한번 찾아보자.

어떻게 마음을 비울 것인지?

당신이라면 마음을 어떻게 비울 것인가?

하늘에 물어본다. 비운다는 것이 무엇이냐고.

그랬더니 웃는다. 그냥 인정하면 되지. 인정하는 순간 마음을 비울 수 있음이라고.

들어오는 마음들을 인정하면 인정하는 만큼 비워지는 것이고, 비운 만큼 채울 수 있다. 이렇게 쉬운 것을 어렵게 표현들을 하니 아무것도 모르는 초보자들은 버리는 작업을 너무 어렵게 생각하고 중도에 포기한다. 섭섭한 마음, 욕심, 이기심, 권력욕, 명예 등 추구하는 이상을 그대로 인정하면 희석이 되는 것이다.

부정하면 할수록 버리는 작업은 어려워진다고 한다.

그냥 인정하자.

그러면 다음은 하늘에서 알아서 해준다고 한다.

깨달음

마음의 눈으로 세상을 보는 것이 깨달음이다.
깨달음은 아는 것이다.
모르는 것을 알게 되는 것이다.
깨달음은 느낄 수 있는 것이다.
몸과 마음이 무언가를 느끼고 알게 되는 것이다.
욕심을 버리고 마음이 평온해지는 것도 깨달음이고,
마음이나 뇌의 한 부분을 채우는 것도 깨달음이다.
깨달음은 밑도 끝도 없다.
 어느 한순간 생각의 변화가 있어서 다른 무엇인가가 들어오면, 또 다른 하나의 깨달음이 되는 것이다.
 깨달음을 얻고자 하는 것은 마음이고, 얻었다고 하여 그것이 깨달음인지도 모르고 만족하지도 못한다. 깨달음은 어떤 모양을 갖춘 것이 아니고, 일정한 형식이 있는 것도 아니며, 우아하거나 멋지지도 않다. 아기들이 세상의 눈을 떠 나가는 과정이 곧 깨달음의 연속이다. 깨달음은 생각과 계산의 도구를 필요로 하지 않는다. 훈련이나 고난을 통해서 얻어지는 것이 아니다. 수많은 고승들도 찰나에 스치는 느낌으로 말하지 않았던가?
 깨달음은 그냥 알게 되는 것이다. 곧, 마음이 아는 것이다.
 깨달음은 영이 성장하는 것이다.
 그러니 마음, 마음의 눈으로 세상을 보라.

깨달음은 말로 표현할 수 없다

과연 도를 어떻게 이야기할 것인가?
깨달음이나 도라는 것은 본디 말로는 표현하지 못하는 것이다. 말로 표현할 수 없다면 어떻게 하는가?
가끔씩 제자들에게 이렇게 이야기한다.
"해봐! 해보지 않고 어떻게 알 수 있는가?"
그렇다. 깨달음이나 도라는 것은 말로 표현할 수 없다.
본인이 체험하는 수밖에. 체험을 통해서 깨달음을 말로 표현한다. 어떠한 깨달음의 체험을 했다고 해도 말로 표현하지 않으면 알 수 없다. 체험하는 능력은 무엇으로 생기는가? 각기 신명들이 말로 표현해 주기 때문에 우리가 말을 하게 되는 것이다.
말이란 참 어려운 것이다. 세포가 열리지 않으면 깨달음을 표현하기 어렵다. 생각의 세포가 열려야 한다. 생각의 세포가 열린다는 것을 어떻게 표현할 것인가? 말로 표현하는 것이다. 그래서 소감이라는 것을 시킨다. 말은 신비한 것이고, 사람을 죽이고 살릴 수 있다. 그래서 말조심하라는 것이다.
말만 잘하면 무엇이든 만들어낼 수 있다. 도나 깨달음도, 어떻게 깨달았는지 전달하는 것도, 체험 속에서 경험한 내용 역시 말로 하게 되어 있다.
말은 역시 대단한 것이다!

천신의 종류

천신이 들어 있다고 다 천신은 아니다. 천신의 종류를 몰라서 방황했던 시절이 있었다.

천신들의 존재를 대단하게 여겼던 때가 있고 그대로 행했던 때도 많았다. 천신들이 인간의 영혼을 사악하게 거두어가는 것을 알고는 경계하기 시작했고, 제자들에게 천신공부를 덜 시킨 적도 있었다.

상급을 가진 자라 해서 모두 마음이 넓은 것이 아니다. 오히려 그 자리를 지키려고 아래 직급보다 더 치졸하게 구는 상급자들도 많고 부조리도 많다.

우주공부는 배수공부이다. 부조리에 감염되지 않게 배수공부를 더 많이 시킨다. 배수공부를 정확히 한 다음 능력에 대한 수련을 시켜도 늦지 않기 때문이다.

평범하게 사는 것이 제일 어렵다는 것을 알게 해준다. 평범함 속에서 비범함을 가져야 한다. 천신들에게 에너지를 빼앗기지 않으려면 일단 욕심부터 없애야 하고, 시기하는 마음도 없애야 한다.

진실한 마음은 우주도 이긴다.

부디 자신을 속이는 자가 되지 말고, 진실한 마음을 가지고 하늘과 우주를 이기는 자가 되기를 바란다.

환경미화원

　자신의 내면을 정화하면서 사는 사람은 극히 적다. 정화란 내면을 깨끗하게 하고, 안정되게 하며, 바르게 세우는 것이다. 즉, 잘못된 신명을 바로 세우고, 있어서는 안 될 신명을 내보내는 것이다.
　내면을 정화하면 다시 좋은 신명으로 채워넣을 수 있다. 눈으로 보이는 것에만 치우치지 말고, 내면의 깊은 곳에 잠재하는 신명을 정화시켜야 한다. 신명이 정화되어야 내면을 청소할 수 있다.
　신명이 잘못되어서 해서는 안 될 짓을 하는 경우가 많은데, 자신을 모르기에 자신의 잘못된 신명에 빙의 되어 있기 때문이다.
　그것은 신명이 잘못된 것이지 사람이 어떻게 한 것은 아니기에 그 사람을 탓할 수는 없다. 자신도 모르는 사이에 잘못을 저지르는 형국이기 때문이다. 그래서 선인들이 죄는 미워하되 사람은 미워하지 말라고 하지 않았던가? 그래서 우주와 하늘에서 사람들에게 부탁한다. 세상을 정화시켜 달라고. 세상을 정화시키는 것은 사람들을 정화시키는 것이다. 그 사실을 인정한다면 바꿀 수 있다.
　어떤 사람은 정화하지 못해 원하지 않는 삶을 사는데, 자신의 신명을 모르고 잡신에게 끌려다니기 때문이다.
　내면을 바로잡지 못하면 인간답게 사는 것이 불가능하다. 무엇보다 중요한 것은 내면을 정화시키는 것이다. 어느 곳이든 환경미화를 해야 한다. 주위 환경도 중요하지만 내면 환경이 더 중요하다.
　각자의 내면을 정화할 수 있는 환경미화 신명을 채우자.

영과 공존하는 세상

인간이 알려 하지 않거나 알지 못해서 그렇지 우리는 영과 함께 공존하며 같이 살고 있다.

영의 세계에 들어가 보면, 참으로 수없이 많은 영들이 인간을 바라보고 있고, 인간들과 함께 가고자 많은 노력들을 한다는 것을 알 수 있다. 인간세계에서 알아만 준다면, 영들의 세계에서는 인간에게 무한한 영들의 소식을 주려 한다.

사후세계는 지금 우리가 살고 있는 곳에 존재한다. 영계와 통한다면 인간이 살고 있는 이 공간이 사후세계와 공존한다는 것을 알게 되고, 어떠한 큰 기운과 통한다면 미래를 볼 수 있는 능력도 얻게 된다.

나는 어떤 큰 존재와 통했다. 그리고 큰 존재의 영이 알려주었다. 그래서 알게 되었다. 인간세계와 영적 세계는 같이 공존한다는 것을. 그것을 알고 있으므로 항시 제자들에게 말한다. 어떠한 존재와 통하느냐에 따라서 공부가 계속 진행되는 것이고, 중도에 그치는 과정도 밟게 되는 것이라고. 기왕이면 큰 존재와 통하기를 바란다.

큰 존재와 통하려면, 의식도 따라가 주어야 큰 영을 통해 높은 공부를 받을 수 있다고 누누이 강조한다. 기왕이면 양아치 같은 신과 통하는 것보다 하늘과 통하는 것이 좋지 않은가?

의식을 높여주기 바란다. 그러면 의식이 커가는 대로 더 큰 영들과 통하게 되고, 더 큰 것을 영들이 알려준다.

자신을 위한 안일한 생각만 하지 말고 애국하는 정신, 이웃을 사랑하는 마음, 나보다는 상대를 생각하는 마음을 키운다면 영적인 마인드는 저절로 커질 것이고, 커지는 대로 영적인 존재는 계속 바뀌어갈 것이다. 계속 키워나가면 하늘에 몇 천 배의 기운을 달라고 청할 수 있고, 생각지도 않은 능력을 갖게 된다.

인간적으로 살다가도 영적인 세계와 교류하며, 본인이 생각하기 전에 이미 저절로 오가는 경지까지 다다를 수 있다.

결국 살면서, 마음먹은 대로 뜻대로 이루며 살아갈 수 있다.

가슴이 살아야

사람들에게 말하고 싶다.
가슴은 항시 뜨겁고 살아 있게 만들라고.
가슴이 살아 있다는 것은 혼이 살아 있다는 뜻이다. 가슴이 살아 있으면 자신의 삶을 스스로 조절할 수 있고, 동기부여도 가능하다. 혼이 죽어버리면 가슴이 죽어버린다. 가슴이 죽어버리면 우울증에 자기 감정을 조절하지 못해 감정에 이끌려 다니게 된다.
지금까지 영성으로 제자들에게 공부를 내려주면서 동기부여를 만들어주고, 흥미가 만들어지면 소질 동기부여가 만들어질 수 있도록 내면을 살짝 터치해 주었다. 마지막으로 만들어주는 것이 행동 동기부여이다.
영성공부는 이 세 가지를 적절히 사용하면서 내려주는 공부이다. 그러한데 제자들은 소유욕, 이기심, 자만심이라는 감정의 주인 노릇을 하고자 애를 쓴다.
영성공부는 내 자신이 삶의 주인공이 되는 것이다. 하늘사상을 닮고 그리고 지극히 인간적인 '나'가 되는 것이다. 가슴이 살아 있을 때는 이것이 가능하다. 중간중간 자신의 혼을 이기심으로 죽이기에 가슴이 살아 있지 못하는 것이다.
가슴을 살려라. 그러면 혼이 살 것이다.

● 아름다움의 근기

　인간에게는 기본적인 미가 있고, 노력한다면 더 아름다운 자신을 만들 수 있다. 심성은 기본적으로 타고나지만, 그 기본을 잘 활용하면 각자의 운명은 스스로 개척해 나갈 수 있다.
　살면서 인내심이 얼마나 중요한지 몸과 마음으로 절실하게 체험했을 것이다. 근기(根氣)가 있어야 한다는 것이 바로 그것이다. 자신을 이기는 힘, 자신을 알고 다스리는 힘이 근기이다. 역사상 잊히지 않는 인물들이 참으로 많다. 그들에게 타고난 능력도 있었지만, 타고난 능력에 인내하는 마음과 인류를 위하고자 하는 근기를 잘 활용하였기에 역사에 길이 남는 인물이 된 것이 아닌가 한다.
　자신을 믿고 간다면, 당장에는 이루어지지 않겠지만 포기하지 않는다면 언젠가는 꿈을 꼭 이루어준다는 것을 많은 시간을 걸쳐서 터득함이다. 고단함과 어려움이 없다면 운명을 개척하는 근력이 약해지기에 정신세계에서는 끊임없는 탁류 속에 던져놓고 헤치고 나갈 수 있는, 감당할 수 있는 사건들을 계속 제시해 준다.
　하늘은 감당하지 못할 일을 절대로 주지 않는다. 약간의 노력을 요하는 문제들을 던져주면서 끊임없는 성장을 요구한다. 하늘에서 2%의 지혜만 빌려다 쓰면, 나의 소원은 무리없이 이루어진다.
　근기를 키우자. 어떠한 어려움이 와도 물러서지 않는다면 그 어려움은 나의 기에 눌려 물러갈 것이다.
　우주의 힘을 빌려 근기를 키우자.

수없이 많은 문

 인간들은 살면서 많은 문들을 열고 들어가고, 또 나간다. 아침에 회사로 출근하는 회사원은 출근하기 위해서 방문을 열고, 샤워실 문을 연다. 그리고 또 닫고 들어가고 사용이 끝나면 또다시 그 문을 열고 나온다. 출근 준비하느라, 간단한 식사를 하고 방문을 열고 옷을 갈아입고, 현관문을 연다. 자가용으로 출근하는 자는 주차장으로 와서 본인의 승용차 문을 열고 닫는다.
 회사에 도착하면 또다시 차문을 열고 닫고, 사무실에 들어가기 위해 엘리베이터를 이용하려고 엘리베이터 버튼을 누른 후, 문이 열리기를 기다리다, 문이 열리면 타고 닫히고, 근무지의 층에 도착하면 또다시 엘리베이터 문은 열리고, 사람이 내리면 바로 닫힌다. 사무실로 향하는 발은 사무실 앞에 도착해서 또다시 사무실 문을 열고 들어간다.
 그 사람은 하루에 얼마나 많이 문을 열고 닫을까?
 그 문들을 응용해 보자.
 고통의 문도 있을 것이고, 행복의 문도 있을 것이다.
 시험을 치르려고 들어가는 문도 있을 것이고, 문제를 해결하기 위해 변호사 사무실이나 법무사 사무실 문을 두드리는 일도 있을 것이다. 병이 나서 병원 문을 두드리고 들어갈 것이고, 병원에 도착하면 병실 문을 열고 닫으며, 병을 검사하는 방을 몇 번 들락날락할 것이다. 그 문들이 일렬로 늘어져 있다면 그 길이를 생각해 보라.
 한 번쯤 생각해 보라. 나는 하루에 몇 개의 문을 열고 닫는가?

나도 수없이 마음의 문을 열고 닫는다. 다시는 열지 않는 문도 있고, 하루에 수십 번 열고 닫는 문도 있다. 사람들은 될 수 있으면 고통의 문은 열지 않으려 애쓰는데 나의 동의 없이 열리는 것이 고통의 문이다.

　고통의 문 종류는 수없이 많다. 건강이 나빠지는 고통이 있는가 하면, 남에게 사기당하는 고통도 있다. 또한 남들이 잘나가는 것을 보고 시기와 질투로 스스로 고통을 만든다. 어떤 이는 수행을 위해 고통의 문을 선택하기도 한다. 사람들은 일상적인 생활 속에서 문을 열고 닫는 것을 그냥 무심히 지나간다.

　만약 그러한 열고 닫음이 성장의 문인지, 행복을 향한 문인지 의문을 갖고 살아간다면 어느 곳을 가더라도 문을 열고 들어가는 것을 한 번은 신중히 생각하지 않을까 한다.

　마음 단속을 잘해야 한다. 항시 열어놓는 문이 있고, 일생에 단 한 번 여는 문이 있는가 하면 반복적으로 여닫는 문도 있다.

　각자들 한 번쯤 깊이 생각해 보기 바란다.

　나는 어떤 문을 열고 나가야 하는가?

제대로 전달하자

웅천선원에 와서 사람들은 이런저런 질문들을 하고 간다.

선원을 방문하고 나오면 누군가에게 무엇인가를 전달하기 시작한다. 그곳은 어떠한 곳이고, 무엇을 말하였고, 나에게 무엇을 하라고 강요했다거나, 그렇지 않으면 넌지시 떠보기도 하더라는 등 머리를 돌려가면서 보았던 방문지 모습과 있었던 일들을 속속들이 전달한다.

그네들에게 묻고 싶다.

당신은 집으로 사람들을 초대하면 무엇을 보여주느냐고. 첫 번째는 겉모습을 보여주려고 할 것이며, 두 번째는 우아함을 보여주려고 애쓸 것이다.

처음 온 사람에게 주방의 찬장을 개방하여 시시콜콜 설명하지 않거니와 거실의 서랍 문을 열어서 내부를 보여주지도 않을 것이며, 안방으로 데려가 장롱 문을 열어 옷이 몇 벌 있다고 말하지도 않는다. 그리고 다용도실에 들어가서도 안내하지 않는다. 두 번째 방문해도 같을 것이다.

나는 그네들에게 말한다.

내가 당신네 집을 방문해도 겉모습만 보여줄 뿐이고, 나 역시 같다는 것을…. 두 번, 세 번 만남이 지속되면서 친밀감을 느끼고 믿음이 생겨야 저 사람들에게는 나의 집 내부를 공개해도 되겠구나 하는 생각에 하나씩 내어놓을 것이다.

나 역시 마찬가지이다. 영성공부시키면서 그렇게 하도록 한다.

그런데 손님들은 첫 만남만으로 모든 것을 자신의 잣대로 판단한다. 조금의 여과도 없이 "참 이상한 곳이다" 하고 자기와 맞지 않은 부분만 가지고 모든 것을 평가절하한다.

그것은 자신의 인격을 스스로 깎아내리는 행위이다. 그네들이 조금이라도 신중하다면 그렇게 쉽게 이러이러한 곳이라고 함부로 말하지는 않을 것이다.

그러면서 나도 배운다.

어느 환경이든 내 기준으로 함부로 전달하지 않겠다고.

그 사람들은 나와 다르다고 생각해야 한다.

제 2 장

나를 찾아 떠나는 여행

자존심

오늘 어느 남자 분이 상담을 오셨다. 별다른 주제 없이 그냥저냥 이야기를 나누다 보니 주제가 여러 갈래로 갈라지면서 대화가 이어졌고, 여러 시간을 같이 공감하기도 하였다.

인간문화재! 그 타이틀 때문에 어디를 가든 항시 어깨를 펴고 다녔는데 시간이 지나면서 오히려 세상과 벽을 쌓게 만들었다.

자신의 직업에 자부심을 가져야 하겠지만 세상 속으로 들어가면 인간문화재가 무슨 소용이 있으리오. 그 타이틀 때문에 대인관계에 짐이 되는 것을….

세상을 나의 편으로 만들어야 하는데 적으로 만드는 것이 무엇인지 모르고 시간이 한참 지나서야 알게 된다. 결국은 자존심(쏘가지)이 세상을 적으로 만든다는 것을….

생각의 탄력이 있었다면 얼마나 좋았을까? 지금도 생각의 탄력이 부족해서 타인과의 대화 결핍으로 심각한 고민들을 하지 않는가?

나는 느낀다. 어느 장소에서나 나를 먼저 생각한다면, 사물을 보는 눈이 가려진다는 것을…. '나'라는 존재를 잊어버리고 세상과 논다면 한없이 즐거울 것이다. 자존심을 살리는 방법을 연구해 보아야 하지 않을까? 고개를 숙이는 것도 때론 자존심 회복이라는 것을 하늘이 알려준다.

숙여보라! 그러면 알 것이다.

필요 없는 장군신

　제자 중 하나가 필요 없는 장군신을 가지고 허송세월을 했다. 술 좋아하고 고함만 지를 뿐이고, 놀기 좋아하고 맛있는 음식만 탐하고, 일하기 싫어하고 게으르고, 본인이 좋아하는 일만 하고, 타인을 배려할 줄 모르는 조상 장군신이다. 수하에 쓸 만한 졸개도 없는 장군이 인간에게 무슨 도움이 되겠는가?
　조상 장군신과 타협을 보았다. 자손에게서 나가겠노라고 그리고 고맙다고, 때로는 야단도 치고 소리도 지르고 천신 괴롭히는 재미로 붙어 있었는데, 이제는 면목이 없어서 간다고 한다. 가고 싶은 곳으로 보내주었다.
　관용이란 이런 데 필요한 것 같다. 권력이 있고, 재물이 있고, 능력이 아무리 뛰어날지라도 관용을 베풀 줄 알아야 한다. 악신도 관용을 베풀어 내보내야지 그냥 나가라고 소리 지르고, 때린다고 해서 나가지 않는다. 승복시키는 방법을 잘 알아야 한다.
　그렇다고 누구에게나 관용을 베푸는 것은 아니다. 관용을 아는 신에게 베풀어야 한다. 눈물도 신들이 흘려주어야 하는 것이다.
　신들이 반성해야 인간도 변한다. 그래서 제자들에게 늘 하는 말이 "조상신들을 공부시켜라"이다. 조상신들은 공부가 끝나면 알아서 나간다. 악신 다루기가 제일 고역이지만, 악신도 개과천선하면 어떠한 신보다 신의를 지킨다.
　제자들에게 부탁한다.
　항상 긴장하며 살라고. 긴장을 풀지 말라고.

2% 부족

친구에게서 30분만 통화하자고 전화가 왔다. 영성공부만 하던 시절 경제적으로 어려울 때 그 친구에게서 금전을 변통했다. 그 친구도 힘든 상황이라 타인에게 변통해서 빌려주었는데 적지 않은 돈을 선뜻 빌려주어서 은행 빚을 정리하였다. 지금도 미안한 것이 일시불이 아니라 몇 개월에 걸쳐서 갚았고, 이자도 주지 못한 것 같다. 인간의 빚을 포함해서 마음의 빚도 있었는데 이제야 빚을 청산하였다.

영적 상담은 해봐야 알겠지만, 상담하면서 신명 정리, 조상 정리가 들어가기 때문에 상담료로 큰돈을 받아야 하지만 마음의 빚이 있어서 통화하면서 신명들을 정리해 주었다. 본인은 통화하면서 내가 무엇을 하는지 몰랐겠지만, 영성심리 상담하는 자는 상당한 고통을 안고서 해준다.

친구의 내면은 너무나 검고 어두워서, 어디서부터 손을 대야 할지… 담배 반 갑을 다 태워가면서 신들 정리가 들어갔는데, 그래도 예전에 공부한 자라 신의가 있어서인지 순조롭게 상담을 끝냈다. 친구는 올해 직장도 가정도 없어지는 경우였는데, 다행히 신들이 발복하는 해라 천신들이 발 빠르게 움직여주었다.

지금은 굿하는 시대가 아니라 말만 잘하면 하늘에서 접수를 받아준다. 접수만 받아주면 그다음은 우리 몫이다.

지금까지는 어두운 터널에서 살았겠지만, 이제부터는 터널에서 빠져나와 밝은 빛을 보기 바란다.

또 2% 부족

제자 중에 가야금을 전공하고 살풀이 춤을 추었고, 해외공연도 다닌 여자가 있다. 처녀 때는 공연만 하고 다녀도 생활에 전혀 어려움이 없었으나, 막상 결혼하고 보니 그 수입으로는 가정을 꾸릴 수 없어, 가야금을 접고 서울대 약대에 편입하여 현재는 약사로 만족스러운 생활을 하고 있다.

어제 그 여제자 집을 방문하였는데, 나의 선녀가 발동을 건다. 안방 구석에 세워둔 가야금을 보면서 기 점검이 끝나면 가야금 연주를 해달라고 부탁했더니 기꺼이 승낙한다.

기 점검을 끝내고 연주를 위해 가야금을 조율하는 여인의 모습을 보는데, 갑자기 눈물이 쏟아진다.

"내 사실 가야금을 놓고 싶어서 놓은 것이 아니고…" 하면서 가야금 뜯는 신이 나에게 하소연한다.

여제자에게 물었다. 왜 가야금 연주를 그만두었느냐고, 사실대로 말해 주면 고맙겠다고.

"사실은 2% 부족해서 연주를 그만두었습니다. 연주 실력이 부족한 것을 제 자신은 알지만, 연주를 듣는 주변 사람들은 모두 칭찬합니다. 하지만 스스로 채워지지 않는 갈증을 느꼈습니다. 아무리 연습해도 채워지지 않아 가야금 연주를 그만두었습니다."

갑자기 여제자의 언니가 생각났다. 목소리를 좀 트이게 해달라고 했다. 나이를 먹으니 2화음의 '시'가 안 올라간다고. 1화음의 도, 레, 미, 파, 솔, 라, 시, 도, 시에서 더 이상 음을 올릴 수 없다고.

웃음이 나왔다. 나는 노래를 못 불러도 우주의 기로 2% 부족한 음을 충분히 뚫어줄 수 있기 때문이다. 언니에게 기로 음을 올릴 수 있는데… 우주의 기를 받아보겠느냐고 제안했더니 올릴 수만 있다면 무엇을 못하겠느냐고 흔쾌히 음을 올려달라고 청했다.

언니에게 우주 기운을 주입시키니 5분도 안 되어 단번에 2화음의 시가 올라갔다. 언니는 놀라면서 너무 감사하다고 했다. 그녀가 멕시코로 떠난 지 10여 년의 세월이 흘렀다. 언니는 기운을 받은 뒤 10년이 지났는데도 여전히 높은 음을 소화하며 교회 성가대에서 왕성하게 활동한다고 동생이 전해 준다.

슬며시 언니 이야기를 하면서 다시 가야금 연주를 완성시키고 싶지 않냐고 물어보았다.

"항상 있지요! 실력이 없어서, 하기 싫어서 가야금 연주를 그만둔 것이 아닌데, 2% 갈증 때문에 그만두었어요."

2%를 채워줄 테니 해보겠느냐고. 2% 채우는 것이 뭐 어렵다고!

여제자 하는 말이 "그때 선생님 같은 분을 만났다면 그 갈증에서 해방되었을 거고, 지금쯤 가야금 가르치는 선생님이 되지 않았을까… 약사로 약국에 근무하는 것이 아니라."

나이 60을 훌쩍 넘어서 도전하는 것이 생뚱맞지만, 아쉬움을 마음 한구석에 묻어두느니 도와주시면 해보겠다고 도전의식을 강하게 내비친다.

그럼 해봅시다. 7% 부족한 남자 제자도 교수로 만들었는데 각오 단단히 하시구려!

난 또다시 무리수를 두려고 한다.

도전은 항상 나를 긴장시키고 성장시켜 준다.

종살이

제자들은 자신의 신명들이 어디에서 종살이하고 있는지 알아볼 생각조차 하지 않는다. 나에게도 내 신명들이 어디에서 종살이하고 있다고 눈물로 하소연한 적이 있다.

부부가 "으샤, 으샤" 합의해 가면서 열심히 살면 아주 좋은 본보기라고 일러준다. 그런데 어느 집 가정을 보면, 여자만 혹은 남자만 열심히 죽어라 돈을 번다. 안을 들여다보면 신명들이 그 조상들 속에서 종살이하는 것을 보게 된다. 신명들은 죽어라 종살이하는데, 그것을 모르고 나에게 주어진 일이라고 열심히 일해서 여자 혹은 남자에게 고스란히 월급을 상납한다.

제자 중에도 신명이 종살이하고 있는 자가 있다. 신명이 종살이하는지도 모르고 자기에게 주어진 직분이라고 열심히 이른 아침에 출근하고 늦게 퇴근한다. 그렇게 열심히 일해서 돈을 벌어도 자신에게 쓰는 돈은 별로 없다. 남편 뒤치다꺼리하느라 본인의 통장은 항시 가볍다.

나이가 젊으면 젊어서 그런다 치지만, 이제 노후를 대비해야 하는 시점에서 남편 신들에게 본인의 신들이 종살이하는 것을 보고는 더 이상 그러지 말라고 했다. 결국 남편 신명세계에 들어가서 합의를 보았다. 아내의 신명들을 그만 놓아주라고.

그런데 남편 신명세계에서는 이미 상납받는 것에 익숙해져서 그런지 안 놓아주겠다고 아우성이다. 남편의 신명세계와 담판을 지었다. 계속 종살이시킬 거면 내가 너희들을 가만 두지 않겠다고, 천신들과 조상신들을 모두 자폭시키겠다며 협상에 들어가서 이겼다. 그리고 무난히 이혼소송에서 이겼다.

　행여 나의 신명들이 어디에 가서 남의 종살이하지는 않는지 알아야 한다. 종살이하고 있다면 얼른 찾아와야 한다. 그래야 자신의 일이 수월히 이뤄진다. 제자들은 명심해야 한다.

하늘이 웃었다

14년 지도한 제자가 있다.
제자는 나에게 불만이 많다.
처음 상담하러 온 나를 온갖 미사여구로 속이지 않았나?
세상 물정 모르는 대학생이라서 달달한 말에 속은 건 아닌가?
조금 있는 능력으로 나의 고민들을 풀어준다고 속이는 것은 아닌가?
7%는 공부해 보아야지.
3%는 의구심 반, 불신 반.
어린 나이에 이 세계로 접어든 것이 속상했지만, 제자는 사회에서 이어나갈 수 있는 끈이 짧아 보여, 하늘과 상의하여 천신제자로 키우기로 결정을 보았다.
그리고 나를 뒤돌아보았다. 나도 그 나이에 고승을 만나 조금씩 가르침을 받았다.
나처럼 일찌감치 제 갈 길 찾아 들어선 것에 대한 귀여움 때문인지, 암튼 천신제자로 키우기로 결정하고, 다른 어떤 제자보다 많은 에너지를 쏟아가며 성장시켜 주었다.
생각의 확장이 절실히 필요한 제자여서 일단 사람들과의 부딪침부터 공부 지도하여 주었다.
제자는 어느 곳을 가도 한 달 이상 있기 어려운 4차원 세계에 가까운 아이였다. 3차원계에 어울리는 생의 견적을 내려면 난이도가 높아 천천히 내기로 하였다.

하고 싶은 것 하게끔 직장에서 안 짤리게 영적으로 물심양면 도와주었고, 8년이란 시간을 3차원계에 놀게 해주었다. 월급 탄 돈으로 먹고 싶은 것 실컷 먹게 하고, 1년이면 한 번씩 외국 공부도 지도해 주었다.

4차원 세계는 정리가 잘되어 있어 영혼신들 정리만 잘해 주면, 지구에 내려온 소기 목적은 달성하겠구나 하는 측은지심으로 지금껏 정신 확장 공부를 지도해 주었다.

때론 동자신들의 방해로 시간이 뒤로 돌아간 적도 많았지만, 짬짬이 인성교육을 지도해 준 덕에 며칠이면 제자리로 돌아왔고, 그러면서 또 한 걸음 어른이 되어갔다.

14년이란 세월 속에 눈물도 동반되었고, 철없는 웃음으로 주위를 환하게 밝혀주기도 하였다.

영혼신들이 한 꺼풀 한 꺼풀 풀더니 제자의 아우라가 변하기 시작하였다.

어린 영혼신들이 많아 이해시키는 데 많은 어려움이 있었지만, 공부의 끈을 놓치지 않아야 한다는 욕심이 스스로에게 근기를 저장하게 해주었다.

나는 제자들 영성공부를 지도할 때 기본으로 농사를 짓게 한다. 농사를 짓게 하면서 잡신들을 정리해 준다.

잡신들은 일하는 것을 제일 싫어하기에 무조건 농사일로 영성공부를 지도해 주면서 짬짬이 영혼신들을 정리해 준다. 때론 조상신들 정리도 들어가고, 본인 전생 영혼신들 정리도 해준다.

지금 이 제자도 10년 동안 농사만 지으면서 영성공부를 지도해 주었다. 사주카페를 차려 손님들 사람 공부도 지도해 주었더니, 손님들로 인해 동기부여도 되고 저절로 생각이 확장이 되는 것 같다.

 영적으로 확장되어야 생각이 확장된다.

 영적 확장 공부를 시키기 위해 10년 동안 농사짓게 하면서 카페를 운영하게 만들어주어 단단한 땅이 되었으리라.

 단단한 땅이 의식 확장에 들어가면 그건 너의 노력의 대가이다.

 천신제자에게는 하늘을 웃게 해야 하는 의무도 있다.

 제자야, 하늘은 아무 때나 웃지 않는다.

 영적 확장 터짐을 놓치지 않게 고삐 단단히 잡고 가거라.

무속의 비방문

어이없는 상황을 겪었다. 30여 년을 살아온 부부가 이혼소송으로 몇 개월을 끌다 얼마 전에 강제 심의조정을 받았다.

남편이 부인에게 "가족이라서 그냥 두었는데, 남이 되면 가만두지 않겠다"고 말하더란다. 부인은 당시 그 말이 무슨 뜻인지 몰랐는데, 이제야 알겠다고 고개를 끄덕이며, "참으로 몹쓸 사람이구만" 이 한마디로 본인의 마음을 표현했다. 저렇게 순하고 욕 한마디 못하는 여자를 그렇게 심하게 대하다니.

어디 할 짓이 없어서 이혼당했다고 무당 찾아가서 흑마술에나 쓰는 경문을 읽으며 부인에게 고약한 기운을 불어넣었는가 말이다.

정신세계 공부한 사람이 아닌 일반인이었다면 큰 낭패를 볼 뻔하였다. 그냥 피부에 생긴 염증이려니 하면서 병원만 다녔을 것 아닌가? 손등에 돋아난 피부이상 증세를 보니 기가 막힌다. 결혼해서 지금까지 마음고생, 육체적 고생을 시킨 것도 모자라서 이혼당한 것이 억울하다고 비방을 쓰다니, 남의 남편이지만 "더럽게 나쁜 인간이네"라고 욕하고 싶다.

흑마술은 쓰면 안 된다고 가르쳤고, 알아도 하지 말라 했거늘….

그런데 왜 흑마술은 가르치는가? 그러한 것을 풀 수 있도록 가르친다. 씁쓸하다. 그러한 공부는 악신들에게 당하지 말라고 배우기도 하고 가르치기도 하는데….

악신은 측은지심으로 감화시켜 천도해 주어야 한다. 비방술 사용한 것을 상대방이 알고 풀어버리면, 비방술을 쓴 자가 오히려 다친다. 자꾸 악신을 쓰면 결국은 악신에게 내가 잡아먹히게 되어 있다. 자신의 중심을 잘 잡고, 소유욕이나 이기심, 자만심이라는 악신들에게 에너지를 빼앗기지 않았으면 한다.

가슴이 살아 있어야 혼이 산다.

혼이 살아나면 삶을 조절할 수 있고, 인생의 주인이 된다.

가슴을 죽이지 말라!

가슴을 죽이면 자신의 감정을 조절할 수 없다.

부디 가슴을 죽이는 자가 되지 말고, 가슴을 살리는 자가 되어, 삶의 주인공이 되어 남을 이롭게 하는 자가 되자.

대역

두 남자가 방문하였다.

"참~나 원."

갑자기 종교 이야기를 한다.

본인은 불교라고 한다. 갑자기 화가 치민다.

자신의 근본도 모르는 놈이 불교를 운운해? 어디서 약장사를 하고 왔는지, 거창하게 약장사 티를 내는 연설을 한다. 웃음이 나오는 걸 억지로 참았다.

그 남자에게 한 마디 던졌다.

어떻게 수입 종교를 믿고, 남의 조상을 깍듯이 섬기냐고.

내 조상은 어디로 가고 남의 나라 조상만 아느냐고 했더니, 그게 어떠냐고 한다. 그것도 순간의 망설임도 없이 한순간에 내뱉었다.

이 사람은 더 이상 대접할 필요가 없겠구나 싶었다.

왜 남의 나라 조상을 섬기냐고 물어보면 한 번쯤은 생각해 보고 난 뒤에 본인 생각을 말하거나 "그렇군요" 하면서 묻고 들어가는 것이 상식 아닌가? 그런데 이 남자는 너무나 태연했다. 남의 나라 조상을 좀 섬기면 안 되냐고 한다.

자네 부모는 어디다 팔아먹고 남의 부모를 그렇게 섬기면 자네 부모는 무어라 하겠는가?

양심을 마트에다 팔아먹고 오셨습니까? 웃으며 질문을 던졌더니, 나보고 자비를 베풀라고 한다. 그래서 척하지 말라고 했다.

뭘 알지도 못하는 자들이 곧잘 잘난 척한다. 가는 편에 크게 말해

주었다.

"척하지 마세요."

두 남자를 보내고 생각해 보았다.

만약 상대방의 영이 들어와 장난친 것을 모르고 내 것인 줄 알고 지났다면 어떠했겠는가?

정말 우스운 일이다.

한 남자에게 알려주었다.

그 남자의 영을 가지고 놀았는데, 어떠냐고?

사람을 믿지 마라. 나도 사람은 믿지 않는다.

나 자신과 하늘만 보고 가니, 당신도 그렇게 해보라고.

지금까지 인간을 믿어서 실패를 보았는데, 또 인간을 믿어서 곤경에 빠질 것이냐고?

항시 대역하는 나는 아무것도 모르는 타인들에게는 정신병자로 보일 것이다.

장한 제자

언제부터 들어와 공부했는지 잠시 잊어버렸다. 그런데 몇 년 전부터 한 여자가 눈에 보이기 시작했다.

지금까지 많은 곳을 돌아다녔지만, 이곳에서 반드시 마지막 공부를 하고 다시 태어나리라 하는 움직임을 나타내기 시작했다. 하늘은 그 여자에게 모성 본능을 자극하는 공부를 주로 시켰다. 너무나도 많은 모성애를 가지도록 했다.

나의 자식은 기본이고 타인을 끌어안을 수 있는 깊은 마음자리와 굳은 심지를 원하였다. 과연 타인을 끌어안을 수 있는 공부 과정을 이수할 수 있을까 하는 의구심도 들었지만, 그 제자는 많은 시간을 투자하면서 결국은 이겨냈고 얻어냈다.

하늘의 마음을 얻기란 참으로 어려운 것이다.

관세음보살의 마음을 얻기도 힘든데, 하늘의 마음을 얻어냈다.

얼마나 많은 고통과 번민 그리고 갈등 속에서, 과연 지금 하는 것이 옳은 것인지 그른 것인지 분간도 못 하는 상황에서 의심 반, 믿음 반으로 자기 자신을 얻은 것이고, 자신을 이긴 것이다.

완벽한 얻음이란 없다. 다만 내가 한 수준만큼 하늘의 마음을 얻는 것이다.

지금까지 많은 제자들이 공부한다고 들락날락하였으나, 하늘의 마음을 제대로 얻어간 자는 없었다. 어떻게 하면 자기 자신을 속이고 영성공부를 안 할 수 있을까 하는 회피하는 마음만 있었고, 많은 제자들이 탈락해서 선원을 나갔다. 마음이 아픈 것은 잠시, 나는 다시 하늘의 대변자로의 자리를 지키고자 그 자리에 머문다.

  하늘도 축하해 준다. 온 우주가 축하 메시지를 보내고, 여기저기에서 팡파레를 울린다. 어려운 과정을 잘 이겨냈다고.

  내가 영성 지도자가 된 이후로 가장 마음이 흡족한 날이었다.

  졸업 선물로 스스로 병을 고칠 수 있도록 다시 병을 주었다. 세상 속에서 너와 같은 자들을 만나면 본인의 경험으로 그들을 치료하라면서. 제자는 병이 졸업 선물인지도 모르고 얼른 나아야겠다는 생각만 했다.

  축하 메시지가 왔다.

  천신제자여! 고생 많았소.

  눈물과 웃음이 앞으로는 약이 될 것이오.

  하늘과 우주가 네 편이 될 것이다.

과욕이 부른 실수 그리고 성장

얼마 전 직업이 가수라는 여자를 상담했는데 상담 결과가 의외로 빨리 진행되어 천제 날짜까지 잡았다.

그 여자는 성공하고 싶다고 했다. 결혼하고 가수를 그만두었는데 이혼과 동시에 가수로 돌아왔다. 그런데 노래 실력이 그전처럼 받쳐 주지 않아 걱정이라고 했다.

빨리 가수로 성공하고 싶다고 희망사항을 말하고는 방법이 없겠냐 며 조심스럽게 타진해 들어온다.

그녀 내면에 있는 신들의 구성원을 점검한 후, 아직 가수로서의 생명이 몇 년은 남아 있으니 하늘을 믿어보라고 했다. 하라는 대로만 따라 노력한다면 숨어 있는 가수 신명을 찾아 먹겠다고 했다.

예전 영성공부하기 이전 능력이었다면 신들의 구성원을 찾아내지도 못했을 것이고, 호언장담도 못 했을 것이다.

한 가지만 터치해 주면 가능성이 있는 가수였다. 그녀에게 마이크 없이 노래를 불러보라고 했더니 역시나 2% 부족이다.

지금의 내 능력은 그녀가 원하는 부분을 충분히 충족시켜 줄 정도로 능력이 상승되어 있고, 한 가지만 터뜨려주면 되는 쉬운 일이었다.

그런데 한 가지 실수를 했다. 그녀가 매일 공연하는 가수라는 것을 잠시 잊은 것이다. 2% 보강시켜 주는 단계에서는 공연을 쉬어야 하는데, 그냥 강행해 부작용이 일어난 것이다. 그녀는 노래를 부를 때는 허스키한 소리가 나오고, 사람들과 일상적으로 대화할 때는 맑은 목소리를 냈는데 반대가 되었단다. 사람들과 대화할 때 허스키한 소리가 나오고, 노래를 부를 때 맑은 소리가 나오는데 어떻게 된 것이 나는 전화를 받았을 때 피가 머리 위로 올라감을 느꼈다. 그거 참!

원인을 찾기 위해서 피터지게 묻고 또 묻고 들어갔다. 왜 이러한 일이 벌어졌냐고.

어느 부분은 들어가지 말라고 경고했는데, 나에게 건방이 들었는지, 우쭐한 기분으로 마음대로 처리하였기에 신명들이 나에게 경고하기 위해 그러한 일들이 벌어지게끔 이미 프로그램을 짜놓은 것이라고 한다.

아차! 경거망동이 또 여기에서 나올 줄이야.

이 상황을 정리하기 위해 신명세계로 가서 타협을 시도하였다.

"앞으로는 우쭐한 기분으로 하지 않겠으니 처방전만 주시오."

꼬박 하루 반나절 걸려서 처방전을 받아냈는데, 온몸이 파김치가 되어버렸다. 그리고 현재의 목소리보다 베이스를 더 넓게 해주는 작업을 해준다고 한다.

그런데 감사한 것은 일부러 황당한 일을 겪게 만들어놓았다는 것이다. 수많은 신계와 영의 세계를 알려주어야 하는데, 이 방법밖에 없다고 한다.

내가 어떻게 방향을 잡고 공부해 나가야 하는지 모르기에 일로써 그 부분의 세계를 보여줌이다 하고.

그 해석의 말을 듣고 나니 정말 십년감수했다는 생각이 든다.

그녀가 부작용을 하소연할 때는 정말이지 머릿속이 하얗게 되었다. 그때의 심적 부담은 생각조차 하고 싶지 않다. 하지만 그러한 사건이 있었기에 지금의 내가 있는 것 같다. 과욕이 실수를 불러왔지만, 그런 실수를 하지 않았으면 또 다른 성장 기회를 놓쳤을 수도 있었으니 꼭 실수만은 아닐 터…. 포기하지 않고 잘못을 만회함으로써 나는 더 성장했다고 말하고 싶다.

실패를 두려워하지 마라.

실패를 만회하면 더 높이 설 수 있는 능력을 얻는다.

애기 주장신

요즈음 애기 주장신을 가진 제자를 키우고 있다.

애기 주장신을 가진 제자는 야단을 칠 수 없고, 큰 소리도 칠 수 없다. 야단맞으면 버틸 기력도 없고, 큰 소리를 친다 한들 받아낼 힘 또한 없기 때문이다.

영성공부가 좋은 것은 제자들 스스로 주장신이 무엇인지 가림을 할 수 있고, 또한 그 수준에 맞추어 교육을 지도받아 조상신들을 해원해 줄 수 있다는 것이다.

사랑으로 감싸주기도 하고 때로는 부모의 마음으로 의식을 성장시켜 줄 수 있으니, 영성공부하는 자들은 선택받은 자들이다. 영이 어림을 모르고 인간적으로 한다면 겉모습에 따라서 교육하게 될 것이다.

이 사람아, 나이가 몇 살인데 아직 그런 것도 이해 못 하는가?

어찌 그것도 못 하는가?

그것도 모르는가? 등

여러 가지로 핀잔받을 것이다.

그런데 어떻게 하는가? 내면의 주장신이 어린아기니 한숨이 나와도 의식을 키워주면 어린 영들도 의식이 같이 커지니, 영성공부하는 제자들이 지도자를 믿고 따라만 와준다면 더 바랄 것이 없다.

세상 흐름을 따라가지 못하는 자들은 낙오자가 된다. 대기업에 취직한 사원들이 회사의 방침을 따르지 않는다면 결국은 무능한 자라고 퇴출당한다. 가정에서도 원하는 사항을 따라주지 않으면 왕따가 되기 마련이다. 사회에서 왕따가 되거나 직장, 학교, 가정, 사회에서 더 나아가 하늘, 우주에서 원하는 것을 따라주지 않는다면 스스로 왕따가 되는 것이다. 왕따가 된다는 것은 나의 생각을 합리적으로 만들지 못했다는 것이다. 합리적으로 만들 생각을 못 한다는 것은 합리적 인자가 부족하거나 부재중이거나 그 밖의 다른 원인이 있을 것이다.

인간은 내가 누구인지 알아야겠다고 수없는 방법을 택해서 많은 노력들을 한다. 그것에 대하여 나는 이렇게 단언한다. 종교적으로 아무리 내가 누구인가 찾아봐야 알 수 없다. 수없이 많은 나의 존재 가치를 종교나 기수련 단체, 산속에서 해보아야 일부분만 알 수 있을 뿐이다. 수많은 나의 존재들이 궁금하다면 영성으로 공부해야만 알 수 있다.

숨겨져 있는 나의 존재 가치들은 수없는 경험 속에서 찾아내는 것이지 글을 읽는다거나 산속에서 가부좌를 틀고 앉아 있다고 알 수는 없다. 위의 많은 방법들을 내가 다 해보았기에 알 수 있다.

어린 애기 영을 주장신으로 가진 제자는 어린 영을 가졌기에 많은 공부를 시키는 것이다. 어린 영이란 무한한 가능성을 가진 것이라고 하늘에서 말한다. 그래서 나는 어린 영을 주장신으로 가진 자들을 개인적으로 좋아한다. 또한 어린 영은 수없이 많은 알 수 없는 것들에 호기심이 있다. 영성공부는 많은 호기심을 가진 영이 유리하다. 그래서 어린 영을 공부시킬 때가 어렵고 힘은 들지만 보람은 더 크다.

어린 영을 사랑한다. 특히 세 살배기 어린 영들을.

힌트를 주어도 탈락

오늘 드디어 한 건했다.

떨어뜨리지 않으려고, 탈락시키지 않으려고 미리 정답을 주었는데 막상 시험에 닥치니 그 제자는 승급시험에서 탈락하였다.

왜 탈락했는지 본인은 알까?

수행을 시키면서 항시 하는 말이 "나는 중요하지 않다. 다만 너희가 더 중요하기에 나를 밟고 일어서기만 해라. 나를 이기면 대한민국 사람 50%는 이긴다. 나와 같은 기운을 이기기가 매우 어렵다. 그러니 나를 따르지 말고 각자가 자기 자신을 믿는 방법을 터득해라. 그래야 너희들이 사는 길이다. 지금까지 세상에서 버림받고 벼랑 끝에서 살아왔는데 이제는 다시 살아야 하지 않겠는가?"였다.

세상을 내 편으로 만들려면 어떻게 해야 하겠는가?

상대가 중요한 것이 아니라 내가 더 중요하기에, 하늘이 중요한 것이 아니고 인간인 내가 중요하다고 여겼기에 탈락하였다. 그 제자는 지금까지 하늘을 중요시 여기지 않고 인간의 욕심으로 공부하였기에 승리를 목전에 두고 탈락한 것이다.

인간세계는 합격시키려고 부단히 노력하고 주변에서 도와주지만, 영성공부는 앞으로 나아가지 못하게 하는 훼방꾼 신명들이 더 많다는 것을 제자들은 알아야 한다.

정신지체아 사회인

　모녀가 선원의 문을 두드렸다. 엄마는 귀를 막고 사는 사람이고, 딸은 천방지축이다. 부모가 딸이 이쁘다고 방치해서 이기적인 생각으로 엉뚱하게 흘러가는 데도 정작 자신들은 모른다.

　다 큰 성인을 이제 와서 어떻게 교육시킨다는 것인가? 그 어머니는 몇 년 전에 딸 문제로 무당집에 가서 굿까지 했다고 한다.

　굿을 해서 될 게 아니라 사랑으로 딸을 다독여가면서 세상을 바라보는 시야를 다시금 가르쳐야 하는데, 딸의 이상한 행동으로 무당한테 가니, 그 무당이야 당연히 굿을 하라고 제시한 것이다.

　무당들은 정신질환을 어떻게 구분하겠는가? 무당들 자체가 정신질환을 가지고 있는데 어떻게 정신질환인지 신들의 장난인지 알까? 그 구분이 애매모호하여 영을 아는 자가 진단해 주어야 한다.

　어머니에게 한 달만 맡기라고 했다. 그랬더니 상담하고 간 지 3일 만에 아버지가 딸을 데리고 선원으로 왔다.

　아버지를 보니, 아이는 여기 오래 있지 못하겠구나 하는 생각이 들어온다. 아버지가 딸을 많이 망가트리고 있었고, 망가진 딸을 인정하지 않고 있다는 것에 고개를 가로저을 수밖에 없었다.

　이 여자아이는 호시탐탐 핑계 댈 궁리만 한다.

　오늘은 목감기, 내일은 기침감기. 다음 날은 기분이 안 좋아요 하면서 울고불고 난리법석.

　그다음 날은 알러지가 생겼다고 아버지에게 전화해 병원에 가야 한다고 하면 아버지는 바로 선원 문을 두드린다.

하루하루 선원에 있을 수 없는 이유를 수시로 찾아낸다.

딸이 옷을 챙겨달라고 전화했더니 다음 날 부모가 왔다. 딸을 맡겼으면 나하고 상의해야 하는데, 딸과 이야기하고 결말을 내려고 하니 나로서는 더 이상 아이를 돌볼 수 없어, 아이 아버지에게 데려가라고 딸에게 전화를 시켰다.

아마도 현재 내가 하는 일이 없다면 그 아이를 바로잡으려고 노력했을 것이지만, 이젠 그만한 체력이 받쳐주지 않는다.

귀신들과 싸우려면 체력이 받쳐주어야 되고, 그 아버지가 나의 교육방식에 협조만 해주어도 여자아이를 어떻게든 해주었을 텐데 아버지가 협조해 주지 않아 일찌감치 포기했다. 여자아이는 부성애가 망친 결과물이었다. 미련 없이 집으로 보냈다.

하늘에 고했다. 이제 악역을 하지 않겠다고. 큰소리도, 욕도, 하늘의 매도, 천어도, 천서도, 그 어느 것 하나 시도하지 않겠다고. 이젠 한마디만 해도 따라오는 자들만 공부시킨다고 고했기에 따라오지 않는 자는 어느 것 하나 시도하지 않는다.

공부하고 나간 예전 제자들이 복들이 많은 것 같다. 그 멍청하고 우둔한 제자들이 어떡하든 인간세상에서 제대로 살아가라고 수많은 영들을 인도해 주었으니 지나간 제자들은 행운아들이다.

이제부터 새로 들어오는 제자들은 시험기간을 줄 것이며, 처음부터 천어나 천서를 주지 않을 것이다.

대행의 변화

말하는 것을 어려워하는 여자가 한 사람 왔었다. 처음에는 인사밖에 모르는, 몹시도 말을 아끼는 갑갑한 여자와 같이 보낸 세월이 벌써 10년이 되어간다.

선원을 처음 방문할 때부터 언어 부재중인 신을 어떻게 늘려가나 하늘과 의논했다. 저 여인 혼자서는 도저히 발전할 수 없으니 나보고 그 영을 키워달라고 한다.

허~참! 저 여인의 말문을 트이게 하려면, 난? 어~휴!

긴 한숨만 연신 터져 나온다.

긴 시간이 보인다. 지금도 그 신들을 교육시키고 있음을 그 여자는 알까? 이제는 그 신들을 그만 교육시켜도 되겠지? 이제는 곧잘 말문을 열고 있으니.

지나간 시간들, 나는 그 여자만 보면 언어 부재중인 신명을 끌어다 수다를 떨어 대신해 주었다. 언어 부재중인 신들을 끌고 나의 정신으로 삽입받아 들어와 영적 질량을 끌어준다.

그 여자 분은 참으로 오랫동안 해주었다. 이제야 합의를 끝낸다.

언어 부재중 신명을 그동안 많이 키워서 보내드리니 이제부터 본인이 더 성장시키세요. 그리고 나서 본인이 이런 말을 한다.

친구들을 만났는데 내가 친구들과 대화하고 있는 것을 발견했다고.

"사실 친구들을 만나면 '왔니?', 헤어질 때 '잘 가' 이 두 마디만 했는데 제가 친구들과 대화하고 왔습니다. 그동안 언어 신명이 있다는 것조차 모르고 살아왔네요."

언어 신명을 끌어다 교육시켜 여인에게 주기까지 10년이란 세월이 흘렀다.

참으로 오래 걸렸다.

엄벌

제자 한 명을 취직시켜 주었는데 직장을 그만두겠다고 한다.
그것도 별일 아닌 것을 가지고, 허! 참! 나 원 참이다. 이 정신 가지고 지금까지 인간 속에서 살아왔다는 것인가?
심덕을 깊은 곳까지 박아두었다면 등을 툭툭 쳐주고 웃음으로 끝날 일을 어린애와 언쟁을 벌여 어린애가 그만두어야 되는데 어른이 그만두었다.
이해심이 부족하고 오로지 저만 잘났다는 신들에게 끌려다니더니 결국은 펑! 하고 사건이 터졌다. 살면서 저만이 최고요 제 위로는 어른이 없다고 살아온 여자였다.
나 하나 살기 위해서는 주변의 어느 누가 죽어도 그만이라는 생각으로 살아온 것이다. 그 의식을 바꾸기 위해서 복잡한 곳으로 취직을 시켰더니 아니나 다를까? 긴 시간도 아니고 열흘 만에 본색을 드러냈다.
인간이 이제야 변화되었으니 앞으로의 일들이 흥미롭다.
이제는 장마철에 먼지 일듯이 하늘의 매가 기다리고 있음이다.
오늘에서야 합의를 했다.
인간이 제대로 살아가기 위해 살려달라고 한다.
또 하늘의 매가 내려온다.
언제 시작하려나?
나도 기다려진다.

부부의 상담

　일요일, 부부가 와서 내용도 없는 상담을 하게 해달라고 한다.
　소개한 자의 부탁이 있어서 시간이 있는 일요일을 택해서 왔다며 이야기한다.
　집사람이 어깨가 짓눌리듯이 아프다고 한다.
　그 소리에 앞서 동자가 냉큼 나와서는 "내가 장난을 좀 쳤어요" 하며 '메롱' 한다. 기가 막힌다.
　인간은 신들의 장난을 모르기에 이유도 모르고 고통을 겪는다. 그래서 우리네 같은 직업을 하늘에서 내려보낸다. 신들의 업을 풀어주십사 하고… 신들은 자신들의 업을 가지고 인간들 몸속으로 또는 정신 속으로, 장기 속으로 또는 혈액 속으로, 근육 속으로 스며든다.
　인간은 신들이 어떠한 업을 가지고 인간에게 하소연하는지 내용조차 모르고 겪는 것이 다반사라 그냥 병원으로 직행한다.
　병원에 가서 치료받아서 나을 병이 있지만 수술해도 약을 먹어도 낫지 않는 병들이 수두룩하다. 병원 검사에서는 아무 이상이 없다고 하나 본인은 고통을 호소하기도 한다. 그러한 것은 영적 치료가 우선이다.
　이번에 온 부부도 마찬가지다. 본인들의 원죄로 오는 고통인지라 종교에서는 대답도 해결책도 없다. 말해 주어도 종교로 고쳐보겠다고 하니 그렇게 하라고 할 밖에. 그리고 기도들을 한다니 당사자 본인이 해보라고 권했다. 본인이 해보고 되지 않으면 쉬는 날 언제든지 오라고 하고는 보내주었다.

무지한 인간들이 꼭 불필요한 경험들을 해보겠다고 한다.
그러나 이해한다. 나도 그러한 적이 많았으니 이해한다.
하지만 시간을 낭비하는 짓이었다.
여자보다 남편의 영이 더 맑아서 가능성은 있어 보였다.
그래서 맛만 보여주고 보내주었다.

아주 질기고 질긴 깐죽이

여제자 깐죽이 영의 내면세계를 정리해 주고자 몇 개월째 떠들어도 깐죽이 영을 구별 못 하고 제자는 서운해 한다.

정리할 시간이 되어 수없이 하던 말을 또 하고, 또 하고 다시 해도 알아듣지 못한다. 이제 끝내야겠다. 오늘 공부 시간에 참석하면 질긴 깐죽이 신명을 정리해 주려고 하였는데 불참했다. 당사자가 없으니 어쩔 수 없이 한쪽에 머물러 있게 해줄 수밖에 없지 않은가? 아무도 누구의 것인지 알아차리지 못하니 지겨워서 멈출 수밖에 없지 않은가? 답답하고 길고 긴 지루한 싸움이었는데, 나 또한 그 역을 해주어도 당사자가 모르니 항시 나만 우스워진다.

이젠 멈추어야겠다. 오늘까지만 참았으면 인내의 열매가 달았을 것인데 결국 급한 성질을 못 참고 또 미루게 된다. 이젠 내가 멈추어야겠다. 지겹고 지겹다.

그 깐죽이 영을 그렇게 쳐도 알아채지 못하는 제자가 답답하다.

그 아들이 왔기에 계속 아들 것을 가지고 치고 또 쳤는데 믿지 못하니 아쉽다. 오늘이 마지막 날이었는데. 이제 여기서 마감하고자 한다. 나도 살아야겠다.

답답한 제자야! 어쩌면 끝까지 너만 아느냐?

아들이 불쌍하지도 않느냐? 마지막 관문에서 하차하는 제자야! 언제나 그 고비에서 지는구나!

말문이 막힌 여자

어느 산에서 여인네가 정성껏 기도하는 것을 지켜보았다. 본인은 말문을 트고자 기도하고 있다지만, 내가 지켜보기에는 명치 끝에 아이 영이 말문을 막고 있었다.

아이 영을 정리해 주지 않으면, 이 여인네는 어디 가서 기도해도 소용이 없다. 기도 터인 그곳에서도 지적을 못 해준다.

남자 제자를 시험대에 올려놓고 여인네의 말문을 열어주었다. 그 산에서는 자기네가 말문을 열어준 것으로 알고 있기에 그냥 입을 꾹 다물고 있었다. 여인네의 어린 영을 정리해 주니 말문이 터졌다.

남자 제자를 보아주라고 했다. 남자 제자를 몇 년을 가르치고 알려주었는데 도대체 알아듣지 못하고, 본인 욕심과 아집으로 중 인자를 인정하지 않기에 어쩔 수 없이 여인네의 말문을 터주어서 남자 제자의 깊은 속을 들여다보게 해주었다.

어리석음과 영리함이 교차하여 본인도 교묘하게 당하는 것을 뒤늦게 알게 됨이다.

그렇게 깨달음을 주고 그날 일은 마무리 지었다. 며칠 뒤 그 여인네에게서 전화가 왔다. 집에 돌아와 아무리 생각해 봐도 그날 말문을 열어준 것은 그 산중이 아니라 선생님인 것 같다면서 공부를 시켜달라고 한다. 집에 돌아와도 답답하기만 하고 도대체 말문이 열리지 않으니 이유를 모르겠다고 한다.

사실 장호원 그 여자는 신통으로 말문을 여는 자가 아니다. 내면의 어느 큰 신이 보호령으로 내려와 있기에 그 보호령과 통하기만 하면 되었다. 전화로 말문을 터주고 막히면 전화하라고 하면서 계속 전화로 공부시켜 주었다. 본인 마음이 앞서서인지 서울로 올라오겠다고 한다.

아무리 공부가 급해도 지금까지 본인을 공부시켜 주었던 신명들을 안심시켜 주어야 그 여인네가 제대로 올 수 있을 것 같아서 조금 힌트를 주었다. 영리한 영들이 많아 곧 알아듣고는 그대로 행하고 왔다. 농장으로 데리고 들어와 단독 공부를 시켜주었다.

처음에는 천황 할매가 주장신이라고 말문을 열어 한참 주절주절하더니, 몇 시간 이리저리 장난을 쳐보니 결국은 아니라면서 보내달라고 한다. 그 여인네도 지금까지 천황 할매가 주장신인 줄 알고 있었는데, 조상신이라는 것을 알고는 본래 자리로 보내주면서, "무당들이 여기에서 이 수준에서 막혀 있었군요" 한다. 참 빨리도 깨닫는다.

그렇다. 조상신들은 자손들에게 붙어 있으려고 많이 속인다. 그 산에서 자기 제자가 아니라고 하였기에 받아주었다.

신 제자들은 공부를 하였으면 한다. 그리고 의심도 열심히 하여야 한다. 신들이 제대로 써먹을 만한지, 인간들을 이용만 하고 갈 것인지 구분 지을 줄도 알아야 하는데, 내가 최고라는 조상신들의 속임에 의심도 안 하고 속아서 기도에 정진한다.

조상신들은 급수가 제일 약해 본래 자리로 보내주어야 하는데, 신명제자들이 그것을 모르니, 조상신들에게 이용만 당하고 결국은 파국으로 치닫는다.

신들의 속임을 하루속히 아는 신명제자들이 나왔으면 하고, 조상신 가지고 일하는 신명제자들은 지금까지 부려먹은 신명들을 승급시켜 보내주어야 한다. 장호원에서 온 그 여자도 지금까지 가지고 논

신명들을 올려 보내주고 새로운 신명들로 채워주었다.

또한 때가 되면 그 신명들도 교체해서 올려 보내주어야 한다. 밥 먹는 숟가락 놓을 때까지 올리고 내리는 작업을 하는 것이다.

평생을 해도 끝이 없는 수행이라고 질리지 말고, 살아 있는 내가 숟가락 놓는 그 시점까지 밥 먹듯이 한다고 생각하면 부담감이 줄지 않을까 한다. 끝없는 수행이라 하지 말고, 쉬엄쉬엄 놀면서 수행하는 거라고.

놀면서 공부한다고 하면 무거운 무게에 짓눌리지 않을 것이다.

놀~자, 놀~자. 놀면서 수행하자.

한의 긴 줄

공부하는 여자 중 한 사람이 죽은 언니에 대해 상담을 청한다. 심약하여 21살에 병으로 저세상으로 돌아갔다고 한다. 내 입으로 말할 수 없어 기다리고 있었는데 이제야 청해 온다.

그 여자네 형제들은 자랄 때는 턱들이 다 정상이었는데, 큰언니가 고통이 너무 심해 참다 참다 치아가 모두 빠진 상태에서 저세상으로 돌아갔다고 설명한다. 그렇게 아픈 고통을 참고 가버리면서 그 이후에 형제들이 모두 치아 때문에 고생들을 하고 턱관절 이상들로 치과를 들락날락한단다. 죽은 언니의 파장을 받아서 치아들이 부실한 것을 모르고 형제자매가 모두 고생들을 한다. 진작 언니에 대해 이야기 했으면 수월했을 것이다.

죽은 언니는 또 무언가를 나에게 청한다. 부끄러워하면서….

알았다고, 해주겠다고 했다.

그리고 동생들과 상의해 영가의 청을 들어주기로 했다.

그 영가의 기쁨을 어찌 표현하리요?

이제 그 집안은 어둠의 터널에서 조금씩 나오기 시작한다.

인간이 신들을 공부시키지 않으면 영가는 아무것도 할 수 없다.

신당 정리

장호원에서 온 천신제자에게 신당을 정리하라고 했다. 차라리 무당신을 공부시켜 무당의 길을 걸으라고 했더니, 남편도 그걸 원한다고 하고, 본인도 남편 압박에 심신이 매우 지쳐 있다고 한다. 내가 접으라고 했다고 해서 함부로 신당을 접는 것이 아니니 웃어른 신에게 여쭤보고 시키는 대로 하라고 했다.

천신과 접신시켜 주었더니 신당을 접어도 된다고 허락받았단다. 집으로 내려가서 스스로 신당을 정리하겠다고 한다. 그 제자에게 지금부터가 중요하니 한시도 의식을 함부로 놓지 말라고 당부하면서 공부를 주어서 보냈다.

"선생님! 신당 정리했습니다."

그러면서 점검을 청한다. 나 또한 점검에 들어간다.

저 정도의 신 수준으로 무당의 길로 들어서려고 했다니 불쌍하기 짝이 없다. 신의 힘이 없어도 너무 없다. 한 성질 가지고는 신을 모실 수도 다스릴 수도 없다. 자신을 다스리지도 못하는데 어떻게 신들을 다스리겠는가? 공부를 시켜보면, 잘못되어 있어도 너무나 많이 잘못되어 있고, '네!'라는 단어보다 말장난을 치는 신들이 더 많다는 것을 본인도 모르니, 손님을 받아도 말장난 치는 상담을 더 많이 한다는 것이다.

현대에는 돈이 큰 에너지라는 것을 상기시켜 주고, 돈을 벌라고 해 주었다. 하늘도 하늘만 바라보고 있다고 해서 제자들이 원하는 것을 주는 것은 아니라는 것이다. 움직임을 가져야 한다. 움직이지도 않고 할매, 할배, 선녀, 동자 등등 신들만 찾아보아야 그 신들의 비웃음만 받는다.

  천신제자가 하늘만 바라보고 있다고 해서 주는 것이 아니고 하늘은 스스로 돕는 자를 도와준다는 것이다. 그 원리를 알고 했으면 좋겠다. 신 제자들이 말문을 열려고 명산대천을 찾아 기도한다 해도 산신의 마음을 알지 못하면 말문 열기는커녕 오히려 오물만 뒤집어쓰고 오기 일쑤이다.

  산신 장과 통해야 한다. 산에 들어가 기도하면서 산신 장이 원하는 것을 들어주고, 나의 원하는 것을 기도 정진해야 하는데 오로지 나의 원함만을 간절히 청한다. 산신들은 킥킥대고 웃는다. 왜냐하면 지금까지 너무나 많은 신 제자들에게 속았기 때문이다. 산신들도 신 제자들에게 너무 많이 속다 보니 그렇게 쉽게 주지 않는다는 것이다.

  이 제자는 산신과 통하기는커녕 오히려 산신들의 비위만 건드리고 오기에 신당을 접으라고 했다. 낮은 신들을 공부시켜 올려 보내주라 했고 그 신들과 합의를 보아주었다. 돈 벌면서 공부하라고… 그렇게 해야 신들도 긴장한다.

  그 제자의 신들은 너무 느긋하게 그 제자를 가지고 놀기에 할 수 없이 하늘에서 정리해 줄 수밖에 없었다.

  자신의 신들을 긴장시키자.

  제자들이여! 긴장을 풀지 말아라!

  긴장을 푸는 즉시 신들에게 당한다는 것을 잊지 않았으면 한다.

氣

어떤 부모에게서 전화가 왔다. 아들이 교통사고 후유증으로 일상적인 생활하기가 어렵다고 상담을 청한다.

9시 전에는 예약이 다 돼서 안 되니, 그 시간 넘어서 방문하라고 했더니, 밤 10시가 다 되어서 선원 문을 열고 들어선다.

오토바이를 타고 신호등 앞에 대기하고 있었는데 승용차가 뒤를 박아서 앞으로 곤장 떨어져 쇄골을 다쳐 쇠를 박는 수술을 하였는데, 호흡곤란으로 일상생활이 짜증 난다고 한다.

기를 점검해 보니 폐가 제자리에서 약간 자리를 이탈하여서 호흡곤란을 호소하였다. 왼쪽 폐가 오른쪽 높이와 다르다는 것을 엄마에게 확인시켜 주고, 기(氣)로 운기조식하여 주었다. 기로 운기를 시켜 주었더니 폐가 바로 정상적으로 균형이 잡혔다.

엄마가 신기한 듯 바라본다. 어떻게 그런 것이 가능한지 궁금한 것 같다.

氣는 무한한 것이다.

재주를 부리는 기(技)와 다르다. 재주를 부리는 기는 누구나 연마하면 다 하는 것이고, 우주의 氣를 사용하는 자는 선택받은 자만이 할 수 있다.

개인의 삶의 질을 높이기 위해서는 기(技)를 연마하고, 대의를 위해서 삶의 질을 넓히고 싶으면 우주와 한 편이 되는 氣를 운용할 줄 알아야 한다.

자신도 모르는 빙의

여제자를 보고 깜짝 놀랐다. 선원에 방문 중인 손님에게 빙의 된 줄도 모르고 자기 것인 양 오만하게 앉아 있는 것을 보고 기절할 뻔했다. 가끔씩 제자들에게서 이러한 모습을 보는데, 그럴 때마다 제자들은 앞에 있는 사람들의 신과 접신되어 내 것이 아닌 다른 사람의 신들의 언행이 나온다.

접신(빙의)공부 받는 과정이 제일 흥미롭다. 이 과정을 잘 이수하면 영적 지도자가 될 수 있는 자격이 부여된다.

감응이라는 것이, 동기 감응은 산신과도 감응이 될 수 있고, 조상신과도 감응이 될 수 있다. 영적 감응이 되면 영의 움직임과 일어나는 생각도 감지가 가능하다. 일반적으로 '빙의'라는 단어를 안 좋게 생각하는데, 잘 사용하면 매우 유익할 수 있다.

영적 감응을 받으면 인간의 생각 흐름을 제대로 파악할 수 있다.

산신과 동기 감응이 되었을 때 산신이 나에게 하고픈 말을 알아들었다.

사람의 정신과 감응되어 연구하면 즐감이 배수로 는다.

영적 감응이 되고 싶다면, 제자들의 사고는 접어두어라.

감응이 되고 싶다면 조상신 공부 부지런히 시켜라.

조상신이 있게 되면 영성공부는 제대로 할 수 없다.

앞에 있는 제자는 감응공부를 받고 있는데, 교관들에게 묻지 않는다. 내가 하고 있는 생각이 내 것인지, 앞에 있는 방문자의 정신인지를….

다리를 절어도 본인은 모른다?

지인이 측은한 친구가 있다고 상의도 없이 문을 열고 들어온다.

한눈에 봐도 조상신에게 시달림받는 기운이 주변에 감돈다.

본인은 다리를 절고 있는지도 모르는데, 주변에서 왜 다리를 저냐고 물어본다고 한다. 그 세월이 벌써 10년이라고 한다.

주변에서 왜 다리를 끌고 다니냐고 지적해서 알았다는데 이해하기 힘든 부분이다. 집에 자식도 있을 것이고, 부인도 있을 텐데, 다리 절고 다니는 것을 어떻게 모를 수 있다는 것인가?

깊이 물어보지 않고, 유전으로 그렇게 다리를 절 수 있다고 했더니, 갑자기 본인의 아버지 이야기를 한다.

어렸을 때 아버지가 돌아가셔서 잘 몰랐는데 고모에게 아버지의 젊은 날 행적을 물어보았더니 아버지가 다리를 절었다고 한다.

그렇다. 돌아가신 아버지 영이 들어와 있어도 자식은 아버지의 영으로 인해 다리를 절고 있는 것을 알아차리지 못한다.

아버지의 영이 왜 자식에게 들어갔을까? 자식이 어린데 부모가 죽음을 맞이하면 부모의 걱정이다. 내가 가면 저 자식은 어떻게 될까? 하는 걱정이 자식에게 전이된다.

아버지의 걱정하는 마음이 자식에게 전이되어 아버지와 같은 병으로 고생하는 것을 모른다. 아버지의 자식 걱정하는 마음이 전이되어 다리를 절며 10년 세월을 보냈는데, 정작 본인은 다리를 절며 다닌 사실을 몰랐다는 것을 누가 믿을 것인가? 아버지가 따라다니면서 자식에게 애원한다. 자신을 정리해 달라고.

천도재로 집 날린 여자

어떤 여자가 살려달라고 애원한다. 상담받으러 온 여자는 절에 가면 주지 스님 말만 믿고 하라는 대로 영가 천도재를 여러 절에서 지냈고, 무당집에 가면 굿하라고 해서 했는데, 왜 이렇게 하는 일마다 꼬이는지 모르겠다고, 제발 살려달라고 한다. 나한테 맡긴 것도 없는데 무엇을 살려달라고 하는지.

우스운 여자네 하고 던져버렸더니 그래도 달라붙는다.

천도재라는 것이 어디 있는가?

억지로 만들어놓은 것을 하려고 하니 부작용만 낳는 것이지!

천도재가 아니라 사자정리를 해주어야 한다. 사자정리는 조상신이 살아생전 낮은 의식의 인자를 자손의 체를 통하여 조상을 제대로 공부시켜 주면 의식이 전환된다. 의식이 전환되면 조상도 그제야 해원이 되어 본래 자리로 이동할 수 있는 에너지가 생긴다.

자손들의 체를 통해 지나간 의식을 정리해 주면 조상신은 새로운 에너지가 교체되어 공부하러 본래 자리로 보내주어야 한다.

종교의식이나 무속 행위는 차려놓은 밥상에서만 놀겠다는 행위인데 그게 웃기는 것이다.

공부도 내가 하는 것이고, 못하는 것도 내 탓이요, 잘하는 것도 내 탓이다. 조상신들을 공부시켜서 보내지 않으면 또다시 놀아달라고 인간이 살아가는 데 애를 먹인다.

신들을 제대로 공부시켜 본래 자리로 돌려보내야지, 조상신들을 공부시키지 않고 차려놓은 밥상 일만 일삼으면 항시 제자리이다.

깨달음으로 가는 길 · 도반편 121

천도재로만 사용한 돈이 집 한 채 값이란다. 그러면서 되는 것도 없이 이렇게 거지가 되었다고, 살려만 달라고 애원해 봐야 이미 글렀다.

지금도 주지 스님은 천도재 지낼 사람을 소개해 달라고 목을 놓고 있다고 한다. 주지 스님이 제대로 덕을 보게끔 해주어야 소개시켜 주겠는데, 지금까지 하라는 대로 다 했는데도 돈만 날리고 이렇게 되는 일도 없는데 누구를 소개시켜 달라고 하는지… 그 중들 참으로 뻔뻔해요, 그러면서 웃는다.

다시 시작합시다. 지금까지 살아온 삶은 접어두고 다시 시작해야지 하면서 영들을 정리해 주었다.

지금까지 천도재와 굿을 수없이 했지만, 여기처럼 시원하게 해주는 곳이 없었다며 감탄한다. 그렇게 이야기하고 집으로 돌아가더니, 이제는 손님들을 심심치 않게 전화로 소개한다. 선생님 이렇게 머리가 가볍다니, 해주신 것도 별로 없는데 어떻게 제가 이렇게 될 수 있습니까?

그러한 말을 들으면서 나도 반성한다.

돈이 중요한 것이 아니라 살려달라고 오는 인간들 조금이라도 길을 터주어야겠다고 잠시 생각에 잠겨본다.

호기심 인자 발동

겉으로는 언제나 의연하게 대처하는 제자가 있다. 어려서부터 여러 형제들 속에서 자라다 보니 부모의 관심 폭이 좁은 순위에 있었고 그다지 특이함도 없고, 특히 본인 스스로가 자신의 소중함을 망각하고 있다.

자신의 존재 가치의 에너지를 너무 모르다 보니 보는 나로서는 답답함을 이루 말할 수 없다. 뇌의 탄력이 약해 이루 말할 수 없도록 앞뒤가 꽉 막혀 있는 에너지 체를 건드려 보기로 했다.

긴장을 풀고 사는, 그냥저냥 태어났으니까 살아가는 구태 의연함이 신들을 화나게 만든다.

신들은 출중한데, 인간은 겸허하게 있으니 언제나 천신들은 나에게 답답함을 표현한다. 중간에서 나보고 어쩌라고! 이제 천신들이 호기심을 자극시킨다. 호기심 발동을 걸어놓고 답답하다고 신명이 다시 잠자면 안 되는데.

밋밋하게 자라온 어렸을 적 환경 때문에 성인이 되어도 의식이 밋밋하게 형성되어 있으니 자신의 존재 가치에 대해 너무나 소극적이다.

자신감 결여에서 오는 겸손의 에너지 분출이다. 인간이 자신감만 들어차면 앞으로 살아가는 데 흥미진진한 앞길이 펼쳐지지 않을까?

앞으로 가보아야 알겠지만.

파~이~팅!

산신 할배

어느 여인에게 산신할배와 산신할매가 부부로 동거한다. 그러한 여인은 얼마나 재미가 없을까?

직업은 보건교사인데, 할매와 할배가 동시에 댕겨간다. 그러니 인간의 몸이 견딜 수 없지.

천제를 진행하면서 "할배여, 할매여! 여기 죽엽산이 좋은데 이곳에서 놀면 어떻겠소?" 하니, 할매는 좋은데 할배는 싫다고 도리질한다. 다시 한 번 할배, 할매에게 청한다.

"할배! 이 사람의 직업이 보건교사인데 할배가 이 여자의 몸에 기거해 보았자 할배가 원하는 것을 이 여인네가 해줄 수 있겠소? 그러지 말고 여기에 자리 만들어줄 때 이곳에 앉읍시다" 하고 할매도 부탁한다.

"이놈의 할배! 내가 대신 원하는 것 해줄 터이니, 이제 그만 나와서 놉시다. 누구하고? 나! 좋소. 차라리 이곳에서 자리 펴고 놉시다. 그 할배 참 시원하게 말씀하시네. 인간도 이제 제대로 삽시다."

그렇게 할배의 영과 할매의 영을 정리해 주고 돌려보냈다.

그 여인이 일주일 뒤 감사하다며 인사하러 왔다.

이제 어린애들과 노는 대화가 부드러워졌다고 고백한다.

사실 인간은 본인이 하는 언행들이 내 것인 양 착각들을 하는데, 이러한 큰 천제를 통해서 알았으면 한다.

내 안에 어쩔 수 없는 수많은 영들이 존재한다는 것을!

영성공부는 이러한 것을 찾아 조상신들과 분리시키는 것이다.

조상신을 공부시켜 본래 자리로 보내주는 의식은 후손의 당연한 의무이다. 후손이 천제를 통해서 조상 영을 성장시켜 보내주면 그것처럼 장한 일은 없는 것 같다.

조상신들이 왜 나를 택했을까?

무엇을 거래하고 싶어서?

다 같이 고민해 보자!

반성 못 하는 제자

힌트를 받아서라도 선생님 뒤를 따라가겠다고 약속했던 제자를 이유 불문하고 좋아했다.

제자에게 "내가 사주카페 차리면 네가 운영할래?" 하니 "네! 제가 운영하겠습니다" 해서 제자와 합의를 봤다.

적당한 상가가 나와 계약서를 작성했다. 제자에게 상가 계약했다고 전화하였더니, 제자가 "이제 더 이상 영성공부 안 하겠습니다." 한 마디로 끝내고 만다.

네가 운영한다고 해서 상가를 계약했는데 이제 와서 안 한다고 하면 어떡하니? 설득해도 공부 안 하겠다는 말만 되풀이한다.

그럼 이것으로 너와 인연은 다 끝내고, 앞으로 너 자신에게 일어나는 모든 것은 책임 안 진다고 했다.

찜찜한 천신제자라 이 길을 안 가면 낭패를 볼 텐데 걱정이 되었다. 제자의 신명들을 공부 지도하면서 신명들에게 희망을 주었는데, 어떡하나?

신명들이 실망하는 에너지 발산하는 것을 감지한다. 잘 살아! 건강해라.

그렇게 헤어진 지 일주일 만에 다른 제자에게서 연락이 왔다. 뇌출혈로 쓰러져 입원하였다고. 주변에서 하는 말이 힘든 일도 안 했는데 그냥 푹 쓰러지더란다.

놀라서 119 불러 종합병원에 입원시키고 검사했는데 왼쪽 혈관이 터졌단다. 자신의 벌전이라는 것을 알면서도 모르는 척하는 제자의 음흉함에 측은지심이 나온다.

　여자는 왼쪽 혈관이 터지면 회생이 불가하다. 재활운동 열심히 해도 정상인으로 돌아온다는 보장은 30%가 안 되는데 아마도 그 제자는 평생 걷지 못하고 침대에서 나오지 못할 것 같다.

　지금까지 그 여자 제자만 영성공부의 심오한 수련지도를 받게 해 주었다. 심오한 지도를 해주는 단계에 들어갈 때 다짐을 받았다.

　제자에게 물었다. 지금 한 약속을 끝까지 지키고 갈 수 있겠느냐고. 그 약속을 꼭 지키겠다고 울면서 다짐하던 제자가 무당 조상신명을 다루지 못해 신들에게 발목이 잡히고 자신의 신에게 발등 찍히는 결과를 얻었다.

　그러한 결과가 왜 생겼는지 알면서도, 하늘에서 알아보라고 보낸 다른 제자에게 철면피를 깔고 거짓말한다. 네가 나에게 왔을 때는 이미 인간이 가지고 온 물질은 다 쓰고 없으니, 하늘의 금고를 열어 살게 해주겠으며 하늘 빚은 꼭 갚으라고 했다.

　그렇게 하겠다고 확고하게 약속한 제자가 공부가 다 끝난 줄 알고 오만방자함을 떨다, 결국 본인의 신들에게 발등 찍히고 나서도 남은 괘씸죄가 너무 크다 보니 헤어나지 못한다.

　그래도 다시 한 번 기회를 주려고 다른 제자를 보냈는데, 끝까지 반성하는 기미가 안 보여 어쩔 수 없이 하늘에 그대로 보고하였다. 언제나 살얼음판 걷듯이 공부하라고 했는데 그 제자는 살얼음판이 다 끝난 줄 알았는가 보다. 나도 평생 살얼음판을 걸어가는 자세로 수행을 멈추지 않고 간다고 누누이 강조하였건만.

　천신제자는 교만하지 않아야 되고 언제나 초심을 잃지 말고 겸손하라는 가르침을 주었다. 그런데 어느새 교만신에게 먹혀버렸다. 그

나마 이제 물질은 빼앗기지 말라고 경고하였건만, 물질도 타인에게 넘어갔다.

이제 사람으로서 걸어 다니는 움직임은 끝났다. 마지막 기회마저 박탈당했으니, 이제는 나도 놓으리라.

이 글을 읽는 제자들은 항시 초심을 잃지 않는 자가 되었으면 한다. 이왕이면 겸손한 신명과 늘 친구 삼아 가면 좋고, 때론 교만한 신명이 들어와도 호되게 가르치는 영적인 자가 되었으면 한다.

영적인 자는 어떠한 신들도 지혜로 화합을 가르쳐준다.

하늘은 신들과 화합해서 가는 것을 원한다.

마지막 관문

　제자들이 마지막 관문에서 탈락하는 이유는 자신들의 발복을 이기지 못해서이다.
　힌트를 주고 어떻게 해서든지 졸업시키려고 방법까지 알려주어도 안 되는 이유는 하늘에 온 마음을 다 팔지 못했기 때문이다. 인간이 마음을 하늘에 다 팔지 못했으니 하늘에서는 그 마음을 사주지 않는 거다. 내가 어떻게 수행하였다고 직간접적으로 알려주어도 제자들은 자신들을 현혹하기 위한 거짓말로 받아들이나 보다. 참으로 안타깝다. 이왕에 하는 공부, 온 정신을 투자해서 수행했더라면 졸업이 빠를 텐데, 아니 빠르지 않더라도 졸업은 했을 텐데!
　제자들이 한 명도 졸업을 못 하고 모두 탈락했다.
　어찌 하늘을 기만하는가?
　어떻게 하늘을 우습게 보는가 말이다!
　나는 지금 이 순간에도 무릎 꿇고 반성한다.
　하늘은 만만치 않다. 한순간도 방심하면 안 된다.
　천신제자들이여!
　방심하지 마라!
　항시 긴장하되 긴장하지 않는 공부를 시켜달라고 청하라!
　자신을 속이지 마라!
　매순간 솔직하여라!
　솔직함이 반성이다.

내림굿?

사람이 태어나서 같이 내려온 신들을 내려준다는 자체가 우스운 것이다. 필요 없는 신들은 공부시키든지, 공부시키는 것이 어려우면 그와 같은 신들이 있는 장소를 찾아 접붙여주면 된다.

낙산사에 부부를 데려가 또 다른 합의를 보게 해준다.

"중 인자를 이곳에서 정리합시다."

여인에게 설명해 주었더니 흔쾌히 해보겠다고 한다.

남편 손을 잡아주면서 부부가 같이 합의하라고 설명하고 결과를 기다렸다. 의외로 부부가 잘 따라주어 작업이 쉽게 끝났다. 많은 시간이 필요한 것도 아니고 본인들이 진심으로 마음만 내면 찰나에 끝나는 것을.

여인에게 물어보았다. 합의가 이루어졌냐고?

한참을 졸랐다고 한다. 이 좋은 곳에서 공부하면 어떻겠느냐고 물으니 처음에는 중 인자가 응하지 않더란다. 계속 조르니 하는 수 없이 "그렇게 하겠소" 하더란다.

부부 모습이 편안하고 부드러워 보인다. 부부가 고맙다고 인사한다. 지금은 부부의 모습이 그렇게 편안하고 예뻐 보일 수 없다.

남편 알기를 우습게 알던 여인네가 지금은 남편에게 부드럽게 표현한다. 같은 기운으로 만난 부부는 신들의 부딪침으로 티격태격 잘 싸운다. 신들끼리의 부딪침을 자기네의 태어난 천성이고 고칠 수 없는 성격이라고 한 치의 양보를 하지 않는다.

부부지간의 싸움은 거의가 신명들끼리의 부딪침이라는 것을 알아야 한다.

  영성공부는 신들을 다룰 수 있는 공부이기에 영성공부를 하면 부딪침이 줄어들고, 시간이 흐르면서 부부가 서로 존경하고 순응하며 살아갈 수 있다.

손바닥으로 하늘이 가려질까?

　제자들에게 영성공부를 지도하면서 꼭 강조하는 말귀가 몇 개 있다. 그중의 하나가 "자기 자신을 속이지 마라, 자기 자신을 속이면 하늘을 속이는 것이다"이다. 그렇게도 자신을 속이지 말라고 강조하는데 왜 제자들은 자신을 속이는 공부를 1순위로 할까?

　십여 년 가까이 입으로만 하늘을 믿고 따르겠다고 약속하던 제자가 결국 어느 날 본색을 드러냈다.

　자신을 속이면서 어떻게 하늘을 우러러 보았는지?

　그래도 하늘은 인간을 불쌍히 봐주고 계속 용서해 주었다. 너무 오래 용서해 주었다고 하늘에 고했더니 응징이라는 것도 있다고 하시더라.

　결국은 자신의 발등을 스스로 찍었다고. 그렇게도 강조했다. 자신의 신명들에게 발등 찍히는 불상사는 겪지 말라고.

　안타깝게도 하늘공부에 탈락한 제자들은 모두 스스로 발등을 찍히는 과정을 겪는다. 그렇게 감싸주고 보호해 줬는데… 그러면서 한편으로는 자책해 본다.

　나도 한때는 스스로 발등을 찍는 공부를 한 적이 있었다. 내가 겪어봤으니 그대들은 그 힘든 길, 굳이 걸어가지 말라고 누누이 얘기했는데 제자들은 이럴 때만 실험정신을 발휘한다.

　영성공부 초기에 나는 도반들에게 종종 배척당하곤 했었다. 그 시절 외로움은 약도 되었지만 상처도 많았다. 어찌나 배척하던지. 결국 그러한 과정이 전화위복이 되었지만, 그때 나의 교관들이 이렇게 말해 주었다. 배타하는 신명들을 내 발 앞에 무릎 꿇게 해주겠다고. 억울함을 풀어주겠노라고.

물었다! 하늘에서 나의 억울함을 접수해 주냐고. 그때 나는 막강한 하늘의 힘을 얻었다. 그 부분은 우주에서 우주의 신들이 알아서 처리해 준다고 한다.

그게 사실일까? 했는데 정말 내 눈앞에서 나를 배타한 자들을 무릎 꿇게 해주었다.

여제자가 조상신에게 당했다는 소식을 들었다. 자기 자신을 기만한 대가를 어떻게 받을 것인지는 본인 신명세계에서 정하는 것이기에 나도 지켜보기만 한다.

여제자에게 아낌없이 주었다. 아까운 줄 모르고 주었다. 그러던 어느 날 여제자에게 내주었던 모든 에너지를 거두어들인다고 한다. 하늘에서, 우주에서.

또 제자 중에 하늘의 약속을 어겨 잘하는 지압을 못 하게 된 제자도 있었다. 다시 한 번 하늘에 물었다. 돈을 벌 수 있는 신체의 한 부분을, 우주에서 합의한 결과 거두어버렸다.

하늘은 한 가지라도 잘못한다면 내려준 능력을 한순간에 거두어간다는 사실을 제자들은 믿지 않는다. 믿지 않고 방심하다 결국은 능력을 고스란히 강제 반납하게 된다.

나는 지금도 살얼음판을 걸어가고 있다. 초심을 잊지 말라고 제자들에게 강조해도 제자들은 초심을 잃어버린다.

손바닥으로 하늘을 가렸다고 하늘이 가려지는가?

그 넓은 하늘을 어떻게 손바닥으로 가리겠는가?

접붙이기

    부부와 여자 한 명과 같이 강원도로 여행을 떠났다.
    부부 신명들이 어떻게 하면 부부가 대화를 잘할 수 있고, 서로를 위하며 살아갈 수 있는지 고민한다. 그러고는 도움을 청한다. 우리 부부 제대로 살게 해달라고.
    내가 무엇을 할 수 있겠느냐고 청해 본다.
    출발하자마자 신명의 기운이 돌아가기 시작한다.
    여자의 한많은 신세타령이 마음을 아프게 한다.
    어디부터 단추를 잘못 끼었는지 찾아보자.
    주장신이 어린아이인 것을 인간이 모르기에 오는 악순환이다.
    여인에게 당신의 주장신이 어린아이라서 본인의 주장이 안 받아들여진다고 설명했더니, 어린 여자아이가 자기를 따라다니는 것을 본다고 한다.
    참으로 이상하다. 본인의 눈에도 어린아이가 따라다니면서 도와준다고 하면 그 이유를 알아야 하는데, 어린아이를 그냥 방치한다.
    어린 영을 방치하면 어떠한 부작용이 따를지 알 수 없다. 어린 영이 자신의 주장을 제대로 펼 수 없고, 본인 의지대로 하기도 힘들어 영악한 신에게 이용당할 수밖에 없다.
    어린 동녀가 따라다니면 왜 따라다니는지 알고 원하는 것을 해주어야 사람이 살아가는 길이 평탄해진다는 것을 모른다.
    어린 동녀가 원하는 것을 해주고 보내주기로 하였다.
    부부가 무당, 박수 팔자라서 둘이 부딪치기만 하면 으르렁대고 싸우기만 하지 화기애애한 분위기는 생각조차 하기 어렵다.

"당신네 부부가 그러한 팔자로 만났는데 어찌 좋게만 살려고 하겠는가?"

사람 욕심이지.

신들을 설득하여 접붙이기로 했다. 어느 장소에 이 부부와 같은 신명들이 존재하는지 장소를 물색했다. 얕은 장소는 싫어하고, 고고하고 깨끗한 곳을 원하는 신들을 위해 여행하면서 딱 맞아떨어지는 장소를 찾았다.

그러고는 합의에 들어갔다. 부부도 이 장소가 좋다고 하고, 신들도 맘에 든다고 한다. 부부의 신명 대를 만들어주었다. 신명나게 놀아보라고. 의외로 쉽게 접신이 되어 짧게 끝이 났다.

사람의 내면에는 무수한 '나'라는 존재가 있으니 수없이 많은 '나'와 기운이 맞는 장소를 찾아서 그곳에서 합의를 보고 접붙여주면 된다.

여제자의 SOS

수화기 너머로 여제자의 다급한 목소리가 들려온다. "선생님 큰일 났어요. 아파트가 날아가게 생겼어요. 어떡하면 좋아요." 수화기 너머로 들리는 목소리는 나를 화나게 한다.

집 날아가기 전에 전화를 수도 없이 해도 안 받고, 장문의 메시지를 연신 보내도 답신조차 없이 전화번호까지 바꾸어놓았다. 이제 와서 "선생님 어떡하면 좋아요?" 하는 경우 없는 여제자의 목소리가 난감하고 어이 없다.

양아치 같은 수를 쓰면 아파트 날아간다고 수없이 설명해도 귓등으로 듣고 잠적했던 제자가 이제 와서 살려달라고 구차한 변명을 늘어놓는다.

"자네가 내 도움 안 받겠다고 잠적했는데 스스로 해결해."

긴급사항이라고 설명하고, 또 집마저 날아간다고 남의 돈 함부로 먹지 말라고 주의를 주어도 듣지 않더니 나보고 어쩌란 말인가?

제자들의 얄팍한 심성들이 많이 섭섭하다. 근기와 인내를 가지고 공부들을 하지. 단물만 먹으려는 얄팍한 심성이 하늘을 화나게 만든다. 진한 심성을 가진 제자들을 보내주면 안 될까요?

이제부터는 좀 근기 있고, 똑똑한 제자를 보내주시면 제가 하늘의 시집살이를 즐겁게 할 텐데요.

지금까지 하늘의 시집살이 불평불만 안 했는데, 똑똑한 제자를 보내주시면 하늘을 품에 안고 시집살이할 텐데요.

박수무당의 눈물

식당에서 부부가 설렁탕을 먹는다. 옆에 앉아 텔레비전을 시청하는데, 남자가 나에게 넌지시 본인은 박수라고 이야기한다.

그냥 웃기만 했는데 난데없이 대보살님이시네요 하면서 할머니가 점사를 보고 계신다고 나에게 웃으면서….

"빌어먹을! 젠장!" 이 할매가 왜 나타나신 거야 하고 상대방의 신을 살펴보았다.

일이 얼마나 기구한지 할매가 나에게 눈물로 하소연한다. 이 자손이 너무나 힘들어한다고, 이걸 말해 주어야 하나 말아야 하나!

그냥 생뚱맞게 텔레비전만 시청하자고 듣지도 않는데 계속 그 박수가 저 좀 봐 주세요 하고 사정을 한다.

할매가 점사를 보시려고 하니 저 좀 봐달라고.

나 원 참.

기교만 가르쳐주기로 했다.

그네들은 잡신들의 비위만 맞추고 있으니 할매가, 할배가, 선녀가 한숨을 쉬면서 운다.

상담의 기교를 한 수만 전수해 주었다.

박수에게 잠깐 상담해 주었는데, 박수가 "왜 그래요?" 하고 묻기에 "묻지 말고 '네!' 하면 되지 뭐가 말이 많아" 했더니, "맞아. 상담은 이렇게 하는 거야. 여지껏 우리는 비위만 맞추었어." 그러면서 감사하단다.

음식 값을 계산하면서 또 할배가 눈물을 보인다.

그 박수는 왜 이렇게 눈물이 나는지 모르겠다고 음식 값 계산을 끝내고도 가지 않고 내 앞에서 계속 눈물만 흘리고 있다.

이놈아! 내가 누군지도 모르고 그냥 할매만 보고 있구나.

네 놈의 신들이 이만 쉬고 싶다고 사정하고 있어도 박수가 그걸 모르니 답답하다.

헌 신은 보내고 새로운 신을 내려받으면 되는데. 운다고 눈물을 보인다고 측은지심 발동 걸리지 말라고 해주고는 신들 수준에 맞게 놀아주고 보냈다.

식당을 운영하다 보면 신들을 받들고 사는 신의 제자들이 많이 온다. 불쌍한 마음이 들지 않도록 눈을 질끈 감을 때가 많은데 이번의 박수무당은 솔직하게 이야기하기에 신의 한 수를 주었다.

막히면 뚫을 줄 알아라

　무척이나 많은 흔적을 남긴 시간들이 주마등처럼 뇌리를 스쳐 지나간다.
　나는 또 어디론가 누구와 영적 빙의 되어 따라가고 있는가?
　왜 가는 것일까?
　왜 그곳에서는 나를 불러들이는 것일까?
　반항 한 번 못 하고, 기운에 이끌려 운전대를 잡고 먼 길을 가면서 지나간 시간들을 돌이켜본다.
　아무 저항 없이 낯선 행선지로 가고 있는 내 자신에게 "가야 되나? 안 가면 안 되나?" 하는 엇갈리는 마음들.
　한 여자를 만나 이 장소 기운에 이끌려왔고, 이곳으로 나를 인도했으니 결과를 책임지라고 강조한다.
　그 여자 분은 활짝 핀 얼굴로 나를 반겨주었지만, 삶에 지쳐 초췌해진 몰골이고, 잘못 정리된 내면세계를 알지 못해 저리도 고생한다. 인간은 내면 기운이 잘못되어 고생함을 인정하지 않으며 정신세계와의 싸움에서 지는 건 언제나 인간의 정신과 육체이다.
　목적지에 도착해서 알았다. 내가 왜 이곳을 또 찾아야 했는지. 일의 진행을 천신들에게 청탁하러 온 것이다. 그네들 신의 힘으로는 역부족이므로, 결국은 이곳에서 천신들에게 청탁하러 왔음을 도착해서 알게 해준다. 발효실에는 항시 종균이 있어서 발효가 잘되듯이, 이곳에도 항시 그 기운이 있는 곳이라 오면 부탁을 들어준다.
　천신들 힘은 대단하다. 태고 적부터 존재해 온 천신들 그리고 뒤에

줄줄이 서 계시는 천신들, 천신들의 도움 없이는 갈 수 없음을 이곳에 오면 알게 해줌이다.

내가 왜 이곳에 왔는지 천신들에게 고한다.

"답답해하지 마시오. 당신이 답답함에 대한 해결을 청했기에 막아 놓았던 검은 기운을 제거해 주겠다"고 천신들이 응답해 준다.

그 자리에서 울면서 신들에게 감사기도를 올린다. 나는 바른 정신으로 살아가고자 원했기에 천신들의 도움으로 여기까지 왔고, 천신들의 도움으로 계속 걸어갈 것이다. 천신제자 양성에 정진할 것이며, 주어지는 임무대로 철저히 지켜나가고자 할 것이다.

나의 지적 영적 질량 수준은 계속 올라가고 있지만, 다른 이들의 지적 영적 수준은 내려가고 있고, 멈춘 자들과 하향곡선을 타고 있는 자들, 약간이나마 올라가 있는 자들, 그네들로 인한 안타까움이 나의 애를 태운다. 이유 없이 가면 되는데.

영적으로 공부하는 제자들은 조상신들 공부를 시켜주어 천도해 주어야 하고, 또한 천신들이 많고, 근기(根氣)가 있어야 하며, 신의가 있어야 하며, 배짱이 있어야 하고, 자신을 속여서도 안 된다.

어려움을 겪는 과정에 입문하더라도 천신들의 도움을 조금이라도 받으면 어려운 과정을 수월하게 끝낼 수 있다. 끊임없이 자신의 신명을 잘 다스려야 한다. 툭 하고 튀어나오는 반항은 조상신명을 잘 다스리지 못하였음이다. 아예 나오지 말아야 하는 것이다.

조상신들을 잘 공부시켜 천도해 주었다면 일단 부정적인 인자는 해결된다. 그래서 조상들이 공부시켜 주지 않는 자들은 영성공부하기 어렵다.

단, "너의 생각을 말해 보아라" 하는 말이 있을 때는 예외이다.

잡다한 마음공부의 변화는 어디에서 나오는지 대응 방법을 알아야 하고, 나는 제자들에게 단계마다 수순을 밟게 하여 그 변화를 부리게 한다. 다양한 마음의 변화는 도저히 말로는 표현되지 않고, 누구든지 체득이 있어야 가능하다. 그것을 이기고 나오려면 근기와 단어를 수억 번 사용해야 한다.

  변화를 어떻게 이용하느냐는 천신들의 몫이다.

  "네", "예"를 할 줄 알아야 그 변화를 알게 해준다.

알아서 하겠다는 30% 에너지

제자들 공부 지도해 주면서 이렇게 저렇게 하라고 하면, 자기들이 알아서 하겠다면서 참견하지 말라고 한다.

그럼 나는 속으로 어디 해봐라. 너희들 생각이 제대로 정리되어 있다면 나에게까지 와서 공부 지도를 왜 받겠느냐며 속으로 코웃음을 친다.

그러다 어느 날 불시에 점검을 들어가면 다 헝클어져 있는 것을 발견한다. 그렇게 발견하여 점검해 주면 또 본인들이 알아서 하겠다고 한다.

나는 안다. 알기에 물어보고 또 확인해 주어도 잡신들의 놀음에 잡혀 곧 죽어도 자기들이 하고 싶은 대로 하겠다고 고집을 피우고, 그렇게 고집을 피우다 된서리 맞는지도 모른다.

주변에서 이렇게 이야기들을 한다.

그만큼 공부했으면 나아져야지 아직까지 저 모양 저 꼴들이냐고. 지도해 주는 자가 실력이 없어서 저러는 것이라며 나를 거론하니 톡톡히 망신을 당하는 셈이다.

그런 소리가 주변에서 들리면 제자들을 돌아본다.

잡신들의 놀음에서 벗어나지 못하고 스승을 욕보이는 제자들을 바라보면서, 나의 부덕의 소치다 하고 나의 세계로 들어가버린다.

영성공부 지도받던 시절 과목마다 선생님의 수준을 뛰어넘어, 선생님이 나를 바라보고 눈물을 펑펑 쏟은 것이 기억난다.

나도 겪어보고 싶다. 드디어 나도 해냈다! 소리 질러 보고 싶다.

선생님은 당당히 하늘에 돌아가서 자신을 뛰어넘는 제자를 키워냈다고 말할 수 있게 해주어 고맙다며 자랑스럽게 눈물을 보이면서 나를 바라보았다. 그리고 제자들이 들어오면 전설 속의 제자가 있었다고 자랑하신다며 선생님의 제자들이 나에게 와서 귀뜸해 주곤 했다.

공부 시절 나한테는 일절 표현 한 번 안 하셨던 분이다.

유달리 나에게만 냉혹했던 분이었다.

그분을 만난 것이 나에게는 큰 행운이었다.

지금 제자들은 힘든 시기를 지나갈 때마다 지켜봐 주면서 점검해 주면 고맙다고 넙죽 받으면 되는데 자기들이 알아서 하겠다며 겪지 않아도 될 시행착오를 겪는다.

상담 손님 중에도 그렇게 말하는 손님들이 다반사이다.

이렇게 하시면 앞으로 좋은 날을 맞이하지 않겠냐고 조언해 주면, 그 문제는 자기들이 알아서 하겠다며 돌아간다.

그리곤 다시 찾아온다. 그때 시키는 대로 했으면 일이 이렇게 꼬이지 않았을 것이라며 한 번만 살려달라고 애원한다.

사정하는 손님들을 앞에 두고 하늘에 물어본다.

처방전을 내줄까요? 주지 말라고 한다.

한 번 말해서 안 들었는데 지금 해준다고 말 듣겠느냐고, 들은 척도 하지 말라고 해서 더 이상 방법이 없다고 돌려보낸다.

하늘은 첫마디에 "하겠는가?" 물었을 때, "네" 하면 들어준다.

그런데 인간은 잡신들 때문에 생각에 때가 끼어 살 방도를 찾아주어도 본인들이 알아서 할 터이니 참견하지 말라며 돌아가서는 이내 다시 찾아와 한 번만 살려달라고 애원들을 한다.

전에는 살려달라고 하면 하늘의 명을 약간씩 어겨가면서 살려주는 처방전을 빼주었다. 하지만 지금은 처방전을 주지 않는다. 알아서 하겠다는 인간에게는 알아서 하세요 하면 그만이다.

이젠 나도 서서히 열정이 죽는가 보다.

지금껏 본인이 알아서 하겠다는 제자나 손님들 중에 제대로 알아서 살아가는 자들은 없었다.

호되게 혼나고 정신 차리고 나면 하늘은 그제야 너희 인간들의 힘으로 살아가지 못한다는 것을 알았느냐?며 호통을 친다.

하늘과 의논해서 살아간다면 삶의 질이 넓어지지 않겠는가. 나만 위한 삶이 아니라 인류를 위한 홍익인간 정신을 키웠으면 한다.

알아서 하겠다는 것은 30%의 인간 에너지만 사용하다 돌아가겠다는 것이다. 4차원 세계의 70% 에너지를 사용하고 가야 하는데, 30%의 인간 에너지만 사용하고 놀겠다니… 하늘은 안타까울 뿐이다.

잠재 능력의 2%만 사용하고 가도 대단하다고 하는데, 4차원 세계 70% 중 10%만 사용하다 가도 대단한 삶이다.

영성공부하는 제자들은 욕심을 내 그 이상의 에너지를 사용하다 갔으면 한다.

알아서 하겠다는 표현은 자신이 인간적으로 부족하다는 것을 인정하는 것이고, 앞에 고생문이 널려 있음을 암시하는 것이다.

우리는 대우주에서 왔기 때문에 하늘과 상의하고 가야 한다.

개천일 천제

청강생으로 7년 동안 선원에 다니다 이제야 도움의 손길을 요청한다. 부인도 남편 좀 도와달라고 간절히 청한다.

7년 동안 선원에 오면서 다른 세계 사람들과 대화 나누는 것이 좋아 부인을 동반해서 항시 일요일마다 공부자리에 앉아 제자들과 함께 교육받고 대화를 나누며 많은 도움을 받았는데, 이제 갈증을 해소하고자 도움을 청한다.

남자의 조상들이 얼마나 많이 같이 나섰는지 서울톨게이트를 빠져나가는 데 두 시간이나 걸렸다. 평일에 고속도로가 막혀 이렇게 고생한 것은 처음인 것 같다.

태평양 용신에게 미리 타전해 놓았다. 준비되어 있던 청강생이라 그런지 진도가 빨리 나갔다.

얼마나 힘이 드는지 시작부터 몸을 제대로 가누지 못한다. 나도 지금껏 시작부터 힘들어하는 자는 처음 경험한다.

본인이 절실하게 원해서 그랬는지 시작부터 탁한 에너지가 빠르게 정리되어 가고, 파도의 포말도 일자로 만들어주어 태평양의 기운을 맘껏 받아 쥐고 일사처리로 진행되어 빨리 끝냈다.

여자가 아이 낳는 것보다 더 큰 고통을 주는 제자가 있는가 하면, 손쉽게 터지는 제자도 있다.

하늘과 소통한다는 것이 그렇게 만만치 않다는 것을 제자는 오늘에서야 알게 되었다고 한다.

옆에서 구경할 때는 쉬울 것 같다고 생각했는데 큰 고통이 따르는 경험을 하고 나니 알겠다며 참으로 많은 반성들을 줄줄이 내놓는다. 모든 것들이 교만이었다는 것을….

직장이 자기의 수행처였는데 그것도 모르고 함부로 날뛰며 직장생활한 자신이 부끄럽다고 털어놓는다.

나는 그대로 하늘에 다 올려주었다.

여기 천신제자를 앞으로 잘 지도해 달라고, 대우주를 창조하신 조화주 하느님에게 청해 주었다.

올라오는 내내 공부 소감을 물었고, 본인도 이러한 즐거움이 있는지 몰랐다며 호방하게 웃는다. 하하하.

하늘이시여!

천신제자 올립니다.

앞으로 잘 이끌어주십시오.

석모도 무당 할매

　겨울이 되어 카페에 난방 준비를 한다고 창문마다 뽁뽁이를 도배하다시피 덮어버렸다.
　외풍이 심한 곳마다 난방용 도배지를 붙였더니, 의외로 인테리어도 되고 주변 찬바람이 미지근한 공기로 변하였다.
　뽁뽁이를 보고 있는데 강화도에서 단군성전을 운영했던 할매가 생각이 났다. 우연찮은 계기로 친하게 지내다 어느 날 할매를 보러 갔다. 할매가 나에게 내놓은 뽁뽁이가 톡톡 터지면서 메시지를 준다.
　틀 안에서 나오라고, 너는 어떻게 생각하니?
　나는 이미 오래전에 천신교관들이 공부시켜 주어서 했는데 저 할매가 돌아가시기 전에 저 공부를 하고 가려 하네.
　다행이다. 돌아가시기 전에 생각지도 않은 공부를 하고 가시니.
　할매는 당신의 조상신들이 어떻게 차고 들어왔는지 이야기해 주면서 큰아들만 아니었으면 내가 신을 받았겠냐고 한다.
　큰아들은 꽤 큰 페인트 가게를 운영하면서 공사도 다녔다. 페인트 가게가 불이 나면서 큰아들이 큰 화상을 입었는데 그때 조상신이 이래도 네가 신을 안 받을 거냐! 하며 호통을 쳤다고 한다.
　"그때 아들만 안 건드렸어도 신을 안 받았을 거야. 그래서 어쩔 수 없이 신을 받았지. 근데 이상한 건 죽을병에 걸린 병자들이 내가 신내림 받은 것을 어떻게 알았는지, 한 명 한 명 밀려들어 오더라고. 죽어가는 자들 많이도 살려주고, 망하는 집안들도 많이 살려주었지."
　할매는 하늘에서 천부경을 받았다고 했다.

천도재 지낼 때 천부경을 외면서 북을 두드리면 신들이 하늘에서 내려와 조상들 업을 정리해 주었고, 그럼 그 집안이 다 조용해졌다고 한다.

할매는 자기 대에서 끝내야 한다고 했는데, 옆에서 촐싹 맞게 한 입 거든다.

"할매, 할매 대에서 끝나지 않아. 할매 대에서 끝나면 오죽 행복하시겠어요. 결국 자식들이 이어가야 하는데, 그러면 자식들에게 안 내려가게 해야지."

하지만 할매는 이미 아는 것 같았다.

결국은 자식들이 이어갈 거라는 것을.

어느 날 가보니 큰아들이 반긴다.

어머니 돌아가시고 자기가 이어서 한다고.

할매가 제대로 닦고 가지 못해 결국 자식에게 신 대물림을 해주고 갔구나.

신들에게 찜당한 천신제자들은 당사자가 피한다고 해서 피할 수 있는 것이 아님을 할매에게 누누이 이야기해 주었는데, 결국 자식에게 내려갔다.

그러나 자식은 어머니와 같은 큰 신의 능력은 없었다. 다만 지식으로 공부해서 그리고 또 기도를 통해 앞으로 좀 더 나아가겠지만, 어머니와 같은 큰 신의 원력은 얻기 어려울 것이다.

할매는 당신 생일날 나를 초대해 주셨다. 방문을 열면 환한 모습으로 반겨준다.

내가 얼마나 보고 싶었는데, 왜 이제 오냐!

나는 신들과 통해서 무당들의 뚱딴지같은 말들과 거침없는 언행에

거리를 두었지만, 할매하고는 사이좋게 지냈다.

  할매는 뽁뽁이의 톡톡 튀는 소리가 참 좋다고 하면서 계속 톡톡 터트리면서 나에게 틀에서 나오란다.

  그렇다.

  하늘은 주변에 보이는 모든 것을 공부할 수 있는 무기를 주었다. 다만 인간이 나만 아는 이기주의에서 벗어나지 못해 주변의 모든 것이 공부시켜 주는 것인지 깨닫지 못한다.

  난방용 뽁뽁이를 본 순간 그 할매의 공부 소감이 떠올랐다.

  할매 돌아가신 지 7년은 되어가는 것 같다.

  성전 문만 열면 어서 와 하며 질문을 쏟아내며, 이런 공부도 있더라 자랑하던 그 선한 웃음이 보고 싶다.

  "나는 자네가 이유 없이 그냥 좋아. 자주 와" 하며 아이같이 환하게 웃던 모습이 오늘 따라 보고 싶다.

투신자살 학생의 한

고등학교 교감으로 있는 친구에게서 전화가 왔다.
자기네 학교 학생이 집에서 엄마와 같이 밥 먹다가 갑자기 베란다로 뛰어가더니 바로 투신자살했다고 집에서 연락이 와, 교장 선생님과 같이 지방에 있는 장례식장에 다녀왔는데 학생 아버지가 교장과 자기 멱살을 잡으며, 자기 딸 살려내라고 소리를 지르더란다.
본인들은 학교 책임자로서 조의를 표하기 위해 왔는데, 학생의 아버지가 멱살을 잡으며 살려내라고 하면서 학교에서 우리 딸 관리를 어떻게 하였기에 이런 불상사가 났느냐며 학교에 와서도 책임지라며 큰 소란을 피웠다고 한다.
나도 자식 키우는 학부모인데 자식 잃은 심정을 왜 모르겠는가?
주변 친구들에게 탐문해 보니 가정에 문제가 있었고, 학생은 부모님과의 불화를 감당하기 매우 힘들어했다고 친구들이 이야기하는 것을 들었는데 학교가 무슨 힘이 있겠는가?
자살한 학생의 아버지가 학교에 찾아와 고발한다고 했단다.
교감인 친구는 너무 막막해서 친구인 나에게 도움을 청한다.
나도 자식을 둘이나 키우는 부모이고, 자식 잃은 부모의 커다란 슬픔을 모르는 바 아닌데, 학교에서는 이 일을 어떻게 해결해야 할지 막막하다고 떨리는 목소리로 하소연한다.
교감 친구와는 40여 년 넘도록 친하게 지내왔는데, 정년퇴임을 앞두고 불미스러운 일을 겪는 것이 안타까워 특급 영적 처방전 한 가지를 빼주었다.

친구에게 그러한 신명이 들어 있으니 해보라고 권했더니, "알았어! 바로 하면 되지!" 하면서 전화를 끊었다.

그리고 일주일 후에 연락이 왔다. 하라는 대로 했는데 오늘까지 학생의 아버지가 학교에 안 왔다며 정말 고맙다고 한다.

그러고는 그 일을 잊어버렸는데 오늘 연락이 왔다.

투신자살 진상 조사를 위원회에서 했는데 어제 학교는 아무 관계가 없다는 공문을 받았다고 한다.

그래서 교장 선생님에게 친구에게 여차저차 도움을 받아 일이 잘 해결된 것 같다고 사실대로 말했더니, 그 친구분 식사라도 초대해서 감사 인사하자고 친구분과 상의하라고 했단다.

나는 그렇게 말하는 친구가 더 감사했다.

지도받는 제자들도 해봐! 하면 안 하는 제자가 더 많은데, 친구는 지난 30여 년 동안 집안에 어려운 사건만 생기면 꼭 상의를 했다.

저번 학교에서도 치욕스러운 사건이 벌어져 상의하길래, 몇 주 만에 다른 학교로 발령 내주었다.

교감 친구는 단 한 번도 "왜! 해야 하는데"라고 질문해 본 적이 없었다.

"응. 알았어! 지금 바로 하면 되지."

그런 것을 보면 그 친구가 영적으로 살아가는 것 같다.

영적이란 말은 즉시 행하는 것이다.

친구가 투신자살한 학생을 이야기할 때 그 영이 바로 이야기해 주어서 안 것이다.

즉시 학생의 영을 천도시켜 주면서 "하고 싶은 말을 해라. 부모에게 못 한 말을 나에게 신세 한탄하고 가볍게 돌아가자"라고 했다.

주저리~ 주저리.

이 일을 처리하면서 이런 생각을 한다.

조상제를 지내는데 왜 날을 잡아야 하는지, 신병이 났는데 구병시식이 왜 필요한지… 즉시 영하고 통해서 원하는 것을 해주면 되는데….

학생의 한을 풀어내고 나면 학생의 가정은 편안해질 것이다.

제 3 장

영성공부가 답이다

영성공부는 왜 할까?

사람들은 모두가 저마다 가지고 있는 생각들이 있다. 그 생각들은 영들로 인해 오는 것이다. 어떠한 정보가 입력되어 있는가에 따라서 사람들을 만나는 것이 달라진다. 같은 수준들끼리 만난다.

내가 어떠한 생각을 가지고 있느냐에 따라서 영들끼리 서로 정보를 주거니 받거니 한다. 어느 자리, 어느 상황이든 그 기운끼리 만나서 서로 암투를 벌이고 상처를 주고받는다. 이왕이면 좋은 기운끼리 만나 애환을 나누며, 웃으면서 풀어가는 인연이 좋은 것이다.

좋은 기운을 만나려면 내가 좋은 기운을 가지고 있어야 한다.

좋은 기운도 내가 만들 수 있고, 나쁜 기운도 내가 만든다. 나의 뇌 한쪽에 좋지 않은 생각이 저장되어 있으면 언젠가는 같은 부류의 인연을 만나게 된다. 그런 것을 보면 우리의 잠재된 생각을 한 번쯤은 솔직하게 꺼내보아야 하지 않을까? 꺼내보지 않으면 잠재된 생각을 평가할 수 없다.

인간은 잠재되어 있는 생각을 잘 모른다. 그래서 영성으로 공부를 하는 것이다. 흘러가는 생각을 잡을 수 있는 공부가 있다면 얼마나 멋있는 공부인가? 옛 성인들은 화두로 깨달음을 얻으려고 했기에 깨달을 수 없었다.

화두가 무엇인가?

머리로만 깨달으려는 것이 화두가 아닌가?

행하지 않고 머리로만 깨달으려고 하면 깨달을 수 없다. 영성으로 공부하면 단 1초에도 깨달을 수 있다.

생각을 내놓는 것이 깨달음의 지름길이라고 말해 주고 싶다.

생각을 입 밖으로 뱉어 내보내면 알 수 있다.

영성공부는 생각을 입 밖으로 내뱉는 것이고, 점검하는 것이다. 매 순간 점검해 가면서 깨달음의 길로 가는 것이고….

내 생각을 내놓는 것에 두려움을 갖지 말아야 한다.

내 생각의 펼침에 두려움을 갖는다면 영성공부를 할 수 없다.

영성이 진화하여 신들이 깨달으면 인간은 변화한다.

영성의 정의

어떤 남자가 영성의 정의를 내리고자 영성공부하는 장소에서 두 귀를 쫑긋 세운다.

영성에 대한 강의를 몇 회 듣더니, 올 적마다 영성에 대해서 설명이 달라지니 영성의 정의를 어떻게 내릴지 몰라 고민이라고 한다.

하하하! 이리도 우스운 질문을 하다니.

이 사람아! 하늘에 대해서 정의를 내린다면 무엇이라고 할 것인가? 그것부터 설명할 수 있으면 해보시라고. 하늘이 무엇이라고 언뜻 정의를 내리기는 쉽지 않다.

그렇다.

변화무쌍한 하늘을 어떻게 무지한 인간이 딱 꼬집어서 하늘은 이렇다!라고 정의를 내릴 수 있는가? 오늘은 흐리고, 내일은 맑고, 그 다음 날은 천둥벼락을 내리치고, 또 다른 날은 솔바람을 불어주고, 꽃비가 내리다가도 갑자기 하얀 눈이 내리고, 그 밖의 수없는 변화가 날마다 일어나는데 감히 인간이 '하늘은 이렇다' 정의를 못 내리듯 영성이 이렇다 하고 정의를 내리지 못하는 것이다. 다만 수시로 변하는 것이기에 영성도 그렇게 말하는 것이다. '그때마다 달라요'라고 정의할 수 있을까? 때마다 다른 영성을 함부로 정의할 수는 없다.

영성이란 변화하며 흘러가는 모습을 볼 수 있는 그 너머의 눈을 개발하여 보는 것이라고 할 수 있다.

인간의 눈으로, 인간의 잣대로 평가한다면 수준대로 웃음이 나오고 수준대로 쪽 팔리는 것이다.

영성공부는 산 너머 너머 또 산 너머의 공부다. 한 가지 공부가 끝나면 다음 공부가 항시 기다리고 있다. 산 정상에 올라가면 무엇을 또 볼 것인가?

경치가 좋다고 정상에서 머물러 있을 것인가? 나의 쉴 공간이 있는데, 산 정상은 단지 또 다른 하나의 정상일 뿐이다. 그 정상이 좋아 그곳에 머물러 있다고 하자. 그다음은 무엇을 어떻게 할 것인가?

좋은 것은 그 순간만 좋은 것이고 감탄할 뿐이지, 더 이상은 그 무엇도 아니다. 그 자리에 머물고 싶은 마음이 들어옴도 집착하고 있음이다.

영성공부는 그러한 것을 가르쳐주는 것이다. 아무리 좋아도 좋은 것은 그 순간이다. 그 좋음에 머물러 있지 말고 다시 다른 정상을 밟아보자. 또 다른 정상은 어떤 맛을 줄 것인가는 그 정상을 밟아본 자만이 알 수 있다.

영성공부는 그런 것이다. 수많은 정상을 올라가서 각자의 정상이 무엇인지만 보고 내리고, 오르며 연결 연결 공부를 이어가는 것을 지도받는 것이고, 집착을 키우지 않는 것이다.

나 역시 마찬가지이다. 수없이 많은 공부가 있었지만 그중에 가장 탐나는 분야가 있다고 치자. 탐나는 공부에만 매달리다 보면 주변을 돌아볼 수 있는 그 너머의 눈은 발달시키지 못하였을 것이다.

각 분야에 전문가들이 있다. 그 전문가들이 다양한 그 너머의 모습을 볼 수 있는 눈들을 키웠다면, 스스로 답답해하지는 않았을 것이다. 그들은 자신의 전문 분야 일부분만 알 뿐이지 그 외의 전문적인 분야는 알려고 하지 않는다. 아니, 알고 싶어도 그 전문 분야 공부를 끝내기도 벅차 외도를 할 수 없다.

전문 분야의 어떤 인자가 뇌를 크게 지배하고 있기에 다른 것을 수용하려는 인자는 없다. 인간은 수없는 인자를 가지고 있는 것 같지만 실제로는 그렇지 못하다.

물 위에 생기는 파장만을 보고서 많은 착각 속에 잘난 척들을 한다. 사실 호수에 던져진 돌의 파장일 뿐인데… 물 위에 던져진 돌의 파장이 영원하다면 좋겠지만 그 파장은 잠시이고 이내 물은 원래 모습으로 되돌아갈 뿐이다. 그래서 인간들은 착각 속에서 잘난 척들을 하고 있다는 것이다.

이 글을 읽는 사람들은 "물 위의 파장 속에 있었구나" 하면서 인정하기 바란다.

위에서 말한 바와 같이 영성이란 무엇이라고 정의를 내릴 수 없다. 한 인격체를 놓고 한마디로 설명을 못 하듯이 흘러가는 감정들을 어떻게 잡아낸다는 말인가?

영성이란 무엇인가? 알고 싶다면 내 자신에게 수없는 경험들을 부딪치며 이치를 깨달아 존중해 주고 알아가는 것이 지름길이다.

그럼 몇 퍼센트는 알 수 있지 않을까?

신들의 밥

영성공부를 해야만 하는 이유는?

내면의 질량을 높이려면 영성공부 외에는 다른 방법이 없다. 높은 영성은 의식을 자유롭게 해준다. 의식이 낮은 질량은 잡신들의 조무래기밖에 안 되고, 결국은 잡신들의 밥이 될 뿐이다.

인간세계도 그렇지 않은가? 저 사람은, 쟤는~내 밥이야! 하면서 함부로 취급하는 것을 보았을 거다.

신명세계도 마찬가지이다. 의식이 낮으면 다른 신들이 그렇게 취급한다. 얼마나 무서운 일인가?

하나의 잘못된 생각을 들어오게 하여 조상신들이 나의 정신을 지배하는 것이니, 조상신들의 밥이 되지 않으려면 내면 성장을 해야 한다. 신들에게 당하지 않고 살려면 열심히 운동해서 건강한 육체를 유지하여야 함이다. 그리고 항시 강조해 준다. 착하게 살지 말라고. 착한 마음조차 조상신들의 밥이 된다.

정신이 약한 자도, 급히 성공하려는 자도 '어떻게 하든 내 것만 성공하면 된다는 생각'도 결국은 조상신들의 밥이 되는 생각들이다.

조상신들의 밥이 되지 않으려면 어떻게 해야겠는가?

내면 성장을 통하여 참 신명들이 스스로 알아서 해주는, 신을 조정하는 자가 되는 것이다. 내면의 의식 수준이 높은 자는 신들을 조정할 수 있는 기본을 갖춘 것이다.

삶에 기복이라는 것은 별로 없다. 성장과 정지이다. 그리고 감점뿐이다. 감점을 당하면 건강을 잃게 되고, 가정에 우환이 일어나고, 하던 일들이 무너진다. 성장하는 자들은 끊임없이 자기 자신의 성장에 대한 준비를 계속하고 있다. 정지와 감점을 당하지 않으려면 준비하고 갖추는 자세를 놓지 않아야 한다.

항상 준비하고 있는 자가 인생에서 성공하는 자이다. 자신의 삶의 주인공이 되어라. 삶의 주인공이 되는 것은 준비하고 갖추는 자세를 놓지 않는 것이다.

항상 의식이 성장하는 자는 조상신(잡신)들의 밥은 되지 않는다.

삶을 안일한 정신으로 살지 말자. 언제나 긴장하고 살면 세상은 내 편이 될 것이다.

신들의 밥이 되지 않으면 세상은 언제나 내 편일 것이다.

영성공부 자세

지금까지 영성공부를 지도하면서 답답한 부분들이 많이 있었다.

영성공부는 기복을 바라는 공부가 아니라 스스로 찾아가는 공부이다.

영성공부를 지도하면서 당부한다. 지도하는 나를 믿지 말고 자기 자신들의 천신교관들을 믿으라고.

그렇게 서두를 꺼내면서 지도해 주었는데, 시간이 지나면서 지도자에 대하여 원망이라는 단어를 스스로 가슴 한쪽에 새겨둔다. 영성공부는 자기 자신을 어떻게 믿고 가는지, 하늘을 어떻게 믿고 가야 하는지를 제시해 주는 것이라고 누누이 강조하지만 그것을 잊어버리고 만다.

지금의 어느 제자도 그러한 형국이다.

"나를 믿지 마! 자기 자신을 믿고 하늘만 믿고 가라!"고 했는데, 시간이 지나니 결국은 나를 원망하는 마음이 나오는 것을 본다.

난, 대행만 했을 뿐인데, 대행자를 믿어서 무엇을 할 것인가?

수도 없이 왜? 왜? 왜?

'왜?'라는 단어를 가지고 계속 질문하면서 가라고 했는데, 결국은 그렇게 안 했다는 것이 아닌가? 답답하다. 길을 일러줄 뿐 길을 찾아가서 행하는 것은 본인이다. 나도 그렇게 공부했다.

하늘과 우주와 통해 나 스스로 개발해 가며, 상상조차 할 수 없는 수많은 고난을 이겨내면서 하늘과 우주와 통하면서 여기까지 온 것이다.

공부하는 자들에게 항시 해주는 말이 있다.

하늘의 법을 대행하는 대행자와 통하려고 노력도 하지 않았으면서 어떻게 하늘과 우주와 통하려고 하는가? 우선은 하늘의 대행자인 나와 통하려고 노력해야 하는데.

제자들을 질타하고 싶다.

지도자와 통하려고 노력들을 해보았는가? 진심으로 통하려고 노력했다면 지금쯤은 지도한 자를 만나고자 할 터인데.

그래서 나는 다시 하늘과 우주와 대화를 청해 본다.

앞으로 공부 방향을 바꾸어보겠다고.

심의가 끝나면 공부 방향을 또 바꾸어주겠지.

기대해 보자.

영성공부하는 제자들에게 다시 한 번 말한다.

"인간인 나를 믿지 말고, 자기 자신을 믿고 가라. 나는 하늘과 자기 자신을 믿고 가는 방법만 제시해 줄 뿐이다."

영성 상담

참으로 어려운 것이 동업인 것 같다. 태양도 하나요, 달도 하나다. 사업장도 대장이 둘이면 시끄럽게 될 수 있고, 두 사람 중 누구 하나 양보하지 않으니 부딪치는 욕심을 어떻게 해결할 수 있을까. 잠시 고민에 빠졌다.

가정적으로 문제가 있는 남자와 상담하면서 사고방식과 의식 수준을 탓해 본다. 결혼은 신들 간의 결합이다. 상대방의 기운을 받아들이고 대화했다면 일방통행했다고 분란은 일어나지 않았을 것이다.

여자는 남자 하나만 믿고 결혼한다. 그러나 남자의 결혼관은 여자와 판이하게 다르다. 여자를 인격적으로 대하는 것 같지만, 만능인으로 착각하는 것 같다. 만능인으로 만들려면, 경제적인 것이 해결되어야 하고, 육체가 건강해야 하고 지식과 지혜가 겸비되어야 함이다.

사랑은 상대가 사랑하는 마음을 죽이지 않아야 지속된다. 그래서 결혼은 인내가 바탕이 되어야 비로소 서로가 "네!" 하는 사이가 만들어진다.

신명 여행

"여행 갈 수 있는가?" 했더니 "돈이 없어서 고민 중이에요" 한다.

"이 사람아! 우리가 언제 한 치 앞을 보고 왔는가" 했더니 "네! 가겠습니다" 한다.

우리가 언제 한 치 앞을 보고 살았는가? 나의 신명들에게 투자하고 간다는데 나의 신들이 투자금을 날름 삼켜 먹겠는가? 인간에게 투자한다면 투자금을 고스란히 날릴 수 있지만, 나의 신명들에게 투자하는 것은 100% 남는 장사이다.

신명들은 인간이 신들의 존재를 알고 명분을 취할 수 있게 해주기를 원한다.

그런데 신명들의 부류도 수없이 많다고 한다. 신명들의 부류를 알아내는 것이 사실 나의 존재감을 알아내는 작업이다. 아마도 그것을 모르고 나간 제자들이 많을 것이다.

도움을 주고자 하는 조상신들, 해코지하는 조상신명들, 실패만 일삼게 하는 조상신들, 종교공부를 시키는 신명들, 일 많이 하라고 하는 일신들 그 외 기타 등등.

누군가 잠재능력의 2%만 꺼내 쓰고 가도 성공한 삶이라고 했다. 그렇다면 영성공부들을 한 천신제자는 성공이 따따불, 광박, 피박에 쓰리 고까지 점수 날 건 다 났다는 것이다. 영성공부를 하면 1,000%도 더 꺼내 쓰는 것이니, 질량이 큰 영성공부를 한 천신제자들은 다 이해할 것이다. 영적 경험한 천신제자도 알 수 있다. 신명 여행을 제대로 한다면 우리는 뜻하지 않은 횡재를 할 수 있다.

얕은 머리 돌리지 말고 오로지 여행 목적인 신명 투자에 전념하고 나의 신들을 잘 관리하여 더불어 의식성장도 해주기 바란다.

천신제자들아, 인간에게 투자하지 말고 각자 자신들의 신명들에게 투자하자.

그리고 성장시키고 투자금은 잘 회수시켜 달라고 청해 보자.

또 아는가? 기분 좋으면 원금에 이자를 더 쳐서 줄지.

사람을 영으로 보는 방법

사람의 아우라(Aura)를 보려 할 때 염력이나 영적으로 스크린이 떠오른다면 전화 목소리만 들어도 아우라를 알 수 있는 차원계까지 간 것이다.

사람을 안 봐도, 물체를 보지 않아도 영혼의 아우라를 관조할 수 있어야 내면의 기운을 볼 수 있다.

다시 말해 사람의 아우라를 본다는 것은 우주의 원리를 터득한 후 하늘의 허락을 얻어야 볼 수 있다는 뜻이다.

자신과의 소통이 이루어지지 않으면, 하늘의 소리를 들을 줄 안다 해도 구분할 수 있는 정신이 부족하기에, 나의 정신과 소통이 이루어져 하늘의 소리를 들을 수 있어야 수준에 맞게 사람의 영혼신을 볼 수 있다.

그러나 자신과 하늘과 소통이 안 되는 자가 사람을 본다면 심연의 깊은 곳을 볼 수 없고, 하늘에서 정리해 주지 않으면 상담자와 상담받는 자는 동기 감응을 받기 어렵다.

제자들에게 영적으로 공부해야 한다고 누누이 강조하는 것은 영혼신과 동기 감응해야만 상담자를 쉽게 판단하지 않을뿐더러 내적 갈등을 감응하여 사람의 우주를 볼 수 있기 때문이다. 그러므로 영적으로 공부해야만 한다.

영적으로 사람의 에너지를 읽어 내려가는 것, 천기를 받아 사람의 영혼신을 본다는 것은 우주와 합일이 되어야 한다는 것을 공부하면서 느꼈을 것이다.

천기는 하늘의 힘을 빌리는 것인데, 그 힘을 빌려서 사용하는 것은 쉬운 일이 아니다. 그러나 영·기·신이 합의된다면 내가 하늘이 될 수 있다.

그러나 수행자들은 하늘과 하나 되는 방법을 몰라 하늘과 하나가 될 수 있는 기회를 많이 놓치기에, 하늘의 인정을 받지 못해 하늘의 소리를 전달하는 능력을 부여받지 못하는 것이다.

하늘과 하나가 되려면 하늘과 같은 마음으로 보아야 한다.

머리를 하늘에 두고 영성공부하면 하늘과 하나가 되는 것은 식은 죽 먹기인데, 공부하는 자는 내가 우선이다 하고 공부하기에 하늘과 하나가 되지 못하고, 하늘과 같은 마음으로 보지 않았기에 때론 다른 곳에 가서 헤매고 아우라를 찾지 못한다.

하늘과 하나 되는 공부를 한다면 내가 아무것도 모르더라도 저절로 된다. 그러므로 영성공부는 자신들의 생각이 들어가면 에너지를 제대로 읽어 내릴 수 없다.

이러한 차이를 경험한 제자도 있고, 경험하지 못한 제자도 있다.

하늘은 이러한 차이를 느끼지 못한 제자에게 끊임없이 착각을 일으켜 실수하게 만든다.

하늘의 소리인 줄 착각하게 만들어 함부로 말하게 하고 엉뚱한 곳에 데려다놓고, 제자리에 찾아오는 시험을 치르게 한다.

시험을 치르는 것은 자신의 생각으로 공부하면 안 된다는 것을 끊임없이 각인시켜 깨닫게 하기 위함이다.

그것을 모르고 인간적인 고집을 피운다면 하늘에서는 아무것도 알려주지 않고 좌절하게 하여 스스로 탈락하게 만든다.

그러므로 하늘의 소리를 전한다는 것은 하늘이 그때그때 체크한다는 의미이다. 내 자신이 무엇인가 알고 있다고 알려준다면 그것이 답이라고 할지라도 아무런 소용이 없다는 것을 알게 될 때는 이미 늦은 것이다.

　왜냐하면 하늘은 항상 돌변하여 내가 알고 있는 것을 바꾸어버린다는 것을 제자들이 명심하고 잊지 않았으면 한다.

눈물 여행

영성으로 공부시키면서 제자들에게 내려준 말들이 많이 있다.

그중 하나가 '거기까지 가봐'이다. 공부하기 싫어도 자동적으로 공부해 주는 그 단계까지.

오늘 여자 제자 두 명을 데리고 여행을 떠났다. 이 제자가 잘 못 받으면 어떻게 하나 하는 조바심을 안고 서울을 출발했다. 모처럼 상쾌한 바람을 맞으며 가는 여행이라 부담은 없었지만 다만 이 제자가 그 수준까지 준비되어 있는가 하는 것이 의문이다. 서울에서 출발한 지 다섯 시간이 지나 목적지 주변에 도착했다. 워낙 오랜만에 온 곳이라 어떻게 변하였을지 생각도 않고 왔는데, 도착 즉시 알게 되었다. 이미 관광지로 변하였고 계곡은 완전히 위락장으로 변해 있었다. 어둠 속에서 목적지로 더듬으며 올라가기 시작했다.

졸업하는 자와 이제 시작하는 초보자.

이번 여행은 왜 이 둘이 선택되었는가? 지나면 알게 되겠지.

드디어 결전의 시간이 왔다.

"소감!"

이제 내가 항시 말하던 그 순간이 주어졌다. 그래 바로 그거야!

지금까지 많은 제자들을 영성공부시키면서 저 단계까지만 공부했으면 했는데 드디어 한 제자가 나왔다. 얼마나 기쁜 일인가? 이 순간을 맞이하려고 그렇게 열변을 토하며 열정을 투자했다.

영성으로 가르치는 선생은 어느 때 눈물을 흘리는지 과연 제자들은 알고 있을까?

어둠 속에서 흐르는 눈물은 보이지 않아서 좋았고, 그 많은 마음을 본인의 입으로 다 말했겠는가마는 그래도 저 제자는 지켰다. 신들과의 약속을. 지금까지 많은 제자들이 본인들의 마음을 한쪽 귀퉁이에 숨겨놓고 공부했으니 이 얼마나 가증스러운가? 오죽하면 본인의 신명들이 체면을 구겨가면서 인간을 끌고 나갔겠는가?

제자들은 모른다. 본인들이 공부를 그만했으면 해서 그만둔 줄 알겠지만. 이제야 실체를 벗겨준다. 개개인 각자의 교관 신명들이 너무나 쪽팔림을 당해 인간들을 자동 탈락시킨 것이다.

신들이 말한다. 이 인간이 너무나 많은 것을 숨기고 공부하니 이제는 내가 쪽팔려서 더 이상 공부를 시킬 수 없으니 데리고 나가겠다고. 그렇게 마음을 속이고 공부하고 있소? 하고 물으니, 진짜는 내어놓지를 않고 있어 더 이상 진도가 나가지 않으니 나도 포기하고 이 인간을 그냥 방치해 두겠소 하며 데리고 나간다.

그럴 때마다 서글펐다. 그 제자는 자기의 신명들에게조차 버림받았으니 앞으로 어떠한 신들의 보복을 받을까 내심 걱정이 된다. 누구에게 보복당하는 것이 아니라 자신의 신명세계에서 인간에게 보복하는 것이다.

제대로 공부를 안 해서 신들의 성장이 멈추었으니 정지된 것이다. 그래서 그런 제자는 앞으로 대오각성하지 않으면 앞으로 나아감이 정지되는 것이다. 제자들에게 수없이 말해 주었다. 공부에서 탈락하면 다시 이어가기 힘들다고. 공부하지 않는다고 사는 데 무슨 문제가 있는 것은 아니지만 신들에게는 문제가 생긴다. 왜냐하면 신들의 성장을 막았으니 인간도 더 이상 성장이 없는 것이다.

이번 눈물 여행은 그 제자에게 박수를 보내고 싶다.

악어의 눈물

어느 날 영성공부 못 하겠다고 나간 여제자가 울면서 애원한다.
한 번만 용서해 주세요, 용서해 주시면 무엇이든 시키는 대로 하겠다고.
나는 영성공부 못 하겠다고 나간 제자를 다시 받아들일 때 혹독한 시험 과정을 거치게 하고, 통과하면 다시 가르침을 준다.
공부 못 하겠다고 나간 제자가 다시 들어와서 공부를 받기 쉽지 않는데, 하도 울며불며 한 번만 용서해 주시면 시키는 대로 다 하겠다는 악어의 눈물에 또 한 번 속아보자 했다.
느티나무 설렁탕을 동신이 하고 같이 운영해 보아라, 1년 만 이 식당에서 버틸 수 있으면 앞으로 사회에 나가서 무엇을 못 하겠니?
1년 만 식당에서 인내심을 키워보라며 맡겨두었다. 그런데 여제자는 식당 운영에 관심은 없고, 다단계에만 관심을 둔다.
다단계 회사에서 월수입 1천만 원 벌 수 있다는 감언이설을 사실로 받아들이고, 오로지 다단계 회사에서 교육받은 대로 하면 월수입 1천만 원이 보장된다는 허망에 젖어 있었다.
제자야, 네 사주에 그러한 돈을 벌 수 있는 운은 없다. 열심히 일해서 번 돈만이 네 돈이라고 풀이해 주어도 듣지 않는다. 식당에서 몇 개월 월급만 받으면 나가려는 이별의 마음을 모른 척했는데 아는 척해 버렸다. 1년 만 식당 운영을 하라고 공부시킨 것은 올바른 에너지로 바꾸어주기 위한 시간 연장을 준 거였다.
그렇게 설명해도 무당신명의 기운을 이기지 못한다. 무당신은 마음속에 식당 문을 열고 나가야 한다고 충동질한다. 제자는 그 정보가 본인의 생각인 줄 알고 신들이 하려는 행동을 다 따라한다. 제자야, 조상신을 가르치지 않고 인간이 같이 공부하지 않으면 영적 진화하기가 매우 어렵다.

여제자는 하늘을 속인다. 하늘도 인간을 속인다. 하늘을 희롱하면 하늘도 인간을 희롱한다.

제자를 지켜보기로 하였다. 제자가 어떻게 하는가에 따라서 신명들에게 희롱감이 된다. 마음을 하늘에 다 팔고 가는 자는 하늘도 인간에게 마음을 다 팔지만, 인간이 하늘을 농락하는 마음이 있다면 신명들도 인간을 같이 농락한다는 것을 알아야 하는데, 제자들은 그것을 모르는가 보다.

항시 제자들에게 그렇게 공부시켜 주었다. 자기 자신에게 발등 찍히지 말라고.

역시나 그 제자도 본심이 오래가지 못하고 결국은 석 달도 넘기지 못하고 두 달 만에 하늘에서 영원히 제명당했다.

이제부터 자신을 믿지 못하고, 하늘을 농락하는 자는 영원히 창살 없는 감옥에 가두리라. 마음만 주거니 받거니 하면 되는데 그것이 그렇게 어려운가?

진실한 마음을 거짓으로 받는 자는 하늘이 용서할 때까지 신명이 일어나지 못한다. 어차피 시작한 공부라면 3년은 하늘에 인정받기를 노력해 보아라.

후일 조상신명에 졌다는 것을 알게 된다면 자책에 빠지지 않기를 바란다.

걸어온 길을 되돌아보며

제자들에게 가장 쉬운 공부가 영성공부라고 했다. 가장 어려운 것도 영성공부라고 했다. 쉬운 것도 있고, 정말 어려운 과정도 많기 때문이다.

어려운 공부의 예를 든다면, 자신의 마음속에 일어나는 감정에 대한 것이다. 소용돌이처럼 일어나 솟구치며 치받는 감정들을 이겨내기란 상상을 초월하는 인내심을 요구한다.

하늘을 이길 수 있는 가장 큰 무기는 인내심과 근기라고 했다.

잡신을 이기는 과정을 공부한 제자들은 알 것이다. 잡신이 순순히 짓밟히지 않는다는 것을. 왜! 내가 이런 수모를 겪어야 하지? 내가 누군데, 자존심 상해. 잡신들은 인간들에게 이러한 생각을 일으키게 한다. 그리고 내가 우선이다 하면서 나를 앞세우게 만든다. 무수히 많은 제자들이 탈락한 결과 뒤에는 그것이 꼭 들어 있다. 잡신들이 뇌를 조종하는 것을 알아차리지 못하고 내 것인 양 떠드는 제자들을 보면서 안타까운 마음을 감출 수 없었다. 나도 그 과정에서 벗어날 때 가장 큰 고통을 받았기에 누구보다 잘 안다.

하늘은 이렇게 이야기한다.

너 자신도 이기지 못하면서 어떻게 나와 통할 것이냐?

하늘을 대변한다고?

하늘과 통하고 싶다고?

항시 인간인 나보다 하늘을 먼저 앞세웠는지?

얼마 전 선원을 나간 제자도 그랬다. 하늘이 먼저가 아니라 인간이 항시 먼저였다. 조금만 더 가면 고지가 눈앞인데 고비를 넘지 못하고 원망이라는 단어를 앞세우고 선원 문을 나섰다.

하늘과 통한다는 것은 내 자신과 통하는 것이다. 자신과도 통하지 않았는데, 창천의 하늘과 통하려면 쓰레기 같은 마음을 버려야 한다. 영성으로 가르치는 지도자와도 통하지 못했으면서 자신과 통했다고 착각한다. 하늘은 그렇게 쉽게 능력을 주지 않는다. 만약 준다면 자기 자신의 일어나는 소용돌이 감정들을 관조하는 힘을 가져야 한다. 내면을 관조하는 힘이 달리는데 자기 자신과 통했다는 착각은 하지 않았으면 한다.

제자들이 탈락한 것은 잡신들을 이기지 못했고, 조상들을 공부시키지 못한 당연한 대가이다. 조상들이 정리되지 않으면 천신공부(영성공부)를 할 수 없다고 수없이 강조했음에도 본인들이 탈락한 것을 인정하기 싫어서 애꿎은 지도자만 탓한다.

나를 탓해서 올라설 수 있다면 그것도 좋은 방법이다. 허나 영성으로 가르치는 자를 탓하는 것은 누워서 침 뱉기이다. 잡신들 정리가 안 되면 영성공부는 할 수 없다. 잡신은 조상 신명들이 인간에게 잡부스러기와 같은 생각 덩어리를 일어나게 만든다.

영성공부하다 중도 탈락한 자들은 스스로 본인의 혼을 죽인 것과 같다. 영성은 혼을 살리는 것과도 같은 것이다. 스스로 혼을 죽였으니 그것도 본인이 감내해야 할 몫이다.

하늘은 인간에게 끝없는 인내심을 요구한다. 나에게도 끝없는 인내심을 요구하였기에 인간적인 욕망을 절제했다. 일단 하늘에서 원하는 것을 해보자. 그리고 하늘을 믿어도 늦지 않으리.

그러한 과정을 거쳐서 지금의 이 자리에 있는 것이고, 하늘은 지금이 순간에도 자신을 경계하라고 채찍질한다. 하늘을 대변하고 간다고 하면 얼마나 마음의 혼이 살아나는지 경험한 자는 알 것이다. 우리는 혼을 살리러 온 것이기에 잡신들에 의해 내 자신의 혼을 죽이는 불상사는 일어나지 않도록 해야 한다.

영성공부를 시작할 때 육신이 죽을 만큼 아파 고생한 적이 한두 번이 아니다. 그리고 한 공부가 끝나면 언제 아팠느냐 하면서 툭툭 털고 일어났다. 시간이 꽤 오래 걸린 적도 있지만 항시 건강해진 몸으로 또다시 일어나 하늘사업을 재개했다. 아픔은 과정 중에 감초처럼 들어가 있다.

조상신들이 육신에서 나간다고 표적을 주는 과정에서 **뼈**를 깎는 아픔의 고통도 있다. 그런데 제자들은 그것을 두려워한다. 두려움도 하늘에서 주는 것인데 알아차리지를 못해 많은 것을 받지 못하고 감점당하는 불이익을 겪는다. 아픔을 통해 성장한다는 것을 보여준 것인데 아픔을 피한다면 혼의 성장을 기대할 수 없다. 혼의 성장은 육체의 아픔을 통해서 이루어지는 경우가 많다. 그러나 제자들은 아직도 그것을 제대로 알지 못하는 것 같아 매우 안타깝다.

영성제자들이여! 탈락을 인정하라.

그리하면 다시 시작할 수 있는 기회가 주어진다.

하늘의 마음을 사라.

하늘의 마음을 사는 것은 근기와 끝없는 인내심밖에 없다.

자신을 이겨라.

그리하면 하늘을 이길 수 있는 힘이 길러진다.

중단전

어느 제자가 가슴 아픈 하소연을 해왔다. 그리고 짧은 순간 가슴의 통증을 슬며시 나에게 밀며 들어온다.

그 제자가 기공 수련 절차를 밟아서 그 단계까지 올라갔다면, 본인이 환희를 알게 되어 눈물로 감사함을 하늘과 자신에게 얼른 돌렸을 것이다.

수련을 통하여 그 단계에 올라가려면 평생을 다 바쳐도 중단전 열기가 매우 어렵다. 그러나 사실상 상단전이 열리는 수련은 쉽다. 하단전은 뜻만 내세우면 축기가 가능하고, 상단전은 조금만 도움을 주면 슬며시 열릴 수 있다.

가장 어렵게 열리는 것이 중단전이다. 나도 중단전이 열리는 수련에 들어갔을 때 너무도 고통스러웠다. 영성공부는 중단전 열린 자들이 하게 되면 조금은 수월하다. 중단전이 열린다는 것은 가슴이 열리는 것이다.

영성공부는 가슴이 열린 자가 빨리 받아들인다.

전달자

영성공부의 가장 기본인 '보고 들은 대로 정확히 표현해 주는 과정'이 있었다.

지금 사람들은 어느 장소에 가든 그곳 상황을 정확히 전달하는 인자들이 부족하다. 제대로 전달하는 인자가 덜 발달되어 있는 자도 있고, 태어날 때 인성 인자 대신 본인 감정 발달계 프로그램을 깔고 나와 전달 능력 자체가 없는 자도 많다.

나도 영성공부하기 전에는 상황을 있는 대로 표현하지 못하고, 나의 기분까지 포함하여 상대에게 전달하였다. 상대방이 나에게 호의를 베풀면서 잘 대하면, 없는 것까지도 보태서 전달했다. 그럼 제대로 전달받지 못한 자는 시행착오를 겪는다.

오해를 사는 경우도 허다하다. 솔직함이라는 인자가 있거나, 제대로 바로잡겠다는 인자가 있다면, 본인의 실수를 인정하거나 제대로 전달하지 못했음을 인정하고 정정할 수 있는 용기를 갖춘다면 지적 지혜를 얻을 수 있다. 인간은 솔직함을 인정하면 무너지는 줄 안다.

가장 큰 무기가 무엇인가? 자신의 실수를 인정하는 것이 가장 큰 무기인데 사람들은 자존심(쏘가지)이 상해서 못 한다고 착각들을 한다. 정말 큰 자존심은 잘못을 인정하는 것이다. 겉치레로 하는 인정이 아니라 마음과 겉이 같게….

인간들이 자존심과 싸가지를 두고 착각들을 한다. 한번쯤 깊이 생각해 볼 문제이다. 자존심이 무엇이고, 속아지(속내, 속마음)와 싸가지의 차이점을.

현대인들은 진정한 자존심을 내세우는 것이 아니라 싸가지와 속아지 두 단어를 가지고 헤매고 있다. 전달자는 이 두 단어에 걸려 상황을 제대로 전달하는 능력이 뒤떨어지는 것이다.

인성을 제대로 갖춘 전달자라면 자신의 생각을 접고, 제3자 입장에서 전달자 역할을 잘 이행하면 하늘의 전달자 사령을 받을 자격이 주어질 것이다.

신명 교체

　우주에서 왜 나를 불렀냐고 물었더니, 당신이 원하던 바다 모습을 보여주기 위해 이 여행을 시작했다고 한다.
　내부에서 일어나는 자그마한 감정의 동요, 이겨나가고 있음이나 그 뒤에 조금 더 큰 분열의 마음이 기다리고 있다고 한다. 인간이 어느 한 부분에 일어나는 감정 분열에 대한 승리를 축하해 주고, 다음 관문으로 바로 들어간다고 한다.
　수행자의 가장 큰 공부가 일어나는 분열의 마음을 어떻게 어떠한 모양으로 내어놓느냐에 따라서, 수행이 멈추느냐? 아니면 더 앞으로 나아가느냐를 가늠한다고 한다.
　잔잔히 일어나는 혼돈스러운 마음을 이기지 못하거나, 가려내지 못한다면 더 큰 분열의 수행공부가 오지 않고, 그 수준에 멈추어 주변만 맴돌면서 제대로 공부하고 있다는 착각의 소용돌이에 빠지게 만든다. 또한 바다에 돌을 던지면, 퍼지는 파장이 수행이 되는 듯 느껴지는 착각 속에 빠져들게 하여, 더욱더 헤매게 만든다고 파도가 말해 준다.
　영성으로 성장한다는 것은 일어나는 마음의 분열을 사람이 의식하지 않고 얼마만큼 빠른 시간 안에 제자리를 찾아가느냐 하는 것이다. 내적 수준만큼 평정심을 빨리 찾게 되는 것이라고 한다.
　너울너울 춤을 추며 파도가 대화를 해준다, 내가 너울파도라고.
　인간의 내면 수준대로 분열된 수많은 영들의 마음이 평정심을 찾게 될 때, 신의 좌정도 달라진다고 말해 준다. 마음의 태풍이 휘몰아치게 만들어나갈 때, 그때에 이미 수행자들이 시험대에 들어섬이라고 한다. 해일같이 일어나는 분노의 마음을 어느 한순간에 가라앉히고, 평정심이라는 매개체가 내면의 한 자리를 잡고 앉을 그때가 곧 신명 교체가 이루어지는 것이라고 한다.

수준에 따라 신명 교체가 이루어진다 함이다.

나침반

나를 찾아오는 많은 사람들에게 영성 심리상담을 하면서 느끼는 것은 과연 이 사람들에게 각자의 나침반이 제대로 작동하게 할 수 있을까 하는 것이다.

사람들을 대하다 보면, 내면 구조가 제대로 정리되어 있는 사람이 있는가 하면, 뒤죽박죽 엉망인 사람들도 많다. 개인 각자에게 삶의 지표로써 나침반이라는 것이 작동하게 되어 있다.

상담하면서 나침반을 새로이 고쳐주려고 부단히 노력한다. 그런데 어느 나침반은 너무 녹슬어서 어떻게 할 방법이 없는 것도 있고, 어느 나침반은 나사 하나만 간단히 돌리면 되는 수월한 것도 있다.

나에게는 나침반을 만들어내는 공장이 있다. 나는 상담하러 오는 자마다 나침반을 새로이 만들어주는 공장을 방문하여, 나침반을 언제까지 만들어달라고 주문하고 온다. 때론 그 나침반을 안 찾아오는 경우도 있다. 그럴 때도 공장장이 "부품 값을 내놓으시오" 하고 청구를 한다. 종종 사비가 들어갈 때도 있지만 그래도 지불은 착실히 하는 편이다.

영성공부를 받는 제자들도 자신에게 나침반이 있는지 모른다. 가끔씩 제자들에게 점검하러 들어오라고 한다. 그때 나침반을 바꾸어준다. 수시로 바꾸어주지 않으면 시시각각 변하는 영성 흐름을 따라갈 수 없기 때문이다.

정보화시대에 영이 그 추세를 따라가지 않는다면 그는 낙오자가 된다. 인간들은 인생살이가 힘들어질 때에는 누구를 원망하거나 기

댈 곳을 찾거나 의지력을 상실하며 때로는 좌절하기도 한다. 누구나 그런 것은 아니지만 대체적으로 그러한 사람들이 더 많다.

나도 그러한 시절이 있었음을 인정 안 할 수 없고, 그때의 어렵고 힘든 시절에 부모님을 원망하기도 하였다. 돌이켜 생각하면 나의 마음 그릇이 작다 보니 그 어려움을 헤쳐나가는 긍정적인 사고를 갖기 이전에 원망이라는 단어와 친하게 놀았다.

하늘에서 우주에서 공부를 내려받으면서 알게 되었다. 나의 삶을 지탱하는 나침반을 상실하게 만들어놓고, 실종된 나침반을 되찾기 위한 공부를 다시 시켜준다는 것을.

인생지표는 여러 가지가 있다. 하루에 한 시간을 계획하는 나침반이 있고, 오전 오후 끌어가는 계획서가 있고, 하루를 이끌어가는 나침반이 있다. 크게는 삶 전체를 이끌어가는 나침반을 곳곳에 설치해 놓는 반면, 작게는 하루도 있다는 것을 영성공부를 하면서 알게 되었고, 지금은 여러 사람들의 나침반을 찾아주는 자가 되었다.

이 글을 읽으신 분들은 한 번쯤 자신을 돌이켜보고 어느 시점에 나침반을 잃어버려 삶의 질이 꼬였는지 스스로 깨달음을 찾고, 스스로 인생 나침반을 찾기 바란다. 장담하건데 나의 영적 나침반을 찾는 그 순간부터 나의 인생은 다시 시작이며, 그때 시작하여도 늦지 않음이고, 발전이라는 또는 성장이라는 단어가 우리를 반겨줄 것이다.

천신제자들이여! 각자 인생 나침반이 제대로 작동하는가?

업데이트는 잘되고 있는가?

수시로 점검하기 바란다.

시험을 이기는 과정

　수행자가 깨닫기 위해서는 수없이 많은 과정을 거쳐야 한다. 다시 말해 영성공부는 하늘의 시험지를 받아들이지 않고서는 견뎌내기 힘든 공부이다.
　산에서 산신과 통하고자 수행하는 사람이나 기 수련하는 자들, 영성공부하는 사람들이 있다. 그 사람들에게 말해 주고 싶다. 깨닫고자, 하늘과 통하고자 한다면 하늘의 시험을 통과해야 한다는 것을.
　하늘의 주특기는 되새김 공부이기에 항상 시험을 통해 교만하고, 이기적이 되지 않게 도움을 준다. 지금까지 공부한 제자들은 그것을 알고도 시험 문전에서 항시 탈락이라는 고배를 마셨다. 탈락한 이유는 의식을 열어놓지 않아 큰 공부를 놓쳤기 때문이다.
　수행자들은 그것을 모르고는 발전이 안 된다고 생각한다. 이때 한 찰나만 참으면 된다. 하늘은 그것조차 시험한다.
　한 단계 올라가는 승급 과정 시험이라는 것조차 모르기에 한 단계 올라가기가 매우 어려운데, 쉽게 얻으려고 하니 시험을 당한다. 시험에 통과한 제자는 그제야 하늘에서 답을 내려준다.
　"수고했느니라!"라는 말을 들으면 그제야 하염없는 기쁨의 눈물이 폭발하며 마지막 시험이라는 것을 알게 되는 것이 영성공부이다.
　수행자가 참을 수 없을 만큼 수없는 난관이 있기에 그것을 이겨내기란 쉽지 않다. 시험이 어렵고 교묘하기에 인간이 알기 어려우며, 그러면서도 실제적으로 시험을 치르기에 인간은 항시 속아 넘어간다. 영성 시험은 실제 생활 속에 집어넣고 치르는 경우가 많기에 내 생각을 빼지 않으면 언제 어느 때 당할지 모른다. 지금 탈락한 제자들은 거짓된 심성을 속였기에 스스로 탈락하였다.

　영성공부는 진실된 인내와 참음을 원한다. 거짓된 인내와 참음이 아니라 자기 자신을 성장시켜야 한다는 진실의 인내와 참음이다.

　제자 중 한 명은 몇 년을 시험했는데 이기지 못해서 결국 탈락당했다. 깨닫는 공부는 조금이라도 핑계를 대거나 변명한다면 깨닫는 시간이 늘어나 그만큼 늦어진다. 기왕에 시작한 영성공부라면 제대로 하여 자기 자신을 찾자.

　하늘의 시험을 통과하기란 하늘의 별 따기보다 어렵지만 거짓된 마음 없이 솔직하고 진솔하게 영성공부에 임한다면 하늘의 시험은 없을 것이다.

영의 방문

어느 날 남자 제자가 "저, 상 탑니다" 하면서 회심의 미소를 짓는다. 국무총리 상을 받게 되었다면서.

"내가 시상식에 갈게" 하면서 어느 영이 스윽 들어온다. 그 영이 들어온 후부터 차를 타고 운전하면 잠부터 온다. 고모리에서 구의동까지 오는 한 시간 거리를 반은 눈을 감고 졸면서 운전했다. 영의 방문치고는 장난이 좀 심하다. 시상식이 끝나야 간다고 한다.

시상식 전날은 아예 한 시간을 졸면서 선원으로 오는데 차 안에 있던 남자 두 명은 심장이 쪼그라들지 않았는지?

시상식이 끝나고 영이 가면서 하는 말,

"그동안 남편 공부시키고 돌봐주어서 감사하다."

그 감사함에는 꼭 인사한다고 하면서 사라졌다.

얼마나 남편을 위하는 마음이 컸으면 잠시 나를 방문하여 남편의 뜻깊은 장소를 함께하였을까 싶다. 순간 감동의 눈물이 핑 돌았다. 가끔씩 영이 방문하면 참으로 난감하면서 힘들다.

그런 것 같다. 인간으로 살았을 때 깊은 애정을 품고 간 영들은 같이하고픈 마음을 갖는데, 그것을 대행해 주는 자를 만나지 못해 영들의 답답이 인간에게 전이된다.

영성공부하는 제자들도 그러한 경험을 하기 바란다.

영성공부 프로그램

오늘 여자 한 명이 하늘 프로그램의 레이더에 걸렸다.

이런 프로그램을 짜는 천신교관들도 표현은 못 하지만, 그 프로그램에 걸린 자는 더욱 흥미롭다.

지도하는 나는 난감할 적이 한두 번이 아니다. 본인이 간절히 원하는 공부였기에 지도하는 나도 모르는 사이에 이미 프로그램은 돌아가고, 레이더에 걸린 자는 꼼짝없이 당하기 마련이다.

내가 이러한 프로그램에 걸렸을 때를 생각해 본다. 당시에는 모르지만 시간이 지나야 알 수 있는 공부이다. 그리고 "에이~" 하며 털어버린다.

내가 그 공부를 시켜달라고 해서 프로그램을 넣어두었는지도 모르는 사이에 이미 나는 덫에 걸려 나오지도 못하고 인간적으로 전전긍긍하고 있다. 그리고 나서야 이야기해 준다. 마음고생 많았다고, 그것으로 끝이다. 그리고 시간이 지나면 더더욱 알게 해준다. 그러고 나면 나도 모르게 저절로 눈물이 흐른다.

그 과정을 수없이 겪다 보면 안전 불감증이 오듯이, 시간이 지나면서 망각하여 또다시 시험을 치르게 되는데, 그 시험을 통과하면 다시는 그 시험을 치르게 하지 않는다.

나는 항상 말한다. 책임지지 못할 소감은 하지 말라고.

한 여자는 책임도 지지 못할 맹세를 너무 많이 하여 결국 시험에 걸렸다. 그리고 끝내 본인이 해놓은 맹세를 한순간에 다 버렸다. 본인이 뱉은 소감은 하늘에 이미 다 저장되어 있어 언제나 시험을 치르게 한다. 앞으로 책임지지 못할 소감은 하지 말라는 경고다.

하늘은 본인의 맹세가 중요한 것이 아니라 순간의 자기 자신이 더 중요하다고 생각하는 자를 인정하지 않는다. 어떠한 경우라도 인내를 가져야 한다는 것이다.

인내심이라는 시험과목에서 탈락한 제자는 어디선가 눈물로 분통을 터트리고 있을 것이다.

원격 영성 기 점검

남자 제자가 세상일로 나의 어깨를 짓누른다.

세상일을 놓고 신계와의 약속 지키기가 수월한 것이 아닌데 걱정이 태산같이 들어온다. 세상에 태어나서 처음으로 신계의 약속을 지키려고 들어간 것이다. 영성세계도 무섭지만, 신계의 세계도 만만치 않다. 어쩌면 영계보다 더 억셀 수 있다. 왜냐하면 급수가 낮은 곳이기 때문이다. 급수가 낮은 곳은 많은 것을 사리게 한다. 행동도 말도 많은 제약이 따르는 곳이라 내 마음대로 언행이 주어지지 않는다.

지금까지 내 마음대로 내키는 대로 하였던 모든 것들이 다 정지되고, 꼬박꼬박 시간을 지켜야 하는 구속된 시간들 속의 무료함 속에서 지내려고 하니 너무나 지루하고 따분하고 재미가 없다. 변화하는 것도 응대하지 못하는 구속된 장소들.

근기 하나는 훈련이 잘되어 있는지, 근기와 끝없는 인내로 버텨오는데 중간중간 심적 고통을 주기에 여기가 영적인 곳이라면 한바탕 떠들어보겠지만, 신계라서 꼼짝없이 조용히 보내주었다.

하지만 나의 신명들이 곧 반란을 일으켰다.

"이놈이 감히!"

그러고는 호위신명들이 출동 준비를 한다. 한 번만 더하면… 나 원참, 결국 사단이 터졌다.

나의 신명들을 화나게 만들지 말라고 그렇게 경고했는데, 결국은 신들과 한판 싸움이 벌어졌다.

누가 이길까?

신벌이라는 것을 그렇게 강조했고, 신벌은 받지 말라고 했는데, 결국 호위신명들에게 쾅쾅 두드려 맞고는 SOS가 온다. 발을 꼼짝도 못 한다고… 쯧쯧쯧.

스스로 화근을 만들더니 호위신명들에게 당하고 말았다. 전화로 영성 원격 기 점검 들어갔다. 병 주고 약 주고, 몇 분을 했는지 모르지만 발이 움직인다고 한다. 이제 그만합시다 하고 끝냈는데 다음 날 전화가 또 왔다. 어깨를 못 쓸 정도로 통증이 온다고… 에고고 이제 부인까지 꼽사리 끼겠다고 한다. 부창부수 아니라고 할까 봐. 전화로 부부를 원격으로 기 점검해 주었다. 소감을 물으니 여자는 허리가 덜 아프다고 하고, 남자는 어깨 통증이 덜하다고 한다.

남자 제자는 원격 기 점검 덕분에 부인에게 색소폰 선물을 해주겠다는 약속을 자진납세로 받았다고 자랑한다. 원격 기 점검해 준 나는 뭐 없을까?

그간 수많은 제자들에게 원격 기 점검을 해주었다. 그런데 달면 삼키고, 쓰면 뱉는다는 속담이 참 잘 맞는다.

영성공부는 기복이 아니다. 스스로 체득해 가면서 하는 거라고 설명해 주었다. 처음에는 본인들이 할 줄 모르니 해주지만, 초등학교 과정 끝나면 스스로 해야 한다고 했다. 대답은 철석같이 "네!" 했지만 그렇게 대답한 제자들, 지금은 한 명도 볼 수 없다. 그건 자기 자신과의 약속인 것이다. 그런데 자기 자신과의 약속도 밥 먹듯이 어기는데 누가 그자를 신뢰하겠는가?

탈락한 제자들의 근황을 보면 결국 남에게 이용당하고 있다. 본인은 아니라고 부정하지만, 속을 들여다보면 본인의 신명들에게 몰매를 맞고 있다.

왜 자신과의 약속을 지키지 못하고, 맛있는 사탕만 빼먹고 스스로 설 수 있는 쓴맛은 거부하여 본인 신명들에게 배신당하고 있는지?
하늘은 용서하지만 발전은 없다는 것이 그 뜻이다.
우리는 돌아갈 곳에 힘을 실어주어야 한다. 인간세상에 사는 시간들은 잠시 잠깐이라는 표현을 쓴다… 찰나라는 단어도 쓴다. 그렇다. 인간세상은 잠시 수행하고자 거쳐가는 장소이다.
잠시 거쳐가는 수행 장소에서 제대로 수행하지 않으면 돌아갈 곳에 나의 에너지가 없다. 숨어 있는 신명들을 찾아서 본래의 자리로 보내주어야 나의 힘이 서는 것이다.
제자들에게 당부한다. 이제부터가 시작이라고, 영성공부의 첫발을 이제 내디딘 것이라고.
그렇게도 당부했는데 다들 뒷전으로 들어서인지 너무도 시간을 많이 소비하였다. 이왕에 하는 공부 확실히 하라고, 그런 만큼 빨리 끝난다고 했는데. 영성으로 제대로 공부하면 인간이 된 만큼 능력은 하늘에서 알아서 주신다. 염력이 강해지면 마음만 먹으면 생각 하나만으로도 무엇이든 가능하니 이 얼마나 신 나는 공부인가?
마음만, 생각만 가져도 된다는데….

천신들과 소통

 영성으로 공부하는 자들은 특히, 자신하고 소통하고 있는가? 수시로 점검해야 한다.
 지금 하고 있는 것이 내가 하는 것인지, 수많은 내 모습 중 어느 세포 일부분이 하고 있는지 알려면 나의 매개체와 소통하고 있으면 알 수 있고, 모르면 대충 내가 하는 것으로 알고 지나간다.
 이렇게 말 하나도 순간의 변화를 점검하지 않으면 나인 줄 알고 지나가다 헉하고 놀라는 순간들이 많다.
 영적으로 공부하는 제자들은 공부하는 시간만큼은 교관들과 소통이 잘 이루어지는지 매초마다 점검을 받아야 하며 확인되지 않으면 스승과의 사이가 원활해지지 않는다.
 영적 스승은 제자들의 신명을 끌어안고 하나씩 하나씩 보따리 풀어내듯이 보여준다.
 스승이 제자들의 신명을 끌어안고 기이한 언행을 하는 것은 제자들의 보는 눈을 공부시켜 주는 것인데 미련하게 인간의 생각에 빠져 찰나의 공부를 놓치고들 만다.
 스승은 제자의 보는 눈을 터주려고 수없는 공부를 가르치는데 인간의 잣대로 판단해 버리고, 스승을 기만하고 스스로 공부를 접어 탈락이라는 고배를 마신다. 영적 스승은 이미 인간의 '나'라는 문을 닫고, 수많은 영의 움직임을 제자들에게 나 투어 보여주는 것인데, 이미 제자들은 영적인 눈을 스스로 가린 상태라 스승이 영적으로 수많은 영을 나 투어 보여 보았자 알 수 없고, 인간의 눈으로 변한 제자들을 본 스승은 제자들이 교관들과 소통이 안 되어 있음에 고통의 미소만 보일 뿐이다.

천신들과 소통하려면 천신들의 마음을 알아야 한다.

영성공부는 천신과 소통되어야 수월하다. 영적으로 공부하는 자들은 하늘의 마음을 알려고 해야 하늘과 소통이 이뤄진다. 제자들은 공부에 탈락하고 나서 끝에는 섭섭한 마음들을 가진다. 선생과 의사소통이 이루어졌다면 제자들은 본인 교관들과 소통되었다는 것이다.

가장 기본인 선생과 소통하고자 노력을 안 했기에 천신들은 봐주지 않았다.

지금이라도 인간의 생각의 문을 잠시 닫아놓고 천신교관들과 소통하도록 기도해 보라!

중재신명

영성공부하는 제자들은 중재해 주는 신명들이 있어야 한다.

인간이 잠시 잘못하면 중재해 주는 신명이 천신교관 신에게 이차, 여차, 저차, 차차차 설명해 주면 교관신명의 노여움은 약간 풀어진다.

신들의 잘못으로 인간이 길을 잘못 걸어간다면, 중재해 주는 신명이 나서서 또 이차, 저차, 여자, 차차차… 중재해 준다.

인간세계를 책임지는 신명들에게 설명해 주어야 신명세계, 인간세계가 균형 잡힌 에너지로 충만해진다.

신들의 세계에도 중재해 주는 신명이 있어야 인간이 살아가는 데 부드러운 윤활유 같은 에너지가 역할을 한다.

중재신명은 한 부분이 아니라 다양한 분야의 중재신명이 있어야 함이다.

나에게는 어떠한 중재신명들이 있는가?

각자 점검해 봅시다.

누명

　영성공부를 가르치기 시작할 때부터 지금까지 수도 없는 누명을 뒤집어쓰며 지도해 주었다.
　영성공부를 가르치면서 그 많은 오해의 판을 스스로 만들고 누명을 쓰면서도 당당히 맞서는 것은 하늘이 나에게 임명장을 내려주었기 때문이다.
　나는 천신제자 배출시키라고 영성 지도자 자격증을 내려받았다. 이제 공부하는 제자들이 하늘의 소리를 알지 못해 내가 하늘을 대행한다.
　영적 지도자에게 '나'는 없다. 이미 나를 하늘에 다 올렸기에, 인간으로서의 나는 없다.
　그래서인지 제자들에게 오해와 누명 받기 일쑤이다. 영적 공부 가르치는 지도자는 이미 나를 하늘에 올렸기에, 내 생각은 존재하지 않는 존재로 만들어놓았다.
　"하늘은 가르치는 선생을 이겨라!" 하고 천신제자에게 응원을 보낸다. 지도자를 이기면 하늘을 이기는 것이다.
　나는 영성공부 지도 시에는 제자들 조상신이나 신명을 싣고 공부를 지도한다. 공부 시 내 존재는 일절 제외하고 제자들 신들 앞세워 지도해 주기에 그 시간만큼은 내가 하는 모든 언행은 내 것이 아니라 제자들 것이다. 그리고 제자들이 그것을 깨우치지 못하면 하늘이 짜놓은 판은 고스란히 내가 책임지게 된다.
　세상엔 온갖 신들이 존재한다. 수많은 잡신들을 이기려면 인간이 정신을 똑바로 차려야 한다.

　영성공부의 끝은 남을 배려하는 것이라고 했는데, 배려는커녕 자기 자신조차 추스르지 못하고, 어떻게 하면 남을 깎아내리고 짓밟아서 그 위로 올라갈 수 있을까 하는 추잡한 영들의 집합체가 되고 만다. 누군가를 짓밟고 올라서는 것은 그저 당신이 방금 짓밟은 사람보다 조금 위에 올라갔을 뿐이다. 높이 올라가고 싶다면 스스로를 강하게 만들어 남들이 열 발짝 걷고 힘들어 쉴 때, 다섯 발짝 더 걸어도 가뿐한 사람이 되어야 한다.

　영성공부는 신들을 우상화시키는 것이 아니다.

　그리고 특이한 능력을 보이는 것도 아니다.

　제자들은 참으로 이상하다.

　왜 그렇게 특이능력을 원하는지 모르겠다.

　남들의 삶을 알아서 무엇 하는가?

　내 것이나 내 문제나 제대로 해결하면 되지, 왜 그렇게 남들 문제에 관심이 많은가?

　나에게 그러한 것을 원한다. 저 사람이 언제 어떻게 쓰러지는가, 어떻게 살아가겠는가를. 그런 얄팍한 것을 알아내지 못한다고, 예언하지 못한다고, 남의 인생을 예언하지 못한다고 그래서 실력이 없다고 끼리끼리 모여서 모의한다. 내가 그러한 것을, 나와 연관도 없는 자들을 알아서 무엇 하며, 신들이 알아서 하는 행위들을 인간인 내가 알아서 무엇 하랴?

　나도 묻곤 했었다. 인간이 알면 안 되느냐고?

　"알려하지 마시오! 하늘의 일을 왜 알려고 하는가?"

　그다음부터 하늘이 하는 일들을 굳이 알려하지 않는다. 다 끝나면 인간의 눈으로 다 보여주니 말이다. 하늘의 일은 하늘의 일이니 인간인 내가 알 수는 없으나, 하늘은 절대로 내 편이라는 것을 나는 안다. 내가 어려움을 당하면 하늘은 꼭 나를 지켜주시고, 인간의 억울함을 자동으로 해결해 주신다. 그래서 난 지금도 하늘의 커다란 능력을 뒷짐에 두고 영적으로 살아가고 있고, 영적으로 제자들을 가르치고 있다.

제자들아, 하늘에서 알아서 해주는 그러한 공부를 하는 자가 되었으면 한다.

나는 하늘에서 책임져 준다. 영성의 공부 판은 하늘에서 짜놓은 각본이다.

그러한 조건으로 영적 공부를 하였고, 내가 잘못되면 신들이 벌을 받는다. 왜냐하면 교관들이 인간을 잘못 인도하여서 생긴 일이니 말이다. 교관들이 엄벌을 받기에 나의 교관신명들은 불을 켜고, 항시 나를 응원하고 질책하는 것도 잊지 않는다. 내게는 언제나 신명들이 존재하기에 외로움을 잠시 잠깐 잊고 가기도 한다.

하늘과 짜고 가르치는 영성공부 판이기에 제자들의 오해와 누명은 상관 안 한다.

하늘이 내 편이다. 나는 오늘도 굳건히 간다.

———• **연결**

어디선가 주파수를 때리는 음이 들려온다.
누가? 왜? 긴급 타전을 한다.
일반인들은 타전을 영감 혹은 촉, 느낌이라고 표현한다. 인간들은 그러한 느낌을 무시하기 때문에 많이 손해를 보는데 시간이 지나면 후회들을 한다. 아! 그때 그 느낌을 무시해서 이러한 결과를 낳았다고 후회하지만 들어오는 주파수를 또 무시한다. 그러다 보니 판단이 계속 틀어지는 결과를 낳는다.
긴급 타전을 찾아보았다. 누가 무슨 일로 나를 찾지?
공부하고 싶은데 차비가 없어 서울에 올라오지 못한다는 절박한 말을 한다. 왜 부모들이 자식에게 공부! 공부! 하는지 알 거다. 공부한 자들에게 치여 살지 말라고 아무리 힘들어도 공부에 많은 투자를 한다.
긴급 타전한 사람이 말한다.
아들이 공부하기 싫어서 아빠와 같은 직업을 선택할 거라고 한 번씩 쐐기를 박는 말을 하고 간다고. 무슨 운명을 타고났기에 자식들과 같이 지내지도 못한다는 투정과 함께 그 답답함을 봇물처럼 터뜨린다. 어느 정도 기본적인 지식이 있어야 누구를 만나든 서로 대응할 수 있으니, 자식들에게 이렇게 말하라고 했다.
"이놈아! 나와 같은 직업을 택하려면 공부해야 한다."
공부를 많이 한 손님이 오면 신적으로 할 수 있는 것이 있지만, 인간적인 지식이 없으면 손님을 맞이하기 어렵다.

그네의 아들들은 부모의 영향을 받아 신의 제자감이었다. 신에게 점 찍힌 자식들이라 지금부터 제대로 관리하지 않으면, 중학교 과정도 마치기 어려울 것이다.

엄마는 조선족으로 생활력이 강하다. 아버지가 능력이 없는 것도 아닌데 이상한 시나리오에 휩쓸려 무능한 남편이 되어버렸다. 여자는 이혼녀가 되었고 여자가 자식 둘의 양육권자가 되었다.

이상한 시나리오에 휩싸여 본의 아니게 타인의 시나리오에 휘말려 원하지 않은 운명의 길을 가는 자들을 많이 대하게 된다.

지금은 영성시대라 인간이 정신을 똑바로 차리지 않으면 안 된다. 자기 중심을 바로 잡으라는 것은 본연의 마음가짐을 잘 지키라는 의미이다.

어느 종교집단에서는 '관' 한다고 한다. 주인공에게 관해 보라고 공부를 받는다. 온갖 종교 단체와 기수련 단체에서 연습과 훈련을 통해서 무엇을 얻고자 하는 작태이다. '관' 한다는 것은 훈련이나 연습으로 되는 것이 아니다. 인내 속에서 반성하지 않으면 자신의 마음 흐름을 잡을 수 없음이다.

오늘도 긴급 타전을 보낸 자와 대화하면서 씁쓸함을 달래본다.

• 영통

　천신제자에게 소감을 물었더니 영통하고 싶다고 한다. 통하고 싶다면 가르침을 주는 지도자와 먼저 통하고자 노력을 게을리하지 말라고 알리고 싶다. 가르침을 주는 자와 통하려는 노력을 하지 않는데 무엇하고 통하고 싶다고 하는가?
　욕심이 너무 많다. 영적으로 통하고 싶다면 가르침을 주는 자와 통해 보라. 영통은 말 그대로 영과 대화하며 영을 통해 인간이 모르는 것을 알고자 할 때 필요하다. 또한 영통한다는 것은 자신의 생각이 들어가지 않아야 하며 필히 하늘의 도움이 있어야 한다.
　영통하려면 하늘의 시험이 따른다는 것을 알아야 하며, 정도로 가지 않으면 어느 순간 하늘에서 그 능력을 거둬간다는 것을 알고 영성으로 가야 한다.
　영통하려는 제자는 우선 어떠한 것이라도 원하지 말고 그냥 하늘에서 하라는 대로 하는 것이 영통하는 지름길이라는 것을 알고 영성공부를 해야 한다.
　영과 통하고 싶다면, 영통하고 싶다는 마음조차 가지지 말라. 결국 욕심에 의해 하늘은 늘 시험지에 앉힌다. 하늘의 마음을 알아야 한다. 천신제자 또한 스승의 마음을 읽지 못하는데 영과 통하기를 바라는가?
　지도받는 제자들은 지도하는 지도자의 마음을 읽을 수 있도록 노력해야 한다. 왜냐하면 하늘과 소통하여 제자들을 지도하는데, 지도자가 하라는 대로 지시를 따르지 않는데 어찌 영통이 가능할까?

제 4 장
신명들의 세계

천어와 천서의 효과

　신들과 통신하고자 원하면, 신들이 사용하는 언어로 해야 통신이 가능하다.
　나는 자통하였다. 영성공부할 때 나는 신들과의 소통이 매우 자유롭게 이루어져 공부하였기에, 신과 통하기를 갈망하는 도반들을 보면 뭐가 저리 힘들지? 하며 도반들에게 깊은 상처를 많이 주었음을 시간이 흘러서 알았다.
　같이 공부하던 도반들이 묻는다.
　어떻게 아느냐고?
　그냥 아는 거지. 자통한 나로서는 도반들이 질문할 때마다 그렇게 말해 주었는데 지금에 와서 그네들에게 설명을 잘못해 주었다는 것을 알게 되었다.
　신들의 고통을 덜 받기 위해 내림굿을 받은 도반들도 있었고, 명산대천을 찾아다니며 산신기도를 반복하며 조금씩 얻어가는 것을 지켜보면서, 전생에 수행한 것을 나는 현생에 많은 덕을 보았고, 자통이 수준에 맞게 조금씩 하게 되었음을 알았다.
　신과 통하기를 열망하는 일반인들을 보면 표현은 못 했지만, 가끔씩 그네들이 좀 한심하다는 생각도 하곤 했다.
　부산의 어느 대학교 무용 교수는 자신의 사주와 관계가 없는데 지리산이며, 계룡산 등 국내의 대산은 다 찾아다녔다.
　어느 날 물어보았다.
　본인 사주와 관계없는 산신 기도는 왜 하고 다닙니까?

무용 교수의 말이 가관이다.

당연하다는 듯 남들을 알고 싶어서 산신기도 다닌다고 한다.

당신 그러다 무당된다.

무용하고 무당하고 잘 어울리겠네.

산신하고 통하면 산신이 알려주려나~.

함부로 산신기도 다니는 거 아니라고 했는데, 결국 무용 교수 그만두고 그 길로 들어섰다.

주변에 산신과 통하면 돈 많이 번다는 말에 혹해서 내림굿 받고 그 길로 들어서면, 그때의 고통은 현재의 고통과 비교해서 아무것도 아니라는 것을 알게 될 것이다.

죄를 너무 많이 지으면 무업을 갖기도 하는데, 무업은 남의 조상을 먼저 닦아주어야 내 조상을 닦아주는 기회를 받는다. 남의 조상 닦아주는 것이 무엇인지도 모르고 무업을 가지면 안 된다.

중이나 목사, 신부, 기수련 센터장, 풍수지리 등등의 음적인 직업을 택한 자들은 음기들을 닦아주어야 한다.

인신은 음기에 속한다. 조상도 인신에 속한다.

처음에는 내 것을 닦는 수행을 하게 되는데, 내 것을 수행하다 내 공도 쌓기 전에 돈 버는 방향으로 자리를 잡으면 많은 어려움이 따른다.

상담해 주면 손님들 뒤따라오는 인신(조상신)들을 닦아주어야 하는데, 본인 수행도 제대로 끝내지 못하고 돈 버는 자리에 앉은 대가를 톡톡히 치르게 된다.

내 조상들, 내 신명들 닦는 과정을 제대로 거치지 않았기에, 손님들의 조상이나 신들을 제대로 해결해 주지 못하면 거기에 대한 탁함은 나의 죄로 돌아온다.

  나는 30여 년 동안 수행만 하였다. 하늘에서 이제 상담 자리에 앉으라는 명을 받고 올해부터 손님을 받지만 여전히 부족하다.

  겸손함을 갖게 하려고 부족한 마음을 가지게 하는 것 같다.

  수행자로서 자질을 다지기 위해 하늘은 30년 동안 무던히 조심해 주었다.

  수행하는 동안 많은 수행자들을 만나봤으며, 그중에 상당한 신통술을 사용하는 자들과 수행일지를 푸는 시간들을 종종 가졌다.

  큰 신들과 통한 자들은 한결같이 똑같은 말을 했다.

  갑자기 알 수 없는 이상한 언어가 터져 나왔다고. 이상한 언어를 몇 날 며칠 하였는데, 그 순간 신과 통한 것 같다고.

  그들은 천어가 무엇인지도 모르고, 이상하다는 언어에 대해서만 이야기들을 한다.

  그렇다! 큰 능력을 가진 신명과 통하는 최고의 절정 순간이 바로 신들의 언어인 천어가 터지는 순간이다.

  그 순간 신과 교신하는 축하의 잔치를 벌인다. 天·人·地.

  인간에게 신명이 빙의 되어 천어를 터트려주고 신이 합체한다.

  합체한다고 해서 천신이 인간에게 접신되는 것은 아니고 지켜보는 것이다.

  제자가 간절히 신통하기를 원하니 접신하여 제자를 통해서 일을 하마 하고 인간에게 천어로 표시를 준다.

  수행자들은 신과 통했으면 천신의 언어인 천어의 존재를 평생 잊지 않아야 하는데, 이상하다는 생각만 하고 얼마 후 사용을 멈춘다. 그리고 신과 통할 때 이상한 말이 입에서 줄줄 터져 나왔다며 자랑삼아 떠는 것을 많이 보았다.

  수행자들의 말을 듣기만 할 뿐 천어에 대한 부연 설명은 하지 않았다. 이미 그들의 신이 떠났는데 부연 설명이 필요치 않음을 느꼈기 때문이다.

  30여 년 전만 해도 천어는 금기시되었다.

  큰 신들은 은밀히 대상자를 찾았고, 찾으면 제자에게만 전해 주고 잊어버리게 했던 것 같다.

  나도 26년 전 이상한 말이 입에서 줄줄 나오기에 이 말이 무엇인가? 의심하면서도 놓지는 않았다. 그리고 알 수 없는 글도 종이에 써 내려갔다.

  이상한 말과 이상한 글에 대한 호기심이 생겨 연구하기 시작했다.

  천어와 천서는 자신과의 소중한 소통 시간이었음을 꾸준히 연구하면서 알게 되었고, 현시대를 살아가는 가장 큰 무기라는 것도 알게 되었다.

  조상을 천도하고 싶을 때도 천어와 천서를 사용한다.

  제자들아!

  천부경을 알고 싶으면 천어와 천서를 부지런히 사용하라.

천서와 천어의 활용

하늘의 언어와 하늘의 글을 알아야 천부경 해석을 내려받을 자격이 된다. 천부경 해석은 천신제자의 근기와 내공에 따라서 해석 범위가 달라진다.

나도 천부경 해석을 내려받을 때 수준에 따라서 달리 받았다. 처음에는 천부경 해석인지도 모르고 내려받았는데 몇 년 후에는 또 다른 천부경 해석을 내려받았다.

하늘과 통하지 않은 자들은 천부경을 해석하지 못하게 봉인해 놓았다고 한다. 나는 엄하게 천부경 해석을 받아 쥐고, 대우주에 집게다리 10개 낙관을 찍었다.

가끔 집게다리 10개 낙관 찍은 것을 잊어 방황할 때가 종종 있었다. 초기 이상한 언어가 터졌을 때 의구심을 갖지 않고, 앞서간 수행자들처럼 수수방관하였다면 나는 지금도 남들이 해놓은 천부경 해석으로 떠들고 있지 않을까.

천어와 천서를 유용하게 적절히 활용한다면 나의 내면과 소통은 쉽게 이루어질 것이다.

천어와 천서는 천상의 문을 열어 조상들을 천도시키는 것이 가능한데 근기와 내공을 적절히 사용할 수 있는 천신제자라야 한다.

산에서 하는 산신기도나 바다에서 하는 용왕기도가 아니라, 내 안의 신성을 만나 깊숙한 곳을 안내받아 닦아나가면 근기와 내공이 자연적으로 생긴다. 신성이 내 안의 어느 곳까지 들어가느냐에 따라 내공이 달라진다.

天符經

一始無始一析三極無
盡本天一一地一二人
一積十鉅無匱化
三天二三地二三人
三大三合六生七八九
運三四成環五七一妙
衍萬往萬來用變不動
本本心本太陽昂明人
中天地一一終無終一

천어는 사람의 내면 깊숙한 곳까지 들어가게 해주고, 친절하게 안내자까지 붙여준다.

정신세계를 다루는 각 분야에서 여러 방법으로 내면세계 치유법, 내면세계 안내서 운운하며 사람들 수준에 맞게 가르침 안내자 역할을 해주고 있지만, 모두 수박 겉 핥기식 가르침이다.

나도 기수련 단체에서 지도받았고, 지도해 주기도 하였다.

종교 속에서 내면세계 만남 프로그램도 진행해 주었다.

당시에는 그것만으로 상당히 만족하곤 했는데, 끝없는 마음의 갈증으로 이것 말고 또 다른 것이 있을 거라는 막연한 믿음으로 운영하던 수련원 문을 닫고 다시 홀로 방황에 방황을 거듭하면서 영적 세계에 들어가게 되었다.

영적 세계에서 알게 되었다. 그동안 이상한 말을 주저리주저리 했던 것이 천신들의 언어라는 것을. 천신들의 언어는 사람의 정신세계 수준에 맞게 낮은 차원계의 신들이 튀어나와 자기네들도 알아달라고 떠들기도 하고, 희로애락에 눈물과 웃음을 섞어가며 신들의 언어로 나에게 통신을 보내는 것이라고.

그리고 알아달라고 주저리주저리 떠든 것이 제일 먼저 나온 조상신들의 하소연임을 알게 해주었다.

그다음부터는 영성공부에 박차를 가하였다. 도대체 천어가 무엇이고 천서가 무엇인지 제대로 가르쳐야 다른 수행자들이 똑같은 전철을 밟지 않는다. 천어와 천서를 잘 활용하면 사주팔자도 바꿀 수 있다는 것을 수많은 제자들을 지도하면서 확인시켜 주었다.

천어는 나의 전생 영혼신들 정리 또한 가능하다.

신들의 귀 막음

일반적인 대화는 서로 웃으면서 하는데, 영성적인 대화만 들어가면 귀를 막는다. 주의 깊게 행동을 살펴본다. 낮은 하급신의 정보는 아는데, 수준을 조금만 높여도 고개를 절레절레 흔든다.

신의 급수를 측정해 보았다. 하급신이 많다 보니 성장시켜 주는 단어를 구사하면, 바로 신들이 인간의 귀를 틀어막게 만든다.

인간은 본인의 낮은 신이 자신의 귀를 틀어막고, 더 이상 듣지 말라고 하는 신호를 눈치채지 못한다. 그 부분을 지적하여도 역시나 하급신들은 인간의 귀를 또 막는다. 그렇다. 지금의 현대인은 어려운 것을 굳이 하려고 하지 않는다. 귀찮다는 이유다.

"에이~휴 귀찮아~"

게으름(조상신)의 신들에게 인간은 또다시 지고 만다.

공부하기 지겨운데 또 해? 이 나이에?

게으름 신들은 사람의 의식 수준을 높이려 하지 않는다. 게으름 신에게 끌려다녀서는 제대로 할 수 있는 것이 없다. 자신의 정신세계를 수준 높게 성장시키면 의식 수준이 올라가는데, 사람들은 그 원리를 이해하려 하지 않고 오히려 귀찮아한다.

복잡한 신명들이 많으면 의식을 성장시키려고 노력할 텐데 편하게, 쉽게 살려고만 하기에 의식 수준을 성장시키려는 생각조차 하지 않는다. 하급신들은 공부하지 않으려 한다. 노는 것을 좋아한다.

사람들이여, 자기 조상신명들을 공부시켜 성장하기 바란다.

신들이 원하는 것

신들은 인간이 기도하기를 원한다. 왜 기도하기를 원하느냐고 물어보면, 신들도 인간과 함께 호흡하기를 원한다고 한다. 신들은 기도를 통해서 인간에게 주고자 하는 것을 내준다.

왜 꼭 기도를 통해서 주고자 하느냐고 물어보면, 신들도 원하는 것이 있다고 한다.

"나는 거기까지 줄 수 있다. 그러니 나를 더 공부시켜 준다면 거래가 성립된다"고 한다.

기도를 통해서 신명들을 깨울 수 있다.

신들도 인간의 의식을 통해서 성장하고 싶어 한다.

참 신명들은 공짜를 싫어한다. 참 신명들은 인간의 문제를 해결해주고, 신들에게도 필요한 것을 달라고 한다. 신들도 성장하기를 원한다. 그러기에 인간들을 산으로, 바다로, 자연으로 데려간다.

각자 자기 내면에 물어보았으면 좋겠다.

무엇을 원하느냐고.

신들에게 끌려다니지 말고, 신들과 동등한 관계를 유지하도록 하자. 동등한 관계가 유지되려면 신들도 성장을 원한다는 것을 먼저 알자.

신 사냥

신명들을 잡아오는 사냥꾼이 있다.
신명 사냥꾼들이 말한다. 못된 신들을 잡아오겠다고. 그렇게 하라고 명했다.
나도 물어보았다. 왜 못된 신들을 잡아들이는지.
하늘은 말한다. 인간을 살리는 것도 하늘이요, 인간을 죽이는 것도 하늘이다. 죄을 지었으면 응당 벌을 받아야 마음이 편할 것이다.
나도 내 세계관에서 전한다.
"잘하면 상을 줄 것이고, 못하면 벌을 줄 것이다."
벌써 세 명의 인간에게서 신들을 잡아들였다고 한다. 원격조정이라는 것이 이래서 좋은 것 같다. 나에게는 원격조정기가 있다. 눈에 보이지 않는, 우주에서 원격조정하는 방법을 가르쳐주었다.
제자들에게 공부하면서 자신을 속이지 말라고 했는데 수없이 자신을 속인다. 자신을 속이는 것이 곧 하늘을 속이는 것이라고 수없이 말했음도 불구하고 게으름의 신들을 이기지 못해 결국은 게으름을 피우고, 자신을 속이고 하늘을 속이려 한다. 신들에게 당하지 말라고 무수히 전했거늘.
신들의 세계에서 연락이 왔다. 신들을 잡아들이는 사냥꾼을 보내노라고. 참으로 무섭다. 속이고 변명만 하지 않으면 응징은 없는데.

우주는 소리로 온다

참으로 안타까운 일을 겪는다.

방울을 잡으면 신이 들어온다는 말을 믿고, 꽹과리를 울리면 신이 들어온다는 낭설에 좋은 경험 공부를 시키려 해도 못 하는 경우가 종종 있다. 우주의 소리를 듣고자 한다면, 어느 악기도 거부하여선 안 된다.

소리는 하늘의 선물이다. 기존에 흘러다니는 현란한 정보와 편견으로 하늘의 선물을 거부한다. 신의 소리를 거부한 자가 어찌 하늘의 소리를 듣고자 한단 말인가?

물론 예외는 있다. 지도한 자가 누구냐에 따라서 달라질 수 있다. 무당이 방울을 잡으면 잡신에게 감응되어 잡신의 소리를 들을 수 있고, 절간의 스님이 방울을 잡으면 법문에 연결된 소리를 들을 수 있다. 주관자의 수준에 의해서 달라진다.

수준이 얕은 자들은 방울 하면 신이 들어오는 줄 알고 기겁한다. 우스운 일이다. 잘 알지도 못하면서.

무당들이 방울을 흔들면 그분이 오신다고 한다. 과연 내가 방울이나 징, 북, 장구, 꽹과리를 친다고 하면 어떠할까? 의문도 안 가져보고 선입견에 빠져 피하기를 거듭한다. 주관자의 수준을 보아야 하는데. 좋은 공부를 시켜주려는 데도 이미 내려져 있는 정보 때문에 기피하여 중요한 공부를 줘도 못 받아먹는다.

우주를 알려면 숫자를 알아야 하고 소리를 알아야 한다.

외부 신과 내부 신

인간이 사는 세상이 있고, 신들이 사는 세계가 있고, 영의 세계가 있다. 그런데 그 공간을 이탈하는 신들과 영들로 인해 인간의 생각인지, 신명의 세계인지, 조상신명의 생각인지 혼돈에 혼돈을 거듭한다. 나는 그 혼돈의 정신세계를 제대로 구분하는 영성공부를 시켜주고 있다.

신들에게 이야기를 청한다. 그때의 결속력을 굳이 사용하려고 하지 마시라고. 끊임없이 청한다. 결속시키려고, 집착을 갖지 않게 합시다. 결속의 집착이 인간을 얼마나 초라하게 만드는지 아느냐고?

과거에는 물질이 없어도 살 수 있는 시대였지만, 지금은 물질이 없으면 살 수 없는 21세기랍니다. 수없이 청하면서 제자들이 조상신명 결속의 집착에서 벗어나고자 나름대로 애를 쓴다.

천신들이 이해할 수 없는 나의 생각들이 맞물려 틈새가 생긴다. 나의 개인적인 사고는 어디에도 구속되고 싶지 않다. 내부 신과 타협을 보고자 한다. 그냥 편안하게 훌훌 털어버리고 가자고! 인연법에 맡기고 가자고.

그래도 외부 신은 나에게 청한다. 한 번만 더, 다시 기회를 주면 안 되겠냐고. 하지만 이미 마음 떠난 제자는 되돌아보기 싫다. 마음 깊은 곳에 배신감이라는 것이 있다. 그래서 외부 신들을 거부한다.

외부 신은 끊임없이 청한다. 그래도 나는 마음을 접겠다고.

원위치

하늘에서 긴급 타전이 내려왔다.
"자리를 이탈하지 말라."
각자 자기 자리를 지키라고 한다.
하늘이 오늘은 화를 낸다.
모두 자기 자리를 지키지 못한다고.
그래서 나도 내 자리를 급히 점검한다.
"아~하 그렇구나."
그래서 이러한 일이 벌어진 것임을 알게 해준다.

하늘의 일을 하는 자는 항시 깨어 있어야 한다. 각성이라 한다. 언제, 어느 곳에 있든지 마음이 머무르는 곳은 하늘의 한 곳이다.

몸만 자리 보전한다 하여 자리 지킴이 아니다. 언제나 바라보고 기다리는 것이다.

당신이 무엇을 하거나 무슨 말을 내릴지 모르기 때문에 마음의 귀는 항시 하늘을 향해 열려 있어야 한다.

자리를 벗어나면 순식간에 모든 것이 날아갈 수 있다.

인간사도 그렇지 않은가?

자칫 마음을 멀리 두면 하던 일이 공수표가 되는 경우가 허다할 것이다.

영적 빙의

영적 빙의는 참 무서운 병이다.

소위 세속에서 말하는 귀신들의 침입을 빙의라고 하는데, 그것은 신들의 접촉으로 생기는 빙의이고, 현대의 영적 빙의는 타인의 생각이 나의 정신을 지배하는 데서 온다.

"우주는 나를 중심으로 흐른다"고 외치지만 실상 사람들은 자신의 정신을 어디론가 실종시켜 놓고 껍데기가 중심을 잡고 있다고 착각하며 살아간다.

하늘에서 이야기한다. 나에게는 모두 소중하다. 주어진 소임들이 있어서 세상살이를 하는 것이니 본연의 자기 마음을 잊지 말라고.

그런데 지금은 타인의 영이 대뇌, 소뇌, 간뇌, 장기세포, 피부 세포들 속에 들어가 건강에 장애를 일으키고, 정신적으로는 병적이거나 이상한 행동들을 유발하고, 본인의 의지와 상관없는 정신병자적인 행동을 하게 만든다.

요즘은 마음을 한 번씩 정화시키지 아니하면 참 정신 가지고 살기 힘들다. 한 번씩 자신의 정신 상태를 점검하기 바란다. 과연 나는 나의 의지대로 살고 있는가? 아니면 남의 생각이 들어와 나를 지배하고 있지 않은가?

영적 빙의는 현대인에게 가장 큰 병이다. 아무렇지도 않게 남을 해치고 자신을 해친다.

영은 죄의식이 없다. 그러나 마음이 바로 서면 나쁜 영이 들어올 수 없고, 잘못된 일이 생길 수도 없다. 그러니 우선 자신의 마음을 바르게 정화하자.

그래서 나는 제자들 스스로가 영적 빙의가 되어 있지 않은지 수시로 점검할 수 있게끔 지도한다.

• **자유**

사람의 내면은 자유를 무척이나 갈망한다. 그러나 스스로 자유를 가두고 나오지 못한다. 결국은 여행을 통해서 자유스러움을 찾아야 한다.

이번 베트남 여행에서 자유를 스스로 찾은 제자들도 있고, 너무 많이 가는 제자들도 있었다. 이것도 저것도 아닌 제자들은 모르면 물어보면서 여행을 해야 한다.

이번 여행에서 얼마나 물어보면서 가는지 관찰해 보았는데, 역시나 대부분 인간적인 여행으로 만족한다. 한국에서의 여행 같았으면 내 마음대로 조종했을 텐데, 1년 동안 고생하고 수고한 마음을 접수하여 그냥 지켜만 보았다. 의외로 잘 찾아 노는 모습들을 보면서 나도 같이 맘 편하게 놀기로 하였다.

누군가가 보이지 않는 곳에서 애국가를 불렀다고 하기에 소스라치게 놀랐다. 한국은 베트남에 대해서는 죄인인데 사죄하는 마음은 갖지 못하고….

파월 장병들이 이 나라에서 어떠한 행위를 했는지 모르고 죄의식이 부재중이었는지 탓해 본다.

항상 입장을 바꾸어 생각하고 받아들이라고 했는데 결국은 외우는 공부만 한 셈이다. 중국이나 일본을 방문하였을 때 애국가 불러서 아마도 그것을 기억하고 한 것 같다. 여행을 하면 각 나라마다 공부할 것이 다르다는 것을 잊은 자에게 다시금 경종을 울리게 된다.

내면은 언제나 자유를 갈망한다. 일상적인 생활을 하면서 자유를 얻기는 힘들기에 여행을 통해서 내면에 자유를 부여해 주면서 공부를 시켜준다. 버리면서 자유스러움을 취하며 혼을 성장시키라고. 여행을 통해서 얻는 영의 성장은 무엇과도 바꿀 수 없다.

이번 베트남 여행에서 어떠한 성장을 했는지 각자 찾아보자.

천층 만층 천도재

수없이 많은 종류의 천도재가 있다.
그중 하나인 여행 천도재를 하였다.
살아서 가보지 못한 곳을 꼭 한번 가보고 싶다는 영가의 애절한 사연을 접수하고, 그곳으로 가게 해주었다. 많은 시간이 흘러 변화한 고향들, 멍한 시선으로 연신 바라보는 영의 생각들.
나는 영들이 생각한다는 것에 경외심을 갖는다. 영들도 건전한 생각들을 가져다주는데, 만물의 영장인 인간은 건전한 생각보다 아귀 같은 생각들을 더 많이 갖는 것을 반성해야 한다.
인간이 아귀 같은 생각들을 가지고 있다면 내면에 아귀가 숨어 있는 것이고, 건설적인 생각들을 가지고 있다면 건설적인 신명들이 움직인다는 뜻이다. 신명들은 움직이는데 인간은 그 뜻을 몰라 움직이지 않아 엇박자가 나는 상황들이 수없이 벌어진다. 어떠한 신명들이 있는지 알고 싶으면 자신의 행동을 주시하라. 그리고 관하고, 행동해 보아라. 그러면 알 것이다.
영의 부탁으로 많은 사람들과 어울리게 해주었고 잔소리도 해주었다. 무엇이 영가의 근심을 덜어주지 못하고 있는가에 대해서.
이제야 알겠다고 한다. 진작 내 아들이 이러한 공부를 한 것을 알았다면 나도 동참했을 텐데 몰랐다고 한다. 그냥 인간이 잘난 줄 알고 살았다고. 이제 와 반성해 보아야 나의 육신은 이미 없어졌으니 다음 생이라도 꼭 이 공부를 하러 나오겠다고 반성하면서 영의 세계로 돌아갔다.

또 다른 영가가 와서 이야기해 준다.

"착하기는 하나 너무나 답답한 내 자식이 부끄럽소. 당신에게 맡기고 가니 내 자식을 부탁드립니다."

모처럼 자식과 여행이 이루어져 고맙고 부족한 자식 잘 거두어달라고 오히려 역으로 신신당부한다.

자식이 이것을 알면 대성통곡할 일인데, 그 자식은 알아듣지 못하니 답답한 심정을 어찌할까?

숫자 놀이

태어나면서 아기는 일련의 숫자를 선물 받는다. 평생 바꿀 수 없는 숫자이다. 이제부터는 1년씩 지날 때마다 성숙을 기다린다. 우주에서 저절로 되는 것은 나이를 먹는 것이다.

나이는 나를 감싸는 외투 같은 것이다. 나이는 책임 정도를 나타낸다. 자신이 하는 일에 책임을 다하고 있는지 뒤돌아보는 시간이 필요하다.

우리는 숫자 속에서 살고 있다. 우주는 숫자로 구성되어 있고 숫자는 인류의 공통 언어이다. 대통령 선거도 번호로 결정되고, 아파트도 숫자로 구성되어 있다. 우리는 그렇게 숫자에 의미를 둔다.

하늘은 1등을 싫어한다. 1등은 외롭고 고독하다. 같이하는 세상을 좋아한다. 사람들은 1등을 선호하고 지금도 1등 하고 싶은 생각들로 가득 차 있다. 숫자 속에서 살아가는 인간은 숫자로 인해서 자살도 하는 실정이다.

숫자를 1부터 시작하지 말고 거꾸로 세어보라. 만약 10부터 시작한다면 9876… 거꾸로 세는 것은 우뇌를 발전시키고, 12345… 세어가는 것은 인간의 욕심을 만든다.

구구단도 거꾸로 세면 머리가 좋아진다. 이렇게 하면 여유가 생기며 마음도 가벼워지고 살아가는 데 많은 도움이 될 것이다. 여러분은 숫자 개념을 바로 알아서 살아가는 데 도움을 받아야 한다. 대한민국 국민은 앞으로 일등 국민으로 변화할 것이다. 숫자 개념보다 자신의 마음을 하늘 같은 마음으로 바꾸고자 할 때 자신도 모르는 사이에 일등 국민이 되는 것이다. 일등 국민은 사람과 사람끼리 비교하지 않고 동등한 입장에서 본다. 믿음을 사랑으로 승화시키는 것이 일등 국민이다.

우리는 말로만 일등 국민이 되고자 한다. 자신의 능력을 모르면서 1등만 하려고 한다. 혼자 있다면 누구나 1등이다. 같이 있으면 1등은 사라지고 견제하기 시작한다. 대한민국은 많은 국가와 운명을 같이해야 한다. 전 세계를 전쟁 없는 평화로운 세계로 만드는 것이 일등 국가이며, 일등 국민이다.

숫자로 본 세상은 타락일 뿐이다. 우리는 숫자로 인해 많은 것을 얻고 많은 것을 버린다.

우주에서 '+ ― × ÷'를 내려주었다. 그러나 인간은 부호가 계산하는 것인 줄만 아는데, '+'는 더불어 살라는 뜻이고, '―'는 용서하면서 살라는 뜻이며, '÷'는 자신의 능력과 재산을 서로 공유하라는 뜻이다. '×'는 상대방을 칭찬하고 상대방을 무시하지 말며 하늘 법에 따라 살라는 의미이다. '+ ― × ÷'를 숫자보다 미리 만들어놓은 것이다. 이것이야말로 하늘에서 인간들에게 바라는 것이다.

어떤가? 여러분은 숫자로 자기의 이익을 위해서만 살지 않았던가? 이제라도 여러분이 숫자와 '+ ― × ÷' 의미를 바로 알고 산다면, 많은 도움이 될 것이며 세상은 밝아질 것이다. 숫자는 그런 의미에서 만들어진 것이니 소중하게 다뤄야 한다.

+는 달의 기운을 나타내고, ―는 구름의 기운을 나타내며, ×는 별의 기운을 나타내고, ÷는 눈과 비와 바람을 나타낸다.

천도재란

우주의 문을 열어
영을 우주로 인도하여
정신을 우주에 띄워주는 것이다.
천도재를 하면 후손의 뇌 구조까지 바꿀 수 있다.

· 칭찬

    어린아기들은 "참 잘한다" 하는 칭찬 속에서 성장해야 한다.
    칭찬은 아기가 좋게 성장하기 바라는 진심에서 나오고, 또한 아기들은 진짜인 줄 알고 좋아하며 따라간다. 아기가 20세가 되면 행동에 책임질 줄 알라는 경고가 따른다.
    지금까지의 교육방침이 칭찬에서 행동에 대한 책임을 지는 것으로 바꿔어가는 시점인 것을 알기까지 그 아이는 많은 방황과 반항 속에서 혼란을 반복 체험하면서 인지하고 받아들인다.
    사춘기 성장이 끝날 때가 되면 행동에 대한 책임을 묻는 교육을 해야 한다. 그것을 인정하기까지 아이에게는 많은 시간이 필요하고, 지혜로운 아이는 뜻을 빨리 간파하고 따라간다. 현명한 아이는 일찍 눈치채고 따라가면서 급성장 속도를 빠르다 하지 않고, 재미를 느끼면서 게임을 즐기듯이 풀어나가는 자세를 갖게 된다. 수학문제를 공식에 대비하여 풀듯이 아이는 스스로 긍정적인 마인드를 설정한다. 원망이라는 단어를 입력시키기보다 미래지향적인 현명함과 긍정적인 사고를 취하게 된다.
    그와 반대로 더디게 취하는 아이는 세상 원망, 부모 원망 등등을 겪은 뒤 다시 인생의 방향키를 설정하게 된다.
    언제나 선택할 때가 적절할 때이지만 앞서간 자보다 선택에는 늦음이 있겠지만, 빨리 간다고 해서 성공하는 것은 아니다. 그러나 현명한 판단을 일찍 내리고 간다면 대한민국의 앞날이 조금 더 발전하지 않을까 한다.

앞으로 대한민국은 밝은 청소년들의 몫인데 걱정되어 써보았다.
부모들이여!
자녀들을 칭찬 속에서 키운다면 가정이 평화스러울 것이고, 그렇게 성장한 자녀들이 나라를 위해 일한다면, 다른 나라 청소년들과의 경쟁에서 밀리지 않을 것이다.

예의 없는 신명

오늘 천제를 진행하면서 느낀 것은 부모들이 자녀교육을 너무나 못 하고 있다는 것이다. 어떻게 사회생활을 시키려고 자녀들의 뜻을 착실히 반영시켜 주었을까? 그 대가는 성인이 되어 감정 자제를 잘 못한다는 것이다. 자기 중심적인 사고를 너무 많이 갖게 해주었다.

외국에서는 교육에 봉사를 필수로 넣는다. 나보다 상대를 더 생각하라는 것이다. 왜냐하면 더불어 사는 사회이기 때문이다.

그 아들은 자기만을 먼저 생각했지 본인의 나이가 몇 살인지 전혀 생각하지 않는다. 부모가 없는 자리라면, 부모를 모르는 자리라면 한 번쯤 그렇게 자신의 감정의식을 표출해도 된다.

내 위로는 어른이 없다는 사고는 누구의 잘못인가? 결혼식 치른 지 한 달 정도 되었으면, 적어도 지성인이라고 생각한다면, 결혼식에 참석한 어른들도 있으니 결혼식 날은 경황이 없어 제대로 인사를 드리지 못했습니다 하고, 다시 정중하게 인사하는 것이 예의인데, 너무나 예의 없음을 지적해 준다.

부모가 참석한 자리에서도 예의를 차리지 않는데 다른 자리에서는 어떻게 처세할지 궁금하다. 부모님의 체면을 저렇게 짓밟을 수 있을까? 다시 한 번 생각한다. 인사성과 사회성이 결여되었고, 인성이 제대로 형성되어 있지 않다는 것을.

내가 아무리 잘나고 똑똑해도 주변이 인정해 주어야 한다. 주변에서 인정을 안 해주면 헛똑똑이라는 말을 듣는다. 나는 자녀들이 부모님의 체면을 한 번쯤 생각해 주었으면 한다. 내가 어떻게 행동해야 남들에게 부모교육을 잘 받았고 자녀교육이 제대로 되었다고 인정받는지 생각해야 한다.

지금 부모들의 문제는 무엇일까? 내 자식이 중하면 남의 자식도 중한 것인데, 오로지 내 자식만 바라보고 똑똑하게 키우다 보니 많은 폐단이 생기는 것 같다.

나도 한 번쯤 생각해 본다. 내 자녀에게 항시 하는 말이 있다. 너희가 어떻게 행동하느냐에 따라서 부모를 욕보일 수 있고, 부모에게 교육을 잘 받아 잘 성장했다는 말도 듣는 것이라고. 사실 부모는 남들에게 욕 안 먹는 자식을 만들려고 여러 각도로 노력들을 많이 한다. 그런데 자녀들 의식에는 부모가 많이 약한 것 같다.

자녀의 의식을 간파하려면 많은 대화가 필요하다. 그런데 지금의 대다수 부모는 자녀들보다 자기 체면이나 자기 인생의 겉치레에 더 많은 시간들을 가지려 한다. 바쁘다는 핑계, 직장 명분, 사업상, 기타 등등.

나 개인적으로는 가정이 항시 중요하다고 생각하고, 부족하지만 언제나 내 가정을 돌아본다.

무엇이 부족한가? 무엇이 넘치는가?

넘치면 절제하고, 부족하면 무엇이 부족한지 열심히 찾아서 챙겨 넣어야 한다. 우리 아이들도 반항적인 기질이 강하여 부딪침이 참으로 많았다. 한창 부딪침이 많은 시기에 나는 영성공부를 하였고, 영성공부를 자녀 공부에 대입시켜 아이들과 꾸준히 대화를 시도했다. 어느 부모가 자기 자식을 귀하게 여기지 않겠는가? 내 인내에 스스로 감탄해 가면서 아이들과 반강제적, 반은 허심탄회하게 나의 교육방침을 설명해 주었다.

"외할아버지의 엄격한 교육관이 정말 싫었지만, 부모가 되어 생각해 보니 외할아버지의 교육이 참으로 훌륭했다. 그러니 너희도 엄마처럼 질리겠지만, 그 교육을 너희에게 전수해 주는 것이 경험자로서 의무인 것 같다."

충분히, 정말 충분히 아이들을 설득해 몇 가지를 자녀교육에 활용했다.

첫 번째가 자유로운 여행이다.

두 번째가 행동에 책임을 지는 자가 되어라.(거짓말이 포함됨)

세 번째는 아무리 하고 싶은 말이 있어도 해야 될 말과 해서는 안 될 말을 가려라.

네 번째는 삐치면 나만 손해다.

지금도 이 교육방침은 유효하다.

부모가 개인주의가 강하면 자식들도 개인 성향이 무척 강하다. 그 모습을 지켜보면서 성장해 왔는데 당연한 것 아닌가? 부모가 개인 성향이 강하면 자식에게 상처를 받는다. 부모는 나이를 먹어가면 심신이 약해지는데 자녀들은 부모의 정신적 영향을 받고, 부모보다 더 이기적인 성향을 보인다. 그것이 문제이다. 부모는 심신이 약해져 본인이 젊어서 그렇게 살았는지도 모르고, 자녀에게 섭섭하다고 원망한다.

부모들은 생각해 보아라. 본인들도 젊어서 그렇게 살아왔고, 자녀들은 나이 먹어가면서 부모의 삶을 닮는데, 이런 사실을 알지 못하고 어떻게 부모에게 저렇게 냉정할 수 있지 하는 서러움과 섭섭함을 주위에 표현한다.

누구의 잘못인가?

지금이라도 잘못을 잡을 수 있으면 잡아야 한다. 대신 본인 반성을 먼저 하고 들어가야 한다. 부모들은 본인들의 지쳐 있는 삶의 한구석을 내놓기 싫어하는데, 용기와 솔직함이 내 자신을 성장시킨다는 것을 알았으면 한다.

그리고 부탁이다.

제발 남편의, 아내의 허물을 자식들에게 내놓지 말라. 부부 문제를 자녀에게까지 전가하여 편을 만드는 유치원 수준은 졸업해야 하지 않을까?

훈민정음 해석

가 갸 거 겨 고 교 구 규….
나 냐 너 녀 노 뇨 누 뉴 느 니….
나타내고 들어가고, 올라가고, 내려가고, 엎드리고, 세우고.
훈민정음은 그렇게 만들어졌다고 한다.
음양 가운데 있을 수 있는 자만이 음과 양을 교화할 수 있다고 한다. 음이 서 있을 때의 변화, 양이 서 있을 때의 변화를 설하는 자가 되려면 음양 대변인이 되어야 한다고 한다.

ㄱ : 인간이 하늘을 알지 못하니 예를 갖추는 자가 되라고 맨 앞에 놓였다.
ㄴ : 하늘에 예를 갖추는 자가 되면 편히 앉을 수 있는 의자를 내려 받는다고 한다.
ㄷ : 앉으면 누울 곳이 있어야 되는 지붕이 필요하지 않은가?
ㅁ : 하늘에 예를 취하고, 앉고 누우려면 동서남북 기둥을 받칠 수 있는 땅을 주심이다.
ㅅ : 천지를 받칠 기둥이 세워졌으니 인간이 잘나서 살아감이 아니라 자연과 인간이 서로 더불어 살아가야 함을 깨닫게 되고 서로 버팀목 되어 상부상조해야 됨이다.
ㅇ : 더불어 가는 삶이라는 단어를 알아야 겸손한 마음이 저절로 우러러 나오게 됨이다.
　'ㅇ'에는 많은 뜻이 내포되어 있기에 격에 의해 해석을 달게 놔

둔다.

사람이 하늘을 알게 됨이 순서가 있음을 알게 되는 것이 ㄱ, ㄴ, ㄷ, ㄹ, ㅁ, ㅂ, ㅅ, ㅇ까지가 인간이 영적인 단계에 들어가기 전의 인간적인 단계 순서이다.

'ㅈ'부터 기초적인 영적 공부 단계인데, 인간적으로 가장 순수한 마음으로 만들어질 때까지의 순서는 'ㅇ'까지 해석해 준다.

우주에 안테나를 세우는 과정이 있으며, 안테나를 어느 곳에 세웠는가에 따라서 공부가 달리 들어가는 것이다.

깨달음의 단발의 소리는 '아'이다. '아~'라는 말을 토해 내기까지의 기본 글자를 알게 만들었다.

기본 글자 공부가 끝나야 단어를 구사하는 공부가 들어가는데, 그것은 제자들이 풀어나가야 하는 것이다.

스스로 개척해 나아가겠다는 의지가 있어야 하고, 포기하지 말고 끝까지 물고 들어가는 질문신명들을 불러들여 묻고 들어가 보라.

질문신명이 있어야 질문도 하는 것이고, 나의 수준에서 제대로 질문하지 않으면 오히려 회로가 꼬일 수 있다.

단어를 만드는 천서를 쓰지 못하면 하늘에서 내려주는 천서를 알 수 없다. 고급신명들과 통하려면 의식 수준도 있어야 하지만 글도 알아야 함이다. 훈민정음은 세종대왕이 만들기 이전부터 존재해 왔던 것을 세종 할아버지가 체계적으로 완성한 것이다.

신들이 거두어들이는 세금

인간세계에서 세금은 당연히 내는 것으로 알고 있고, 또 세금을 너무 많이 거둔다는 불평들 또한 많다.

하늘에는 세금이 없을까?

하늘에서도 세금을 바치라고 한다.

그것을 아는 인간이 얼마나 될까? 세금 종류가 수도 없이 많듯이 신의 세계에도 세금이 많다.

첫 번째가 기도로 돌아다니는 제반 경비들이다. 그것이 첫 번째 세금으로 징수된다. 왜냐하면 신의 도움으로 진행된 일들이 많기 때문이다.

그다음이 사업하는 사람들은 천제 지내는 것을 세금으로 받는다. 절실한 마음과 세금에 비례해서 원하는 금액이 할당된다. 천신제자들은 천제 지내는 비용이 세금으로 부과된다. 그 외 세금의 종류가 수도 없이 많지만 여기까지만 열거한다.

어느 제자는 항시 세금을 내라고 신들이 명한다. 그래서 제자에게 세금을 내라고 그렇게 이야기해도 세금을 내지 않으려고 요리조리 피해 다니다가 결국은 세무조사까지 당했다. 그래서 항시 다람쥐 쳇바퀴 돌듯이 그 자리이다. 어이가 없고 기가 막힌다.

천신들은 공정하다. 신들은 일한 대가는 정확히 계산하여 받고자 한다. 신들을 대변하는 나는 눈치를 봐가면서 세금을 거둔다. 세금을 면제해 주는 것도 있고 감해 주는 경우도 있다.

나는 그 부분들을 다 해주고 있다. 그런데도 제자들은 내 임의대로 하는 줄 안다. 세금을 정확히 매기지 않으면 이자가 좀 세다.

그리고 차압도 들어가고, 경매에 부쳐지기도 한다. 공부하는 제자들은 신의 세계에도 징수라는 것이 있다는 것을 알았으면 한다.

신들의 마음을 알게 된다면, 하지 않아도 될 불필요한 경험은 안 해도 되는데 모르기에 하고들 있다.

자신과 통했는지 각자 점검해 보도록 하자. 하늘에 세금을 내지 않고 간다면 결국 잡신들에게 몇 곱으로 뜯기고 만다. 자식을 치고, 건강을 해치고, 물질을 빼내간다. 그러한 것들이 신들에게 세금을 내지 않고 가기 때문에 일어나는 여러 가지 현상들이다.

지도자의 자격

지도자는 나의 생각이 상대방보다 앞서서는 안 된다.

지도자는 앞장서서 가는 것도 있지만, 뒤에서 어떻게 하면 진도를 나아갈 수 있는지 연구하며 밀어주는 것이 우선이다. 영적 지도자는 나의 인생보다 제자들의 인생을 먼저 앞세워주어야 한다.

제자들에게 말해 주고 싶다.

나도 가정을 갖고 있고 나의 개인적 삶을 즐기고 싶다고.

그러나 나는 어느 날인가부터 가정이란 단어를 잊어버리고 나의 개인적 가치 기준도 잃어버렸다.

무엇 때문에?

우선은 나의 선택도 있었다. 영성공부를 시작하면서 서서히 가정이란 단어를 나의 뒤로 물러나게 만들었고, 개인적인 삶도 등 뒤로 돌려버렸다. 그때는 그것이 최선이라고 믿었고 그렇게 하는 것이 당연하다고 선택했기에, 나의 선택에 대한 책임을 지려고 열심히 죽도록 노력하였다. 천직이라는 미명하에.

그러나 그것은 아닌 것 같다. 나는 그냥 이 직업이 좋았다. 나의 개인적인 삶보다 제자들의 삶을 봐주는 것이 그냥 좋았다.

그렇다고 마냥 좋았던 것은 아니다. 마음의 부담을 누가 알리요. 나의 생각도 없이 열심히 앞만 보고 여기까지 왔다. 그것이 좋았고, 그것이 행복의 기준이었으니까.

지도자라는 인자가 나를 그렇게 만들었다. 지도자 자격 갖춤을 만들어주기에 나의 생각의 뇌를 그렇게 움직이게 만들었던 것이다. 알고 보니 그것도 나의 생각이 아니라 하늘에서 그렇게 뇌를 조정하였던 것이다. 하늘과 땅과 우주의 대변자를 만들기 위해 나의 생각의 인자를 돌렸던 것이다.

지금도 생각한다.

나의 생각으로 여기까지 온 것이 아니라면 도와달라고!

지도자는 나의 삶이 아니라 상대방의 삶을 중요시 여겨야 하는데 내 가정에서는 나에게 얼마나 많이 섭섭할까?

다행히 이해해 주기에 나는 오늘도 묵묵히 나의 길을 가고 있을 뿐이다.

신들의 보복

신들은 인간에게 여러 가지 방법을 동원하여 자신들의 존재에 대해 알리려고 많은 노력들을 한다.

그런데 인간은 신들의 존재에 대해 대부분 터무니없이 부인하기에 신들이 반란을 일으켜 보복을 감행한다.

인간들이 수없이 당하는 고통 중 하나가 재물이다.

갖은 방법을 동원하여 재물을 수거하여 간다.

어느 정도 재물을 잃어도 이 정도는 아직은 괜찮다 하며, 여유로움을 즐기다 서서히 자신도 모르는 사이에 재물은 고갈되고, 막다른 골목에 내몰려서도 여유를 부린다.

참 이상하게도 벼랑 끝에 서서야 내가 왜 이 상황까지 왔느냐고 눈물로 호소한다. 나 역시 이러한 과정을 겪었기에 말할 수 있다.

부탁한다.

내 안의 신들에게 보복당하지 않기를.

명분 있는 천제

 이번 천제를 주관하면서 뿌듯하면서 마음도 같이 아파온다. 내가 어떤 권리 행사를 하려면 거기에 맞는 제복을 입어야 하고 명패가 있어야 한다.
 이번에 제자들에게 명패를 달아주고자 하였지만, 제자들의 흐트러진 마음들로 나의 손목이 자유롭지 못하다. 해보면 아는데 결국은 자기 자신들의 불만들이 신들의 불만이라는 것을. 신들이 존재하고 있다는 것을 눈으로 확인하라고. 그런데 결국 방해자의 신에게 발목이 잡힌 제자들이 몇 명 있었다.
 방해자의 신들이 인간 자신에게 어떻게 마음을 갖게 하는지도 모르고 결국 그 함정에 빠져서는 그것이 자신의 것이라는 착각 속에 앞으로 한 발자국도 나아가지 못하고 있다.
 이제는 제자들을 탓하지 않으련다. 머리 다 큰 자식보고 이래라 저래라 해봐야 이미 머리 컸다고 귀를 막는다.
 본인들이 부모에게 했던 생각들이 영성공부 막바지에서 나온다. 막바지 선을 넘어간다면 그 앞에 무지개가 있는데, 그 무지개를 생각하지 못하는 것 같다. 오히려 영성공부 안 한 타인들이 제대로 받아가고 만다.
 제자들에게 고한다.
 내가 너희 신들을 대변해 주고 있다는 것을 잊지 말라.
 그것도 본인의 선택이기에 무심히 한마디 하고 지나간다.
 이미 방해자의 신들에게 점령당했기에 이야기해 보아야 내 입만 아프고 공 테이프 돌아가는 소리만 들린다.
  제자들 각자가 포기시키지 않는 신명들을 챙겨 넣었으면 한다.
  포기시키지 않는 신명들이 곳곳에 숨어 있다면 앞으로 내세워라.
  그래야 편안함에 안주하지 않고 마음이 썩지 않을 것이다.
  항시 마음의 칼을 가는 장치가 녹슬지 않기를 바란다.

앉아야 하는 자리

　내부 신과 외부 신들이 결속되어 인간들을 정상의 자리에 앉혀주고자 노력한다. 천신들은 기회를 준다. 수도 없이 기회를 주고, 결정적인 기회도 준다. 또다시 기회를 준다. 그리고 또 기회를 준다. 그런데 인간이 게을러 준비하지 않기에 기회를 놓치는 것이다.
　나는 이 자리에 오기까지 끊임없이 주어진 기회를 내 것으로 만들고자 노력하였고, 내 것으로 만들었다. 정당한 거래를 터서 내 것으로 인정받았다.
　제자들에게 이야기해 준다. 어느 자리에 앉든 리더가 되라고. 영성공부한 제자들은 그렇게 해야 한다.
　항시 내 육신에 거주하는 신들도 있어야 하지만, 필요치 않은 신들은 분리하여 보내야 인간 본연의 삶을 살 수 있다. 왜냐하면 조상신들 정보로 인간이 살아가는 데 불필요한 경험을 너무 많이 하게 되면 정신세계가 무너진다.
　올해 진행하는 의식은 그러한 작업을 해주는 것이다. 불필요한 신들로 인해 인간이 황폐해지는 것을 막고자 천신으로 승급시켜 올려 보내주는 천제이다.
　목전에서 조상신들에게 진 제자들이 안타깝다. 제자들에게 나를 믿지 말라고 하는 것은 영성공부 지도는 연극이 많기 때문이다. 천신 교관 대역 받아가며 영적 공부를 지도하는 방식이다. 천신 대역 받아 지도하는 방식은 어느 누구의 교관이 들어와 있는지 모르기에 나를 믿지 말라고 한 것이다. 1:1로 상담받을 때는 믿어도 된다.

그 제자들이 여기까지 올 수 있을까 했는데 왔다. 지금까지 공부시킨 신들을(학생들) 천신으로 입적시키면 더 이상 신들의 심부름꾼으로 안 살아도 되는데, 막바지에 와서 결국은 인간이 졌다.

천신제자는 강한 의지와 배짱이 있어라. 천신제자는 하늘과 우주와 싸워서 이겨야 한다. 하늘과 우주와 대적하여 이기지 못한다면 하늘은 그 제자에게 투자하지 않는다.

공부하다 보면 하늘에서 의구심이 들어오는 공부를 내려줄 때가 있다. 그때는 선생을 믿고 들어와야 된다. 의문이 들어오는 공부를 내려받았을 때 탈락하고 싶지 않으면 이 시기에는 가르치는 선생을 믿고 들어와야 된다. 그렇게 하지 않으면 제자는 결국 하늘과 자신을 믿지 않게 된다. 본인의 이익으로 기복으로 공부하는 척만 했다는 것이다.

소감들이 거짓이었음이 안타깝다. 영성공부를 처음 시작하였을 때 나를 응원해 주는 내 천신교관들, 내부 신들의 도움이 있었고, 오늘도 나를 응원해 주는 내부 신이 있다. 내부 신들은 언제나 나에게 오늘도 파이팅, 파이팅 해준다. 아자~아자~아자!

내부 신이 도움을 주면 외부 신들도 도움을 주고자 다가온다. 나도 그곳에 끼어달라고. 그러나 나는 아무렇게나 외부 신을 넣지 않는다. 외부 신을 잘못 넣으면 나의 영역이 와해되기 때문이다.

탈락한 제자들은 응원해 주는 내부 신들을 왜 키우지 못했나? 탈락한 제자들은 다시금 자신의 내면을 잘 살펴봐야 할 것이다. 또다시 시작해야 하는, 탈락한 제자들을 보면 한숨이 저절로 나온다.

앉는 자리는 내가 만드는 것이다.

신들의 전쟁

이따금씩 무당제자를 가르치다 보면 희한한 신들과의 전쟁을 치르는 상황이 벌어지곤 한다.

무당신들은 포용이랄까, 자신을 내리는 개념이 아주 약한 것 같다. 영적인 공부를 시작하기 전 무당제자 신들과 합의가 들어가고, 합의가 끝나면 영적 공부가 들어간다. 무당제자들은 신들을 가르치는 것에 부족함을 느끼고 기껏 공부를 가르치고 나면 뒤에서 영적으로 가르치는 자를 치려고(죽인다는 표현이 맞을 것 같다) 한다.

무당제자를 영적으로 가르친 적이 있었다. 그런데 그 무당제자는 누군가를 사주해서 나를 죽이려고 신들과의 전쟁을 선포한다. 참으로 어이 없다. 내 앞에서는 생글생글 웃으며 좋아한다고 하면서 뒤에서는 신들 작업을 한다.

처음에는 측은지심으로 봐주었지만 언제부터인가 결심을 한다. 이제는 무당신들을 자폭시켜야겠다고. 그러고는 자폭시키는 작업에 들어간다. 하늘은 합하는 것을 좋아한다. 서로가 도와주며 가는 것을 원하기에 그렇게 해주었다.

하지만 이제는 웃전에 고한다. 그만합시다. 그리고 그 무당제자들의 신들을 하나씩 하나씩 잡아들이기로 합의를 보고 작업에 들어갔다.

나에게는 신들을 사냥하는 사냥신이 있다. 이제 신들을 잡아오라고 신들 사냥꾼들에게 신 사냥 나가라고 명한다.

못된 신들을 모조리 잡아 감옥에 가두고 법으로 다스리자고. 인간세상에서도 대통령이 잘못하면 법의 심판을 받는다.

　내게는 하늘의 법을 사용할 수 있는 법신이 존재한다.

　제자들은 내가 수화로 신들을 다루는지 아무도 모르나 보다. 나는 행동-손가락, 발동작, 입이나 미간의 움직임 등-으로 신들을 움직인다.

　때론 일어나지도 못하게, 때론 멍청하게, 때론 똑똑하게.

　그 상황을 수화로 다룬다는 것을.

신명들의 활동

지금까지 신명 축원를 진행하면서 나 또한 즐거웠다.

배우는 시기에는 아무것도 몰라 기피하였던 부분들을 속시원히 일사천리로 진행하게 되니 참으로 큰 축복이다.

이렇게 큰 축복이 또다시 올까 싶지만 이 시간은 이 사건으로 만족하자.

육신의 껍데기에 집착하여 내 것인 양 도도하게 놀았던 부분들이 세포의 한 부분이라는 것을 안다면 참으로 좋을 것을.

내 자연의 세계는 상상을 초월하는 무궁무진한 세상이 있다.

인간들이 그 무궁무진한 세계를 안다면 기절초풍하겠지만, 자연신과 교류해 경험하고 그 세계를 알아주었으면 한다.

신명이 활발히 움직여주니 행복하다.

저승세계는 어디 있을까?

많은 사람들이 막연히 "저승세계는 어디에 있을까?" 하고 궁금해 한다. 땅속 저 깊은 곳 어디일 거라는 사람이 있는가 하면, 구름 저 너머 어디일 거라고 말하는 사람도 있다.

지하세계는 하단전 밑에 존재한다. 사람은 여자의 자궁에서 정자와 난자가 만나 10개월이라는 시간을 두고 인간세계에 나온다.

천상세계로 올려 보내는 천도재도 있지만, 영들을 닦아내 주는 영성 정화제라는 것도 있다. 오늘은 저승세계에서 자손들에게 울부짖는 여인의 영성 정화제를 지내주었다.

조상들의 아픈 마음을 닦아주면 저절로 천도가 된다. 그들의 애달픈 마음을 정화시켜 주면 저절로 제자리로 찾아간다.

진심으로 신명들의 마음을 사는 자가 되자.

하늘의 마음을 사는 자가 되자.

주어진 배역

영적 지도자는 어떤 역할을 맡더라도 거부할 수 없다.

여러 가지 역할이 있겠지만 내 단골 배역은 악역이다. 배우들은 어느 역할을 맡아도 그 역에 감사하고 주어진 역할에 최선을 다해 열연한다. 나 역시 그러하다.

영적으로 공부를 가르치다 보면 하늘은 수많은 배역 중에 언제나 악역을 준다. 영적으로 지도한다는 것은 하늘과 짜고 수행을 시키는 것이다. 그 제자의 프로그램은 이미 하늘에서 다 짜놓고 주어진 상황에서 어떻게 어느 정도 해내는지 시험하는 것이다.

이왕이면 제자들이 평탄하게 1단계에서 합격했으면 한다. 어려운 시험에 번번이 고생하지 말라고 초장부터 고된 수행을 시킨다.

그러나 제자들은 고된 수행 과정이 본인에게 닥친 시험 과목인 줄 모르고 탈락한다. 내가 앞으로 이러한 시험관문이 기다리니 담담히, 또 열심히 임하라고 아무리 힌트를 주어도 결국은 탈락한다.

하늘은 인간으로서 제자 본인의 생각을 무시한다. 왜냐하면 하늘의 대변자를 만드는 과정에서 "내 생각은 이렇습니다!" 하는 것은 인간을 대변하는 것이지 하늘을 대변하는 것은 아니기 때문이다.

영성공부는 인간의 생각을 철저하게 공으로 만드는 공부이다. 그래서 영적으로 공부할 때 인간의 생각은 아무리 옳아도 받아주지 않는 것이고, 공부가 끝나면 그때에 가서 인간의 생각도 반영한다.

나는 또다시 신명들과 타협한다. 재시험을 치르게 해달라고. 그래서 간신히 합격하게 만들어놓으면 또 스스로 탈락하는 상황이 벌어진다. 수행이 진심이었는지 하늘이 확인하는 것인데 대부분 그 점검에서 미끄러진다. 물의 온도가 99도까지 올라가도 팔팔 끓으려면 마지막 1도가 있어야 함을 모르는 것이다.

웅천마음선원은 본인들의 신명들을 키우고 잡신들을 공부시켜 성장시켜 주는 곳이지, 운명을 점쳐 주는 곳이 아니다. 신명 구성원들이 제대로 서 있다면 운명을 점치러 다닐 필요가 없다.

하늘을 친구 삼아, 경쟁자 삼아, 부모 삼아, 애인 삼아 배우고 성장하는 곳이 마음선원이다.

하늘에서 일러주는 정보를 명심하고 긴장하되 경직되지 않고, 그 자리에서 열심히 산다면 굳이 사주팔자를 보러 다닐 필요가 있는가? 내면에서 알아서 해주는데.

이제 하늘과 우주에 고한다. 앞으로 나의 역할은 내가 알아서 정하겠다고. 악역을 맡으라고 해도 내가 싫으면 안 하겠노라고.

이제부터 함부로 측은지심을 내지 말라고 나의 신명들에게 명한다. 제자들이 이 단계에 올라오기까지 숱한 악역을 자처하고 도맡아 해냈으니 말이다.

그래도 아직 희망을 버리지 못하는 걸 보니 신명이 인간을 닮고 인간이 신명을 닮아감이 아닐까.

내 신명들을 너무 혹독하게 일을 시키지 말아야겠다. 신명이 지치면 인간도 녹초가 되어간다.

하늘에 고한다. 천신제자를 배출하는 것도 중요하지만, 이제는 나 자신도 중요합니다. 내가 살아야 하늘도, 우주도 삽니다.

그래서 이제부터 가끔씩은 '나'로서 살 것입니다.

가장 영적인 것이 가장 인간적인 것이니 말입니다.

영적 수화

말 못 하는 사람들은 소통하기 위해 그들의 손을 사용하는데, 그것을 수화라고 한다.

그들은 열 손가락과 손바닥을 자유자재로 구사하며 상대방에게 자신의 의사를 표현한다.

나 역시 영성으로 수화를 한다. 인간이 수화를 사용하는 것은 이미 하늘에 수화라는 것이 있기 때문이다.

지금까지 공부하다 나간 제자들은 수화공부를 시작도 못 하고 탈락했다. 수화가 얼마나 중요한 부분을 차지하는지 모르고 말이다.

나는 때때로, 신들과 수화로 대화한다.

우주공부를 한다는 것은?

우주공부를 한다는 것은 자신의 생각은 닫고 자신이 죽어야 찾을 수 있으며, 스스로 어느 경지인지 모르게 되는 것이며, 나에게 보이는 것은 모두 하늘이다.
평가를 받는다.
깨달음은 보는 사람의 수준마다 보는 눈이 서로 다르기에 깨닫는 것은 한계가 없는 것이며, 우주 공간에 있는 어떤 것을 스스로 읽는 수준이며, 열두 가지 하늘의 은사를 받는 것이며, 인간으로는 상상조차 할 수 없는 것이며, 깨달음의 맛은 마음의 눈으로 보는 것을 알게 되며, 스스로 사람을 치유하고 마음을 바꿔주는 일을 하며, 무엇이든 화두가 있으면 자연스럽게 영의 세계의 문을 열어줄 수 있는 차원이 되며, 말로 하거나 생각만 갖고도 상대방에게 천기를 내려주는 위치에 있는 것이며, 우주 만물의 조화를 점검할 수 있으며, 천부경의 조화를 알게 되며, 이미 준비되어 있는 자신의 모습을 발견하는 것이며, 보지 않아도 알 수 있는 것이며, 항상 깨어 있는 것이며, 보이지 않는 세계를 갖게 되는 것이다.
우주에서 한쪽을 떼어다 놓은 것처럼 소우주가 되는 것이며, 신명을 알려고 하지 않아도 아는 것이며, 하늘의 조화를 아는 것이다.

확실한 거래

　제자들의 기도와 공부를 지도한다는 명분하에 나의 축원은 잊었다.
　제자들과 동행하는 기도는 제자들을 지켜주기 바빠서, 나의 것은 언제나 한쪽에 웅크리게 만들어놓았다.
　이제는 나의 코가 석자이기에 산신과 담합하기로 했다. 신장들을 내세워서.
　할배여, 예전에는 제자들 때문에 제물을 그냥 주었으나 오늘은 확실한 대답 없이는 할배가 원하는 것을 쉽게 내놓을 수 없으니 확실히 내가 원하는 것을 해줄 수 있으면 해줄 수 있다고 답을 주시고, 그렇지 않으면 나는 저 많은 제물들을 들고 돌아가겠다고 협박했다.
　팽팽한 접전에 들어갔다. 신들이 하도 거짓말들을 잘하기 때문에 정확하게 타진하지 않으면 오히려 내가 어리석은 자라고 놀림을 당한다.
　어린 동자를 실어 남자 제자에게 협상을 시켰다. 역시나 동자라고 할배가 뭉뚱그려 해준다고 약속한다. 동자들이 해달라고 조르면 우선 해준다고 안심시키고 돌려보내는 산신 할배들이 많아, 이번에는 남자 제자에게 신들과 거래는 어떻게 해야 하는지, 장난을 어떻게 치고 들어오는지 알려주기 위해 긴 시간을 할애했다.
　확실히 신과의 거래는 어떻게 해야 하는지 천문을 열어 할배와 통하게 해주어 거래하는 법을 공부시켜 주었다. 남자 제자가 얼마를 받아가는지 그건 제자 몫이다.

천문을 열어 신들과 교신하게 해주는 것도 모르는 제자들을 보면 답답하다.

묻지를 않는다.

왜! 왜! 왜!

영성공부의 기본은 왜!라고 했는데 기본을 무시하고 가니 진도를 나갈 수 없다.

먼지만큼의 일들

나는 수많은 영들을 알려주기 위해 많은 악역을 서슴지 않고 행한다. 내가 그 악역을 하지 않으면 제자들이 영의 흐름을 알 수 있는 공부를 내려받을 수 없다.

제자들은 나의 언행들이 본인 인간들을 책하는 줄 알고 수없이 나를 원망하고 뒤에서 수많은 협잡질을 해댄다.

나 또한 영성으로 공부 받는 시기에 지도해 주신 분을 이기지 못해 혼자서 수없이 분을 삭이며 가슴을 터트린 적이 한두 번이 아니었다. 그래도 다시 한 번 마음을 고쳐먹기를 수백 번.

영성공부는 사람을 가르치는 공부가 아니라, 나의 영들과 신명들을 교육시키기 위해, 올바른 신명들을 좌정시켜 주기 위해 수없이 채찍질을 해주는 거다 하고, 최면을 걸면서 중심을 잡고 피눈물 나는 수행을 하였다. 그러한 공부 방식이 영적 내공을 갖추는 데 필수 과정이란 것을 알게 되었다.

어느 날 하늘에서 천신제자들을 보내니, 제자들을 지도하면서 열두 가지 은사의 힘이 무엇인지 확실히 알아내라고 하신다. 또한 빼먹은 공부가 무엇인지 확인하고, 빼먹은 공부는 다시 채워두라고 엄명을 내리신다. 지금은 열두 가지 능력을 부여받아 능력을 자유로이 행하게 되었다.

이제 제자들을 공부시켜 가면서 내가 해왔던 수많은 상황들을 제자들이 똑같이 행할 때 웃음도 나고, 나를 지도해 준 분에게 잠시 죄송함을 가져본다.

이미 경험을 마치고 앞서서 보니 웃음이 난다. 제자들 마음을 이해는 하지만 하늘에서는 그 마음을 용서해 주지 않기에 제자들의 공부 진도가 나가지 않을 때는 답답하기가 이루 말할 수 없다.

제자들이 영성으로 공부하면서 나에 대한 온갖 비리들을 입으로 토해 낼 때, 먼지만큼의 일들이기에 '허허' 하고 웃어넘겼다.

하늘에서 우주에서 가상으로 만든 시나리오에서 무엇이 분노를, 화를 낼 수 있다는 말인가? 그냥 영화 한 편 찍었을 뿐인데.

제자들은 내가 분노를 가지고 있다고 착각들을 하지만, 나에게는 아주 작은 먼지 같은 일들이다. 그래서 선지자들이 티끌만 한 일을 가지고 왜 그러냐 하는 것이다.

세상을 먼지 털듯이 살아간다면 서로에게 얼마나 넉넉하고 부드러운 세상이 될 것인가?

천신제자들이여!

인간으로 태어났으니 열심히 살다 가면 되는 거라고 착각하지 말고, 왜 태어났을까? 태어난 이유를 알려고 열심히 노력해야 한다.

인간세계에 태어난 이유를 내려받았으면 열심히 최선을 다해 살아야 한다.

그리고 꿈과 열정을 설정해 놓아라!

그 꿈을 위해 열정을 가지고 최선을 다해 살자.

그럼 영들이 성장할 것이다.

먼지 털듯이 살자!

신들의 삶, 인간의 삶

언제부터인가 신들에게 물어본다.

신들의 삶을 살아주었으면 신들도 인간의 삶을 인정하고 인간의 삶을 도와달라고.

신들의 삶, 인간의 삶.

공존하는 곳이 내가 만든 사주카페다.

나는 사주카페에서 신들의 삶도 살아주고, 신들에게는 인간의 삶을 협조해 달라고 한다.

길 잃은 젊은이

구의동 사무실 잔금을 받는데 전화가 왔다. 현재 선원 앞에 있는데 문이 안 열린다고. 하필 선원 문 닫는 이 시간에 상담하고 싶다고 전화가 오는가? 5분만 늦어도 고모리 농장으로 출발했을 텐데.

암튼 10분만 기다리라 하고, 선원으로 가보니 젊은 총각이 서성인다. 왠지 그냥 보내면 좋았을 걸 하는 슬픈 생각이 들어온다.

옆에 있는 커피숍으로 데리고 들어가 거두절미하고 상담은 왜 하고 싶냐고 했다. 출소한 지 며칠 안 되었는데 마음이 불안해서 상담하고 싶다고 한다.

상담비를 받아야 하는데 오히려 내가 돈을 줘야 할 상황이었다. 처음에는 남의 돈을 훔치다 잡혀서 초범이라 벌금으로 끝났는데, 두 번째는 재범으로 1년간 형을 살았다고 한다.

왜 이 상황까지 갔는지 탐색해 보니 청년에게는 놀기 좋아하는 철딱서니 없는 동자가 있어 인간을 조종하고 있었다.

토마토 주스를 사 먹이고, 점심은 무엇을 먹고 싶으냐고 했더니 짜장면이 먹고 싶다고 하여, 중국집에 들어가 삼선 짜장면을 사 먹이며 대화해 본다.

노는 것이 마냥 좋아 대책 없이 젊은 시간을 보낸 철부지 청년. 돈을 벌면 유흥비로 탕진하기 바빴단다.

부모님은 어디에 계시냐 했더니 모른단다. 학생 때부터 지지리도 부모 속을 썩혔는지, 이사하고 주소조차 알려주지 않았나 보다.

청년에게 지리산에 가서 심마니들을 만나 약초에 대해서 배우라고 이야기해 준 뒤 선택은 본인이 알아서 하는 것이라고 했다.

청년에게 지리산 가는 여비라고 10만 원을 주면서, "이 돈은 이제부터 네 돈이야. 이 돈을 가지고 지리산을 가든 안 가든 네 마음이야. 그런데 지리산으로 갔으면 좋겠다. 그곳에서 3년만 인내하고 살아. 너는 인내심이 부족해 지금까지 인생 종치고 살아왔지만, 이제부터는 인내심을 배우자. 인내심을 배우지 않으면 재범이 삼범, 사범, 십범, 십오범 되는 건 시간문제야. 그러니 이제부터 지리산 할매에게 의지해 가면서 인내심을 배워. 사주팔자는 잘 타고 났는데 인내심 하나 부족해서 인생 망치면 되겠니? 구치소에서 배운 게 많겠지. 구치소에는 목사나 스님, 신부들 그런 분들이 와서 좋은 설교 많이 하고 가지? 아무리 좋은 말들 많이 하면 뭐 하니? 정말 중요한 것은 실천이지. 이제부터 실천하는 자가 돼볼래? 그러나 선택은 너의 몫이니 알아서 해"라고 했다.

그리고 그 길로 고모리로 향했고 가구들에 페인트를 칠하고 있는데 전화가 왔다.

"저 지리산 터미널에 도착했어요."

첫마디에 "고맙네" 했더니, 그곳에 비가 온단다. 사우나에 가서 뜨뜻하게 자고 아침에 일어나서 지리산 가는 길 물어서 올라가라고 한 뒤 전화를 끊었다.

그 청년은 제대로 교육을 못 받아 지금까지 이렇다 할 직업 없이 시간만 낭비했는데 산속에 들어가 제대로 약초공부하면 낭비한 시간들이 결국은 과정이란 것을 알게 될 것이다.

인내심만 키운다면 잠재된 능력이 빛을 발할 것이다.

부족한 자식

유치장에서 출소한 지 두 달이 조금 넘었다. 가지고 나온 돈이야 통장에 얼마 있는데 떨어지기 쉬운 돈이다.

부모는 아예 연락도 안 되는 상황이라 지리산으로 보내기는 했는데, 어떻게든 그곳에서 지내기야 하겠지만, 많은 사람들의 홍수 정보를 가려들을 수 있을지 또 그것이 걱정이다.

오늘 아침에 전화가 왔다. 감옥에 있을 때는 의료보험료를 안 내도 상관 없었는데, 출소하면 보험료를 내야 한다고 공단에서 전화가 왔다고 한다. 의료비를 공단에 내지 않으면 통장을 정지시킨다고 한다면서 현재 그렇게 되었다고.

의료비는 내줄 테니 밥은 절대 굶지 말라고 하고 계좌번호 보내라 했더니, "이렇게 신세 져서 안 되는데…" 조심히 말한다.

그럼 아들 해라 했더니 냉큼 "어머님" 하고 부른다. 그 어머님이란 단어를 얼마나 불러보고 싶었던 아이였는지 경험 못 해본 사람은 모른다.

철부지 망나니로 살면서 부모님 귀한 줄 모르다 이제 철이 들어 부모님을 찾으니 찾을 수 없고, 어머님이란 단어를 불러보고 싶어도 불러보지 못하는 철없는 자식의 마음.

이 아이가 약초꾼으로 잘 성장한다면 본인 인생길 잘 찾아 들어간 것이고, 중도에 포기한다면 또 다른 길을 찾아야겠지.

그곳에서 사람들과 어울리다 보면 돈 벌 수 있는 방법도 찾아지니 너무 급하게 서둘지 마라.

그리고 간간이 안부나 메시지로 보내라.

그리고 나중을 기약해 두었다.

여러 사람들을 상담해 주었지만, 유치장에서 출소하여 마음이 불안하여 마음선원 찾은 놈은 처음이다. 이 아이가 약초꾼으로 가기만 해준다면 나하고 좋은 동업자가 될 것이다.

가장 쉬운 것?

TV에 '달인'이라는 프로그램이 있다. 그 사람들은 자기 직업에 프로의식이 있어서 어떻게 하면 시간이 절약되고, 어떻게 하면 편하게 할 수 있나 나름대로 연구도 많이 하고 실천해 가면서 노력들을 했다고 겸손히 말한다.

시간이 흐르면, 그네들은 본인들이 남들보다 더 잘하고 있다는 것을 의식하지 않은 채 일상생활을 해나갔다.

인터뷰하는 것을 들어보면 어떻게 하다 보니 이렇게 되었다고 겸손하고 소탈하게 이야기들을 한다.

나도 그렇게 말할 것 같다. 도 닦는 것이 제일 쉬운 거라고···.

자기 분야에 책임감 가지고 열심히 성실하게 임하다 보면 자기 분야는 확실하게 지키는 것 같다.

이렇게 말하고 싶다. 도 닦는 것이 제일 쉽다고. 그리고 제일 어려운 것은 인간관계 유지하는 것과 목구멍이 포도청이라고.

포도청 해결하는 일이 제일 어려운 것 같다고?

결혼해서 평생 해로하는 일이 도 닦는 일보다 더 어렵다고.

길거리에서 도를 아세요? 하고 묻는 남녀를 보게 된다.

과연 그들은 도를 제대로 알고 말하는 건가?

도가 과연 무엇일까?

의문을 가져본다.

내가 도를 닦는다고 수행할 때는 이렇게 저렇게 해야 한다고 해서 따라해 보았고, 따라하다 보니 내 나름대로의 방법이 신들과 소통되어 깨달음을 가지게 되었다.

도는 사람이 제대로 된 시점에서 닦아야 한다는 것을 알았고, 사람이 되어야 어떤 굴욕도 이겨낼 수 있다는 것도 알았다.

말은 쉽게 하는 것 같지만, 수행 단계에서는 걷어치우고 싶은 생각이 초 단위로 들어오고, 초 단위로 들어오는 수많은 유혹을 물리치고 현재 이 자리에 서게 되었다.

TV에서 달인들의 인터뷰를 들어보면 겸손하다. 그 자리에 있어 보았기 때문에 할 수 있는 소감들이다.

나는 이제 어려운 것에 새로이 도전해 보려고 한다.

도를 닦는 것이 포도청 해결과 거리가 먼 것이라면, 이젠 사람으로서 가장 어려운 것에 도전해 보려고 한다.

수행하면서 짬짬이 연구해 둔 비장의 무기를 쓰려고 한다. 잘될 거라고 생각하지 않지만 그래도 사람으로서 삶을 다시 시작하는 시점에서 출발은 좋은 것 같다.

도를 닦으려면 '왜?'라는 질문을 하고 닦아야 한다. 그리고 어느 시점까지 닦아야 하는지 생각해야 한다.

직장을 가진 자가 도를 닦는 일에 깊이 빠지면 직장생활을 제대로 하기 어렵고, 가정주부도 마찬가지다.

종교를 갖는 것도 어느 선을 지켜야 한다. 도 닦는 것도 그렇다.

내면에 그러한 신들이 존재하여 수행한다지만, 신들에게 휘둘려 평생 도 닦는 것에 종교에 심취하면 안 된다.

주장신이 누군지 알아야 하고, 주장신이 너무 많아 직업을 많이 갖는 자도 있다. 그런 자들은 꼭 영을 다루는 자를 만나서 주장신을 하나로 정리해야 하고, 정리를 받으면 삶을 우왕좌왕하지 않게 되며,

천직으로 가지 않으려면 어느 선까지 정해 놓고 해야 한다.

　종교에 너무 심취하여 주변을 힘들게 하는 자들도 간간이 뉴스에서 듣는다. 그런 것 같다. 어느 한 분야로 한눈 팔지 않고 가다 보면 그 일이 제일 쉽다고 표현하게 된다.

　난 도 닦는 것이 쉽다고 표현하지만 어떤 사람들은 그렇게 어려운 수행을 어떻게 하셨느냐고 반문들을 한다.

　한 직장에서 정년퇴직하는 것보다 쉽고, 한 가정을 지키는 것보다 더 쉬운 것이 도 닦는 거라고 답해 준다.

　고지에 올라보면 내려오기도 해야 한다.

　그리고 다시 시작하는 것에 대한 두려움이 없어야 한다.

　삶이란 산 넘어 산이기 때문이다.

　하나의 산을 넘으면, 또 다른 산이 기다리고 있고, 오른 산 정상을 미련 없이 내려올 수 있는 배짱도 있어야 한다. 그래야 새로운 산을 다시 오를 준비를 할 수 있다.

　난 오늘도 산 정상에서 내려와 또 다른 산을 오를 준비를 한다.

정치인의 사주

영성공부를 하면서 정치인 사주는 봐주지 말라는 엄명이 있었다. 그래서 정치인들과는 담을 쌓고 있었는데, 어제는 정치인 부인이 상담을 청한다. 잠시 난감했지만 상담하기로 하고 이름을 물었다. 난감하다. 종점에 도착한 정치인에게 해줄 말이 없다.

한참 말을 못하다 부인의 이름을 대라 하니 그제야 답답한 마음이 풀어지면서 이야기를 해준다.

부인 이름을 신명들에게 고하니, 이 여인의 처방전은 혼자서 대성통곡하면 지금의 최악에서 다행히 벗어날 수 있다는 쾌를 내주었다.

부인에게 혼자서 지금의 억울함을 통곡으로 해결해야겠네요 했더니 눈물을 흘리면서 너무 억울해서 병이 날 지경이라고 한다.

분하고 서럽고 억울하고.

이렇게 말해 준다.

결국은 당신들이 바보지요.

알면서도 나에게는 그렇게 안 하겠지 하다가 당한 건데 어쩌겠는가?

개인적으로 정치인들을 좋아하지 않는다. 달면 삼키고, 쓰면 뱉는 것이 정치인들이다. 물론 꼭 정치인들만 그런 것은 아니지만.

천신들이 나에게 영성공부시키면서 정치인들은 상담하지 말라는 엄명을 내렸다. 그러한 명이 내려와 그렇게 한 것인데, 이 여인은 상담을 안 해주면 세상을 등질 것 같아 대화를 해주었다. 모 대통령의 형과 같은 국회의원에게 10여 년간 당했다고 한다.

내가 답해 준다. 그 사람에게 종살이 당하고 결국은 단물 다 빨아 먹히고 쫓겨난 형국이 되어버린 남편이 불쌍하고 측은하지만 정치에 입문하면서 남편이 진 빚이 너무 많아 감당하기 어렵다고 살짝 남편을 원망한다.

남편 사주는 타인을 키워주고 본인은 덕이 쌓이지 않는 사주라 인간세계에서 버티기 아주 힘들다.

이 사주는 차라리 교직자가 되어 명예를 얻는 것이 수월한데 자신의 길을 제대로 찾지 못해 주변의 마음고생이 심하다.

부인에게 살아갈 수 있는 처방을 찾아주었더니 남편과 같이하면 안 되냐고 되묻기에 그럼 더더욱 좋다고 말했다.

꼭 남편과 같이 가세요. 더 좋은 일이 있을 거라고 해주고, 정치를 하려면 하늘에 기도를 해야 합니다.

조상 명이 떨어지면 가능하다고 팁을 주어 보냈다.

쉽게 영의 세계를 알려면

 마음과 신체가 건강한 제자는 영의 세계를 쉽게 알 수 있다. 건강이 받쳐주어야 들어오는 생각, 나가는 생각이 부작용을 안 낳는다. 지금껏 제자들에게 건강을 잃어가면서 공부하지 말라고 했다.
 몸이 아프면 부정적인 생각이 뇌를 점령하므로 건설적인 생각은 미련 없이 이동하기 때문이다.
 영의 세계를 알고자 한다면 어느 누구에게나 배운다는 생각을 해야 된다.
 남자 제자가 하는 말이, 살아가는 것이 바닥이라고. 그러면서 신명 세계에 물어보았다고 한다.
 5월까지 기다려보라고, 시간이 흘러가면서 이 시점이 바닥이겠거니 더 이상 더 바닥으로 내려갈 수도 없을 거라고 했는데, 그 바닥에서 더 바닥으로 내려가더라고. 더 이상 살아가기 힘들어 또 물어보았다고 한다.
 여기에서 더 바닥으로 내려가면 안 된다고. 신명들에게 물어봐도 5월까지 기다리라는 말밖에 없기에 믿었고, 5월이 들어서니 정말 학원생이 한 명, 두 명씩 들어오면서 예전 학원생들보다 수준이 더 나은 아이들이 학원에 들어오더라는 제자의 말을 들었다.
 그렇다. 자기의 신명들의 말을 믿어야 한다. 그래서 어떤 고난과 슬픔, 고통이 오더라도 참고 인내하고, 처음 시점이 내 잘못으로 시작되었다는 것을 긍정하고 인정해야 영의 세계를 알 수 있다.
 또한 영의 세계를 알고자 해서 알 수 있는 것은 아니다. 하늘에 믿고 맡겨야 한다. 영의 세계는 모든 사물과 대화할 수 있는 세계이다.

지혜가 있으면 영의 세계를 빨리 알 수 있고, 지혜가 있으면 영은 자기 것이라 한다.

제 5 장

인내하는 자가 하늘을 이긴다

내면은 자신을 유혹할 때가 많다

나의 내면 구성원은 제대로 되어 있는지 점검해 본다.

내면이 잘되어 있는 것을 방해하는 악신은 어느 곳에 숨어 있는지, 숨어 있는 것을 찾아낸다면 나의 의지로 정리할 수 있는지.

내면의 좋은 것과 나쁜 것을 5:5로 구성해 놓으면 어느 쪽 내면이 이길까? 아마도 5:5 구성이 나의 이기적인 판단으로 흘러가면 탁한 기운이 발동 걸릴 것이고, 내 자신의 이익을 고려하지 않고 판단하면 발전적인 참 신이 좌정할 것이다.

스스로에게 두 가지 마음을 어떻게 구성해 놓을까? 하고 저울질한 적이 있었다. 저급 신명과 참 신명의 기운을 가지고 있다고 본다면, 열심히 일해도 별로 성과가 없는 사람들이 있고, 어떠한 일을 해도 잘되는 사람들이 있는데, 그것은 어떤 내면의 기운을 갖고 있느냐에 따라서 결과가 달라진다.

인간의 내면은 소우주이기에 더 큰 우주를 통해서 항상 명령을 받고 살아간다. 어둡고 암울한 기운이 있는 사람은 사람을 살리는 기운을 받는 것이 아니라 탁한 기운의 명령을 받는 것이고, 긍정적이고 밝은 기운, 좋은 기운을 많이 갖고 있는 사람은 큰 우주를 통해 좋은 기운을 받는다. 그래서 유유상종이라는 말이 있듯이 서로 같은 기운을 가진 자들을 만난다고 한다.

이왕이면 좋은 기운을 많이 갖고 있어, 좋은 기운을 갖고 있는 사람을 만나는 사람이 되자.

사람의 내면은 자신도 모르게 항상 변하는데 변해 가는 마음을 알아차리는 것이 영성공부이다. 그래서 항시 의식이 깨어 있는 자가 되라고 말하는 것이며, 항상 의식이 깨어 있어야 내면 구조가 옳게 변화하며, 내면 기능이 정지되지 않게 하려면 우주와의 채널이 제대로 이루어져 있는가를 항시 점검해야 한다.

내면과 우주와의 만남은 인간이 모르는 사이에 이루어지는 것이기에, 가지고 있는 생각에 나보다는 대중의 행복을 위한 정보를 입력시켜 놓으면 우주와의 채널링이 부드럽게 된다.

내면세계에 들어간다는 것은 나의 세계가 아닌 다른 세계에 들어가는 것이고, 인간이 가지고 있는 마음들을 덮어버리게 되며, 나의 의지가 아닌, 다른 세계의 우주와 빙의가 되는 의식을 갖게 되며, 행동과 생각이 우주의 기운을 받는 대로 하게 되고, 말로 표현하기 이전에 행동이 먼저 앞서서 원하는 것을 해주고 있다.

내면이 원하는 것을 알게 되면 살면서 궁금한 것은 덜할 것이며, 점을 보러 간다고 해도 내면이 원하는 것이기에 더 많은 정보를 가져오지 않을까 한다.

내면이 왜 점을 보러 가게 했는지 물어만 봐도 자아 발견은 쉽지 않을까?

초보 시절의 마음

영성공부하던 시간으로 되돌아가 본다.

참으로 많은 것을 주고받던 행복한 나날들. 그러면서 끝이 안 보였던 순간들. 미래가 보장이 안 되었던 지나간 발자국들. 그러면서도 마음속에 놓지 않았던 근기와 열정.

영성공부하는 것이 보잘것없는 것처럼 보여도 공부를 포기한다면 먼 훗날 큰 잘못이었다는 것을 도반들에게 확인시켜 주고 싶었고, 또한 나에게 미쳤다고 손가락질하던 도반들에게 영적 성장이 무엇인지 보여주고 싶어 오기로 가득 차 있었다.

믿어보아라. 지금까지 남에게 손해를 입힌 적이 없고, 나 자신도 별로 흠이 없었기에 나의 인격을 믿어보라고 했다. 오기와 근기로 나 자신을 죽이며, 주위와 타협 없이 철저하게 여기까지 왔다.

나의 가족도 부모형제도 마음으로 인연의 고리를 끊고 철저하게, 순수하게 나 자신의 욕심으로만 걸어왔다. 영성공부가 지금도 살얼음판을 걸어가는 것인지라 무어라고 말은 못 하지만, 오기와 근성을 가졌기에 지금의 내가 있지 않은가 싶다.

내가 하늘을 이기지 못하면 하늘이 나를 키워주겠는가?

우주를 이기지 못하면 우주가 나의 손을 들어주겠는가?

하늘을 이겨야 하늘에서 나를 키워줄 것이고, 우주를 내 편으로 만들어야 인간들 속에서 오뚜기처럼 갈 수 있을 것 같았다.

우주를 내 편으로 만들지 못하면 영성공부의 장은 열지 못한다. 우주가 영성공부의 장인데 제자들은 그것을 알지 못하니 그저 답답할 뿐이다.

나의 영성공부를 도와준 선생님을 그리워한다. 그분에게 참으로 많은 희열의 눈물과 기쁨을 주었다. 왜냐하면 당신이 하는 수행이 또 하나의 분신을 만들어냈으니 말이다.

당신이 원하는 소감을 해드렸고, 당신이 꿈꾸던 분신이 나타났고, 더더욱이나 인간으로서 제일 어려운 당신의 수행을 뛰어넘는 천신 제자를 배출하였다는 그 자체가 감격스러웠을 것이다.

나도 나를 뛰어넘는 제자를 만들겠다고 욕심을 부렸지만, 제자들 모두 가족이라는 굴레에서 벗어나지 못했다. 가족이라는 굴레를 벗어던지고 정직하게 3년만 해보았다면, 또한 자신의 굴레에서 벗어났다면 더 뛰어난 기량으로 나를 뛰어넘을 수 있었을 텐데, 돌아보면 몇몇은 아쉬움이 절절이 배어 나온다.

지금 제자들에게 전하고 싶다.

가족과 자신의 굴레에서 벗어나라고.

그렇다고 삶이 끝날 때까지 그렇게 하라는 것은 아니다. 진묵대사도 일곱 살에 어머니의 손을 앞세워 절에 들어가 동자승부터 시작하여 그 원력까지 일으켜 세우시고, 후학들을 가르쳤고, 그러면서 부모 공양을 다하신 분이다. 스님 생활을 하시면서 어머니와 누이동생 부양을 책임지셨는데, 나 또한 그러하다. 일단은 깨달음이 중요하기에 우선 수행자로서 완성 단계에 올라서고 보았다. 지금은 나의 부모 형제와 가족을 영적으로 모두 돌보고 있고 관계도 아주 원만하다.

하늘과 우주에 나의 정신을 던지고 수행하면 그 책임은 하늘과 우주에서 지게 되어 있다. 그 원리를 그렇게 알려주어도 대답은 철석같이 하지만 딴마음을 가지는 것은 무슨 태도인지 모르겠다. 언행일치가 중요하다고 했는데 대답은 "네!" 하고 속은 딴마음을 먹어 하늘에서 수없이 시험당하고 있음을 모르니… 시험은 하늘에서 만드는 것이 아니고 본인들 스스로가 만드는 것이다. 두 마음을 갖지 말고 한마음으로 수행하라고 했건만 두 마음을 가지고 있으니 결국 본인 스스로 시험을 만드는 형국이다.

이 어찌 답답하지 않는가?

나는 지금도 초심을 다지고 있다. 초심을 잃어 그동안의 공든 노력이 물거품이 되는 정도면 다행이지만, 와르르 무너져 버리면 치우기 어려운 곤경에 빠지게 된다. 물거품은 다시 시작할 수 있지만 공든 탑은 무너지면 치우는 시간이 더 걸린다. 그래서 쉬지 않고 가는 것이다. 쉬는 만큼 치르는 시험이 더 많기에.

스스로 시험을 당하는 두 가지 마음을 가지지 말자.

인간세계에서도 두 마음을 가진 자, 신임 얻기가 매우 힘들다.

그 간단한 원리를 모르고 왜 스스로를 힘들게 하는지?

새 식구

내 몸이지만 마음대로 못 하는 현실에서 갈등을 해왔다.
언제쯤 마음대로 할 날이 올려나?
"네 마음대로 놀아라" 하는 명이 떨어지자 새 식구가 생겼다.
따로 떨어져 지내야 할 사람이 희한하게 새 식구로 변하였다.
나는 사람이 현재 처해 있는 마음이 어떻게 진화하는지 알게 되었다. 지금은 근심이 있지만, 그 근심이 어떠한 상황으로 돌변하여 진화되는지 아니면 퇴보되어 가는지 말이다. 인간들 생각의 흐름을 지켜보면서 연구한 것이다.
앞으로 나아가는 전진의 긍정이냐?
뒤로 돌아가는 과거의 부정인가?
아니면 소용돌이치듯 그 자리에 머무름의 파멸인지?
인간들은 어떻게 하면 전진하는, 긍정적이고 발전적인 것 같은 착각을 하게 만드는지도 알게 해주었다. 그러나 그 착각이 인간을 너무나 깊은 좌절에 빠트리는 후회하는 상황으로 몰아간다.
인간이 참으로 어리석은 것은 필요 없는 경험을 한 다음 꼭 후회한다는 것이다. 경험자의 말이 얼마나 중요한가? 그런데 경험자의 말을 참고도 하지 않고 나는 당신과 같은 길을 걷지 않을 거란 자만심을 가지고 앞선 선배의 길을 걸어간다. 필요 없는 경험은 안 해도 되는데 나는 안 그럴 것이다 하는 인간의 아집으로 꼭 후회하는 판단을 한다.
때론 단순한 뇌 구조가 좋은 결실을 맺게 해줄 때도 있다. 복잡하게 생각할수록 이상하게 자꾸 일이 꼬여갈 때가 너무나 많다.

내가 이렇게 표현하는 것은 아주 단순하게 살아왔더니 멍청하다는 말도 때론 듣지만, 지금에 와서 참으로 잘 살았다는 것을 이야기하고 싶어서다. 단순할 때에는 앞뒤 상황 가리지 않고 그냥 일을 저지른다. 저지르고 나서는 한숨을 쉰다.

"허 참! 내가 일을 왜 또 만들었지?" 그러면서 현재의 일이 꼬여가고 있는 것 같지만 당시에 그런 판단을 내린 것에 대해서는 자랑스럽게 생각한다. 내 자신을 믿고 판단한 것이었다. 자신을 믿었기에 그 순간 저울질하지 않고 행한 것이 결국은 내면이 알아서 해준 것이란 것을 지나서야 알게 됨이다.

나는 먼 미래에 대해서는 항상 긍정적이다. 현재를 긍정적으로 보게 되면, 미래지향적으로 흐르게 세포가 조절해 준다. 생각의 세포가 말이다. 그래서인지 매사를 긍정적으로 보는 경우가 많다. 복잡한 것을 싫어하고, 복잡하게 따지는 것을 싫어한다. 복잡하게 따져보았자 인생을 진화시켜 주는 것이 아니라는 것을 체험하였고, 경험으로 터득하다 보니 모두 나의 탓으로 돌린다. 내가 그 자리에 있었으므로 생긴 일들이라는 것을. 현재 나의 생각이, 뜻이 옳다고 판단되면 그냥 밀어붙인다. 그러고 나서 일을 해결해 나간다. 머리로만 생각하면 많은 기회를 놓치게 됨을 알게 되었고, 일단은 세포의 움직임에 맡겨두면 시간이 흘러가면서 그 판단이 옳았다는 것을 말해준다.

새 식구를 잘 맞이하자.

그렇게 해서 판단하는 데 실수를 줄이자.

기도 시간은?

나에게는 못난이 남매가 있다. 대부분 부모들이 자식은 눈에 넣어도 아프지 않다고 표현하듯, 나에게도 눈에 넣어도 안 아픈 딸, 아들이다.

딸은 지금껏 성장하면서 부모 속을 썩이거나 애를 태운 적이 별로 없다. 오히려 부모에게 기쁨을 더 많이 주는 아이였고, 엄마인 나는 언제나 남매가 건강한 정신을 가져준 것에 고마워했다.

큰아이는 고1 2학기에 멕시코로 유학을 가게 되었다. 당시 멕시코가 그렇게 먼 나라라는 것도 모르고, 딸아이의 자존심이 친구들에게 구겨질까 봐 생각 없이 유학을 보냈다. 덜컹 비행기에 태워 보내놓고 세계지도를 찾아보았다. 멕시코의 과달라하라라는 곳이 어디에 있는지.

이렇게 먼 곳으로 보냈구나. 긴 한숨밖에 나오지 않았다. 과연 나의 결단이 딸의 자존심을 세워주는 게 맞는 건지. 그런 것도 세심하게 상의하지 못하고 감행한 것에 대해서 이제 와서 생각해 보면 그러한 것이 오히려 전화위복이 되었던 것 같다.

그리고 몇 개월 뒤 아들이 뉴질랜드로 유학을 가게 되는 사건이 발생했다. 자기도 누나처럼 유학을 보내달라고 떼를 썼다. 중학교 1학년짜리가 뉴질랜드로 유학을 보내달라고 하니, 좀 겁도 나고 우리 집 형편에 둘이나 유학을 보낼 수 있을 거란 확신이 안 서서 망설였다.

그래서 꾀를 냈다. 영어점수를 100점 받아오면 유학을 보내주겠다고. 왜냐하면 아들이 평소 영어점수로 20~30점을 받아오기에 나름 힘든 조건을 달았다고 달은 것이다. 이번 중간고사에 영어점수 100점만 받아오라고, 그럼 보내주겠노라고 호언장담했다.

그러던 어느 날, 아들이 무언가를 척하고 내밀어 보니 성적표다.

"엄마 나 영어점수 100점 받았어요."

이 무슨 날벼락? 100점이라니? 영어는 고사하고 본인이 좋아하는 과목에서도 그런 점수를 받아본 적이 없는 아이였다.

공부보다 노는 것을 훨씬 좋아하는 아이가 100점이라니, 이게 가당키나 한 소린가?

내 꾀에 내가 빠졌다. 우리 못난이들은 엄마는 약속하면 꼭 지킨다는 나의 장점이자 약점을 기가 막히게 이용했다. 어려운 상황이지만 아이들과 한 약속이라 아들도 뉴질랜드로 유학을 보내기로 결정했다. 아들을 데리고 뉴질랜드의 오클랜드로 향했다. 영어 학교와 집을 알아보고 가디언까지 내세워 일을 일사천리로 진행한 뒤 한국으로 돌아왔다.

좀 조용해지려던 차에 또 이상한 일이 생겼다. 아들 가디언 비용이 너무 무리가 돼서 애들 아버지와 의논하여 아버지를 가디언으로 자리를 이동시켰다.

아버지와 아들이 오클랜드에 같이 있다는 소식을 접한 딸은 질투를 느끼고는 본인도 영어권 나라로 다시 유학을 보내달라고 한다.

"딸! 엄마가 한국은행인 줄 아냐?" 하고 하소연했다.

엄마가 어떻게 세 명의 학비와 생활비를 책임지냐고?

딸도 만만치 않게 엄마를 설득한다.

딸을 멕시코로 유학을 보내놓고 후회되는 부분들이 있었다. 인성교육을 못 시켜준 것에 대한 아쉬움이 남아 있었기에, 그래 일단 한국에 들어와 생각해 보자고 했다.

한국에 돌아온 딸에게 그동안 미비하다고 생각한 인성교육을 틈틈이 시켜주었다. 딸은 한국에서 짬짬이 공부하여 고등학교를 검정고시로 통과했다. 그렇게 해서 딸도 뉴질랜드로 가게 되었다.

한국에 홀로 남아 남매와 아버지의 학비 및 생활비를 책임지게 되었고, 어떻게 그 비용을 감당했는지 지난 6~7년의 세월이 꿈만 같다. 유학비가 적게 들어가는 것도 아니고, 한 명도 아닌 세 명을.

사람의 힘으로는 할 수 없는 것을 했음에 하늘에 감사한다. 하늘의 도움 없이는 할 수 없다는 것을 나를 아는 사람들은 다 안다.

어느 날 "어머니, 감사합니다. 지금의 내 생활이 꿈만 같습니다. 유학을 오지 않았다면 영어를 전혀 못 했을 텐데, 제가 영국인이 운영하는 레스토랑에 취직해 외국인들과 일말의 불편함 없이 대화하고 있다는 것이 믿기지 않을 정도입니다. 어머니, 유학을 보내주심에 감사합니다" 하고 스무 살 아들이 뜬금없이 고마움을 표한다.

다른 인종과 대화한다는 것에 행복을 느꼈다고 솔직히 말한다.

내가 이렇게 나의 이야기를 하는 것은 약속에 대해서 이야기하고자 함이다.

남매가 초등학교 다닐 때 약속을 하나 했다. 고등학교에 들어가면 유학을 보내준다고. 나는 그 약속을 지켰다.

참 신명이 들어 있는 제자들은 한 번 뱉은 말은 언제고 그 약속을 지킨다. 참 신명을 찾아야 한다.

수행 과정(1)

　수행하며 이렇고 저렇고 떠들면서 책으로 저술한 수행자들이 참으로 많다. 나도 수행자로서 수많은 영성 경험을 책으로 내고 싶은 사람 중의 하나다.
　그런데 약간 고민이 된다. 내가 아는 분은 책을 출간하기 전에는 너무나도 인간적인 분이었다. 책을 출간하기로 하고 나서 어느 사이 변해 있는 모습이 추하게 보였다.
　책을 출간하면 책을 읽고 오는 손님들이 많을 것이라고 생각했는지 기존에 가르치던 제자들을 홀대하던 모습을 보게 되었다. 그 모습을 보면서 내가 저 숨겨져 있는 교만한 모습을 존경했다니? 결국 선생님도 교만에서 벗어나지 못한다고 생각하니 서글펐다. 얼마나 존경하던 분이었는데.
　선생님은 저럴지라도 나는 저러지 말자 하고 다짐한다. 솔직히 그분과 같은 길을 걷고 싶었다. 나보다 영적 능력이 뛰어나신 분이고, 배울 부분도 많아 공부도 받아가며 같은 길을 가야겠다고 생각하고 있었는데, 그분의 내면 깊숙이 숨어 있던 교만한 신명들을 보고는 이루 말할 수 없이 실망했다. 그래서 여러 방법으로 나를 지도해 주신 선생님을 믿고 같은 길을 가야 하는지 타진해 보았다.
　나의 철학으로 볼 때 아무리 능력이 뛰어나도 제자들을 덕으로 가르치지 않는다면 선생으로서의 자질은 부적격이다. 그런데 그분은 제자들을 덕으로 지도하지 않고, 영성 자체를 모르고 오는 제자들을 현혹시키는 것이 다반사인 것을 지켜보곤 마음을 뒤로했다.

결국 나 자신의 선택을 믿고 잠시 다른 길에서 놀기로 하고, 일단 지금까지 한 수행을 완성해 보기로 했다. 그분은 나의 가슴 한쪽에 미지수로 남겨놓았다.

오늘의 이 결정은 시간이 흘러서 알게 될 것이다. 그리고 흘러가 보자. 지금의 선택이 올바른 것이었다는 것을 확인하기 위해, 나 자신을 위해.

수행은 딱히 무어라고 정의 내릴 수 없지만, 내가 아는 수행법을 제자들에게 있는 그대로 보여주는 것이고, 받아들이는 방법을 초·중·정 공부 방식을 택해 스스로 이치를 깨달아 영성을 성장시켜 주고, 내가 하는 말과 행동이 지금 이 시간에는 알 수 없지만 시간이 지나가면 알 수 있다는 것, 그것이 나의 수행지도 방식이다.

수행은 용기가 필요하다. 수행한다는 여러 사람들을 만나보았지만 본인의 공부 방식이 옳다며, 다른 사람들의 수행을 받아들이지 않고 인정하지 않는 수행자들이 많다.

왜 본인의 공부가 최고라고 하는지? 지름길로 가는 많은 공부 방식이 있는데, 편식된 한 방법만 터득한 것을 가지고 잘난 척한다. 수행자의 내적 수준은 수행자마다 다르기에 수행하는 방식이 다를 뿐이다.

내면의 영급이 높은 자는 이미 하고 온 공부는 수박 겉 핥기식으로 그냥저냥 지나간다는 것을 수행하면서 알게 되었다. 그러한 경험을 하지 못한 수행자는 자기의 경험이 전부라고 다른 수행자의 경험을 무시하거나 인정하지 않거나 자기 아래로 판단한다.

영성공부하기 이전의 나도 그러한 사람 중 한 사람이었다. 더 넓고, 더 깊고, 더 높은 공부를 내려받는 공부를 받고 나니, 지나간 나의 언행이 참으로 치졸하였다는 것을 인정하지 않을 수 없다.

　그 많은 공부를 내려받았기에 인정할 수밖에 없고, 그러기에 알 수 있는 것 같았다.

　그것은 자신의 수행 방법이 전부 옳은 것은 아니고 사람마다 내면적인 수준이 다르다 보니, 인도령들이 그 수준대로 인도하여 공부를 시킨다는 것이다.

　수행은 자신의 잘못을 인정하는 용기가 있어야 여러 수행자들을 만나도 부딪침이 일어나지 않고, 수행자들에게 인정받는다.

　영적으로 공부하면 내면의 급수를 높이고, 인간이 왜 깨달음의 공부를 해야 하는지 알 수 있음이고, 영성으로 깨달아야 우주에서 주는 정보를 받을 수 있다.

　수행은 그런 것이다.

　어느 누구에게나 편안한 기운을 주는 자가 되는 것이다.

수행 과정(2)

무엇인가 끊임없이 갈구할 때 나의 내면세계에서 작업이 들어간다. 무언가 절실히 원할 때 나의 내면세계가 돌아간다는 것이다.

처음에는 영성이라는 단어 자체를 몰랐다. 그냥 '기'라는 단어에 매달려 사람들과 어울려 놀았고, 사람들이 아프다고 호소하면 약간의 주어진 능력으로 병을 호전시켜 주었다. 어떻게 내가 이런 병들을 호전시킬 수 있는 능력을 가지게 되었는지 의문도 품지 않고 그냥저냥 기수련을 통해서 사람들 속에서 놀았다. 그 수준에서는 큰 책임감도 따르지 않았다.

어느 날 나에게 시련이 왔다.

어느 이상한 사건에 휘말리게 하여 그 사건을 어떻게 책임지는지 보는 아주 큰 시험이었다. 지금 생각하면 내게 어디서 그렇게 큰 배짱이 생겼는지 모르겠다. 수습하기 어려운 상황을 일순간 수습한 것이다.

돌이켜보니 그것은 인간의 힘이 아니었다. 어떠한 큰 힘이 그 순간에 지혜를 주셨다는 것을 알게 되었다.

한번 물어보고 싶기도 하다. 다른 사람은, 적어도 지도자라면, 그 상황을 어떻게 모면할 것인가? 다른 어떤 사람은 또 다르게 수습할 것이다.

시간이 지나 생각해 보아도 그렇게 경쾌하고, 깨끗하고, 통쾌하게 일을 처리할 수 있을까 싶다. 그 시간을 생각하면 항시 뿌듯하다. 왜냐하면 나의 언행에 대한 책임을 다했기 때문이다.

그후로 어떠한 일이 생겨도 도망가지 않는다. 사람들은 감당하지 못할 사건이 생기면 우선 왜 이런 일이 생겼나 하는 원망과 한숨으로 일을 처리할 수 있는 시간을 놓친다. 나는 사건을 해결하는 고도의 훈련을 받은 덕에 지금도 하늘의 힘을 등에 업고 처리한다.

그렇다. 자신이 저지른 언행은 피하지 않아야 수습할 수 있는 기회가 주어지며 그러면서 더 성장한다. 사람은 내면 성장을 위해 태어났다. 내면 성장을 위해서는 어느 사소한 문제라도 핑계대지 말며, 도망가지 않아야 한다. 그러한 정신력도 없다면 그 시점부터 영성공부는 1순위로 탈락이다.

수행 과정(3)

소도 비빌 언덕이 있어야 비빈다고 했다. 비빈다는 것은 비벼대면 열이 나고, 그 열이 에너지이자 활력소가 되는 것이다.

그렇다. 없는 사람은 비빌 언덕이 있어야 하는데, 비빌 곳조차 없는 자는 어떻게 할 것인가?

영성공부는 디딤돌을 만들어주는 것이다. 바로 서게 해주는 디딤돌과 같은 것이다. 디딤돌만 제대로 만들어놓으면 어려운 상황이 처해도 살아나갈 수 있는 지혜가 생긴다.

걸림돌이란 영으로 있을 때 내가 짜 만들어놓은 돌이다. 영적으로 걸림돌을 만들어놓은 판을 영성으로 제대로 공부한다면 내가 짜가지고 온 판을 새로이 만들 수 있다.

영으로 만들어놓은 걸림돌을 제대로 공부해서 디딤돌로 만들기 바란다.

육체의 통증

고3때부터 류머티스 관절염을 앓기 시작해서 얼마 전까지 인생의 반 이상을 통증을 참으며 살아왔다.

어떤 연유로 류머티스 관절염이란 병명을 가지게 되었는지 이유도 모르고 혈관 염증 통증을 견뎠는데 시간이 흘러 알게 되었다.

도봉산 자락 끝을 내려오다가 멀리뛰기한 기억을 더듬어보니, 그때 살짝 발목을 접질린 것이 시간이 흘러가면서 류머티스 관절염이 되었고, 그 통증은 나 혼자만의 고통으로 평생 가지고 가야 되는 고질병으로 여겨왔다. 어떤 행동을 하든 심한 통증을 견뎌야 했다. 병원에서 타오는 약은 진통제일 뿐.

부모님도 병을 고쳐주려고 침 잘 놓는 신의를 만나면 무조건 데려가 주었다. 그러나 침을 맞아도, 한약을 먹어도, 병원에서 주는 진통제로 살아도 통증이 나아질 기미는 없었다.

평생 혈액 염증성 통증을 안고 가는 것이 얼마나 괴로운지 조금은 알기에 하늘에 눈물로 호소했다. 수술로도 고칠 수 없는 이 통증을 제발 낫게 해달라고.

그러던 어느 날 약간의 힌트를 주셨고 그대로 약을 만들어 10개월 정도 꾸준히 복용하였더니 무릎 통증이 조금씩 없어지는 것을 느낄 수 있었다. 무릎 근처를 살짝 스치기만 해도 헉 소리 나는 통증에 만질 수 없었고, 마사지도 가능하지 않았는데, 정말 30년 넘게 고생했었나 싶을 정도로 통증이 많이 사라졌다.

체중도 많이 나가기에 체중으로 인한 통증도 무시 못 했는데 체중으로 내리는 통증도 덜해졌다.

지난 인생을 돌이켜보면 오랜 세월 통증 속에서 살았다. 허리를 다쳐 사람 구실은 할까? 싶을 정도로 20여 년 고생하다 하늘에 허리도 처방전을 내려달라고 했다. 얼마나 하늘에 졸랐을까?

지성이면 감천이라더니 처방전을 받아 그대로 실행했다. 지금은 무리만 안 하면 통증을 느끼지 않을 정도로 건강해졌다.

또한, 양쪽 발목을 크게 접질려 제대로 걷지를 못해 할 수 있는, 알고 있는 대체의학은 다 활용해 보았지만 제대로 땅을 디딜 수 없었다. 주변에 부탁해 강한 힘으로 발목과 발바닥을 밟아달라고 해도 아주 조금 효과가 있을 뿐, 하루하루 생활함에 있어 그 고통은 이루 말할 수 없었다.

정말이지 기적이라는 말 외에는 표현이 불가능하다. 30여 년 넘게 수많은 통증으로 고생해 왔지만 지금은 무리만 하지 않으면 통증으로 덜 고생한다.

하늘에 떼를 쓰고 지성으로 기도했다. 고통에서 벗어나는 처방전을 달라고. 처방전을 준다 하여도 100% 완전하게 주는 것도 아니었다. 여러 가지 약초의 조합을 계속적으로 테스트해 보았다.

이제는 나에게 맞는 약초로 처방약을 만들어 복용한다. 이렇게 기쁠 수 없다. 재료가 고가인 데다 법제하기 까다롭고 시간이 오래 걸려 대중화하기가 어려운 것이 아쉬울 뿐이다. 완연히 혈액 염증 삭이는 약을 달라고 약 도사에게 거래를 터봐야겠다.

이제 육체의 통증에서 벗어나 하루하루 기쁨을 만끽한다. 남들은 당연시하고 사는 것들을 나는 이제야 누리며 삶에 감사한다.

하늘에 감사기도 들어감이다.

혈액 순환제

우리 집 병 계보로 말할 것 같으면 외할아버지, 외할머니 두 분 모두 혈압으로 고생하시다 돌아가시고, 친정어머니까지 혈압으로 쓰러져 십여 년 넘게 풍으로 침대에서 누워 간병인 도움 없이는 아무것도 하실 수 없었다.

식사도 못 하시고 알갱이는 삼키지도 못해 모든 음식물들을 곱게 갈아 죽을 쑤어 입으로 넣어드린다. 하물며 마시는 물도 삼키지 못해 생수를 엉기게 만드는 약품을 타서 되게 만들어드렸다.

나는 돌아가신 외할머니가 쓰러지시는 모습을 지켜보았고, 어머니까지 혈압으로 쓰러져 누워계시니 당연히 나도 혈압을 걱정하게 되었다.

내 형제는 칠 남매이다. 오라버니와 언니, 동생들 다 혈압약을 먹는다고 한다. 허참, 나도 몰랐던 사실을 듣고는 기함을 한다. 그래서 혈액 순환제를 만들어보기로 했다.

혈액 순환제를 만드는 과정이 순탄치만은 않았다. 몇 년 전만 해도 주재료가 비싸지 않았는데, TV에서 노봉방에 관한 약성이 방송을 타더니, 어느새 노봉방의 값이 천정부지로 치솟았다. 올해만 해도 방송을 타서 그런지 구하기 어렵고 구하더라도 몇 배의 값을 쳐달라고 요구한다.

노봉방이 들어가지 않으면 약이 안 되는 약재여서 값이 비싸도 구입해야 했다. 그 외 첨가되는 약도 모두 자연산으로 사용하다 보니 가격은 이제 상상조차 할 수 없다. 그래도 약이 만들어지면 여러 사람의 어혈이나 지방간, 혈압, 당뇨 등 기가 약해 생긴 여러 가지 병들을 잡을 수 있어서 약간은 위로가 된다. 우선은 당사자인 나부터 혈압수치가 정상으로 돌아가 좋다.

여러 가지 실험을 거듭해서 태어난 약이지만 대중적이지 못해 조금은 아쉽다. 급한 대로 주변에 있는 사람들에게 공급해 주고 있는데 약성이 아주 탁월해서 좋다.

현대인들은 식생활에 문제가 있어 고지혈증, 당뇨, 지방간 그 외 병들로 고생하는데 혈액순환만 제대로 된다면 이런 병들로부터 해방될 수 있다. 부가적으로 발효효소와 같이 복용하면 효과는 배가된다.

혈액순환만 제대로 되면 웬만한 초기 암도 고칠 수 있다.

상품

참으로 오랜만에 푼수 세 명이 만남을 가졌다. 어떤 단체에서 만난 인연들인데, 오늘 만나면서 각자의 공통점을 발견하게 된다.
공통점이란? 서로에게 관심이 있으면서도 전혀 관심이 없다는 것!
이해가 안 가는 부분이겠지만, 5년이란 세월을 같이해 왔지만 서로의 고민거리를 알고 있으면서도 전혀 개입하지 않았다.
"당신 문제는 스스로 알아서 풀며 사시오" 하는 무관심.
그런 무관심 때문에 여기까지 오게 되었고, 서로 아픈 부분을 절대로 건드린 적이 없었다. 어느 집에서 피터지게 부부싸움을 하였어도 참견이 없고; 할 만하니 했겠지 하고 부부싸움한 내용을 듣고서는 까르르 웃고 마무리를 짓는다.
내가 왕푼수 1호, 부산 아지매가 2호, 서울댁이 3호, 홍콩에서 온 여자가 4호. 다른 단체에서는 우리 네 명의 풍수 행각을 꽤나 부러워했다. 만나면 무엇이 그리 좋은지 연신 웃음이 터지고 정리가 되지 않았다.
웃음이 정리 안 되는 이유를 오늘에서야 알게 되었다. 무관심 속에서의 사랑이었고, 혹시나 관심을 두게 되면 자존심 상하지 않을까? 하는 서로에 대한 배려심이었다. 다행인 것은 남편들은 끼리끼리 알지만 여자들은 푼수들의 남편을 모두 안다는 것이 좋은 관계 유지에 한몫했다.
우리 4인방은 숨기는 것에 그다지 관심이 없다. 타지에서 만나 흥

허물을 사심 없이 털어놓고, 도움도 청하고 도움을 받기도 하고, 그러면서도 절대로 가까이 가지 않았기에 교분이 두터워진 것 같다. 오늘은 '나'라는 상품을 내놓으면서 사가겠냐고 물었더니, 다들 원하는 바요, 먼저 사겠다고 한다. 그러면서 낄낄대고 웃는다.

  시장에 자신을 상품으로 내놓고 판다고 가정했을 때 과연 팔릴 상품일까? 한 번쯤은 생각해 보아야 하지 않을까 싶다. 내가 걸어온 인생의 삶을 파는 상품이 진정한 가치가 있는 것이 아닐까? 그네들에게 내 자신을 상품으로 내놓았더니 기꺼이 사가겠다고 했을 때 아랫배가 따뜻해져 옴을 느꼈다.

  푼수는 의식이 깨어 있는 자이다. 지금은 생각이 모자라고 어리석은 사람을 뜻하는데, 영성에서는 열려 있는 자를 의미한다.

  세상을 품는 기운이 있는 자가 곧 푼수이다.

표정 관리

여러 사람들이 하는 이야기들을 잘 들어보고 연구하면서 상대방을 좋게 평가하는 사람을 만나기 어렵다는 것을 알게 되었다. 저 사람은 인상이 차가워 보인다, 바늘로 찔러도 피 한 방울 안 나올 사람이다 등등. 본인 기준에서 사람들을 거리낌 없이 나쁘게 평하면서 미안해하지도 않는다.

사람들의 장점과 단점을 찾고, 기왕이면 장점을 표현하는 것이 아름다운 미덕 아닌가? 사람들은 표정 관리를 게을리하는 것 같다. 아니 아예 생각조차 하지 않는 것 같다.

예전 영성공부하기 이전 내 모습을 생각해 본다. 영성공부하기 전에는 주변에서 '냉소적이다, 차갑다, 강하다'라는 표현이 개인 상표가 된 적도 있었다. 그러한 표정들 때문에 주변 사람들에게 본의 아니게 피해를 주고, 피해를 입기도 했다.

무의식적으로 나오는 차가운 표정을 보고, 사람들은 아무런 죄의식 없이 거침없이 말한다. 당사자가 실제 차가운 사람인지 아닌지 확인하지 않고, 즉흥적으로 무책임한 말들을 내뱉고, 그것을 들은 옆 사람도 "그 사람은 아주 차가운 사람이야. 인간미도 없어 보여" 하며 살을 붙여 말한다. 결국 그 사람의 인격조차 매도한다.

사실 나는 겁도 많고, 인정도 많고, 부드러움도 있고, 장난기도 많고, 장점도 정말 많다. 하지만 그러한 부분은 아예 보려고도 하지 않고, 겉모습만 보고 판단하는 사람들을 질책하기 전에 나를 되돌아보기로 생각의 전환을 해보기로 했다.

나의 내면에 좋은 면들도 많은데 그렇게 부정적으로 보인다는 것은 분명 문제가 있다고 생각해서 고민에 빠졌다. 어떻게 하면 인상을 바꿀 수 있을까?

우선 사람들의 평가를 적어보았고, 언제 어느 때 그러한 평을 들었는지 생각해 보았더니, 나의 생각을 전달할 때 앞뒤 순서 없이 전달하였고, 굳어 있는 표정들이 많음을 거울을 보고 알았다. 굳은 얼굴 근육들이 하나의 원인이었고, 나의 자라온 환경 속에서 무거움이 숨어 자리 잡았음이고, 성장과정에 그러한 것들이 내면 한구석에 자리하고 다른 것과 연결되어 있음을 알았다. 사람들이 그것을 보고 그렇게 표현한다는 것을 알아내고는 "고치자. 표정을 고치자"면서 거울을 보며 얼굴 근육을 풀고, 닫혀 있는 세포 하나하나에 산소 주입시키기를 여러 해 거듭하였더니, 이제는 가만히 있어도 미소를 머금게 되었다.

지금도 첫인상이 조금 강하다는 평을 듣지만 부드럽다, 편하다는 긍정적인 표현도 많이 듣는다. 주위에서 부정적인 평가를 듣는 순간 기분은 상하겠지만, 곰곰이 생각해 본다면 모두 옳은 말이라는 것을 알게 된다.

알았을 때 인정하는 것이 가장 중요하다. 인정하지 않으면 발전은 없으며, 고쳐지지 않을 것이다. 나는 지금도 누군가에게 부정적인 평을 받으면 고치려고 노력한다. 인간과 내면이 함께 고치려고 노력해야지, 인간만 고치려고 노력한다면 작심삼일로 끝날 것이다.

그렇다. 인간의 내면에는 수없는 또 다른 자아가 있다는 것을 알아야 한다.

휴가

어떤 여자가 한숨을 길게 쉬면서 쉬고 싶다고 한다.
다만 일주일이라도 좋으니 쉬고 싶다고.
그런데 하늘은 쉬게 해주지 않는다.
왜! 쉴 시간을 주지 않느냐고 물어보면 신들은 쉬는 것을 모른다고 한다. 꼭 쉬고 싶다면 명분이 있어야 한다고 한다.
그 명분을 만들어주어야겠는데, 달리 방도가 없다.
남들이 다 인정할 수 있는 방법을 만드는 수밖에 없지 않을까?
그 여자는 알지 모르겠다.
하늘도 그 명분을 만들어주려고 꽤나 애쓰고 있다는 것을.
나도 휴가를 달라고 졸라볼까?
나에게는 휴가가 없다고 한다. 단 몇 시간이라도 달라고 했다.
몇 시간도 줄 수 없다고 한다. 계속 떼를 써본다. 그래도 안 준다고 한다. 에라! 모르겠다.
인간으로서 휴식을 취해 보자고 고집을 피워보아야지… 그랬더니 벌써 일들을 만들어놓았다고 일이나 열심히 하라고 한다.
그 여인은 좋겠다. 편한 휴가를 얻어서….

반성

앞으로의 긍정적인 삶의 설계가 눈앞에 보여 희망이 생긴다. 언제나 삶의 준비를 늦추지 않았고, 언제 어느 때 들이닥칠지 모르는 기회를 잡기 위해서 남모를 준비를 끊임없이 해왔던 것이 이제야 가닥이 잡혀간다.

지금껏 내가 좋아하는 제자들과 함께 앞으로의 미래 설계를 꿈꾸어왔다. 그렇게 같이 가기로 마음속으로 염원하였는데 한 사람, 한 사람 떨어져 나간다. 서로 한 배를 타기로 약속했기에 그 약속을 지키기 위해 불철주야 노력했고, 앞으로도 그렇게 해나갈 것이다.

영성공부는 자기 자신을 지키기 위해서 하는 공부다. 제자들이 본인들의 마음을 속이고 막판에 치고 나가는 뒷심이 부족하다.

앞으로의 삶은 더 재미있을 것 같다. 나는 무리를 지어서 가는 것을 좋아한다. 혼자서는 힘도 나지 않거니와 즐거움이 덜할 것 같아서이다. 뭉쳐서 재미있게 살다가 가면 좋지 않을까? 하는 생각 때문이다. 그런데 나 혼자만의 생각이었나 보다.

이제부터는 새로운 제자들을 만들어서 다시 희망을 만들어가겠다는 결심을 하게 된다. 새로운 발판의 도약이 바로 앞에 있다. 이 꿈을 향해서 지금껏 준비해 왔다.

그리고 하늘을 향해 반성한다. 판을 바꾸어서 죄송하다고.

그렇지만 내부는 같지 않습니까?

바꾸는 판은 즐거움을 준다.

느티나무 설렁탕

　인간적인 삶을 경험해 본 지가 언제인지 아득하게 느껴진다.
　나의 대뇌에 인간의 고통을, 인간의 삶의 질을 여러 형태로 인지시켜 놓았다.
　그렇게 인지시킨 것이 이제 고갈되어 또다시 인간세상으로 내려와 변화한 인간의 삶의 질을 또다시 경험하게 한다.
　천신들도 그때의 인간세상과 달리 요즘 세상이 얼마나 많이 변하였는지 알아야 하겠기에 조상신들을 다시 경험하도록 해준다.
　일일이 사람들을 찾아다니면서 인간들의 변화를 비교할 수 없기에 배고프면 밥 먹으러 오는 음식점을 조상신명들 공부 장소로 만들었다.
　많은 사람들이 시장기를 해결하기 위해서 식당 문을 들어설 때, 다시금 인간들 속에서 북적임을 배운다.
　어떠한 신들이 내려와 있고, 올라간 신들도 조사해야겠고. 그러면서 감을 놓지 않는다.

멋진 삶

오늘은 나 자신에게 감사하는 시간을 가지고 싶다.

내가 걸어온 길을 뒤돌아보면, 내 자신을 위해 이제껏 투자하며 왔지만, 나를 위한 인간적인 삶은 거의 재미 없었다.

부모 곁에서는 부모를 위해 살았다. 부모님의 영역이 나까지 필요로 한 환경이었기에 그 환경에 물들어, 부모님이 원하는 그림을 나름대로 그려 드렸다.

그렇게 부모님이 원하는 존재로 살았다. 친구들은 물론 나의 개인생활도 거의 접은 채 부모의 영역 안에서 나름 즐기며 집안의 대소사를 책임졌다. 당시에는 부모님이 원하는 것이 당연하다고 생각하여 대 살림을 맡았다. 순진하게 당연한 줄 알았다.

부모님의 고생을 일찍이 감지한 바라, 부모님의 고생을 어느 정도 같이 감응하였다.

당시 나는 건강이 매우 좋지 않았는데, 부모님 눈에는 중병 같아 보이지 않았던 것 같다. 류머티스 관절염으로 진통제를 먹으며 하루하루 버텼는데, 부모님은 나보다 당신들의 아픔이 더 크다고 생각한 것 같다.

나는 형제가 칠 남매이다. 아버지는 칠 남매 중에 류머티스 관절염으로 고통받는 나에게 유독 일을 많이 시켰다. 이상한 건 아픈 통증만 없으면 나름 재미가 있어서인지 아버지가 시킨 일을 잘해 냈다. 아버지는 정말 많은 것들을 나에게 원했다.

세월이 흘러 그 시간으로 되돌려보면 그것이 지금의 나를 있게 하는 밑바탕인 것 같다.

　10대와 20대는 일 속에서 헤어나지 못했다. 칠 남매 중 유독 내 눈에만 부모님 일들이 눈에 띄었다. 스스로 일을 찾아서 많이 했는데, 정말 우리 집은 일이 매일 매일 산더미처럼 쌓여 있었다.

　그렇게 일이 많은 집안에서 자란 나는 다른 독립적인 가정으로 자리 이동을 했다. 한 가정을 이루는 과정에 놀라운 일이 너무 많았다. 아니! 이렇게 일이 없다니. 친정에서는 잠을 잘 때가 되어야 손에서 일이 떠났는데, 이렇게 편한 삶도 있었구나 하고 그제야 일이 없는 집도 있다는 것을 알게 되었다.

　편안함에 빠져 나를 필요로 하는 부모님의 환경을 외면하고 싶었다. 눈을 뜨면서부터 눈 감을 때까지 일이 많은 부모님의 환경을 적당히 피하고 싶었다.

　편안함의 안일함, 자유를 얻은 나는 부모님의 어려운 환경을 뒤로 하고 먼 부산으로 이사를 가야만 하는 환경을 만들었다.

　부산에서의 생활은 삶의 긴장을 풀어주었고, 일을 안 하고도 놀고 먹는 세상이 있다는 것이 신기할 따름이었다.

　그러면서 한쪽에서는 부모님의 힘든 삶의 무게로 마음이 편치 않았다. 항시 부모님의 건강이 1순위로 걱정되었고, 아버지의 벼락같은 성품으로 마음고생하시는 어머니의 자애로운 모습이 마음을 짓눌렀으나 애써 외면하였다. 부모님의 삶의 가치 기준에 나까지 끌어들이지 마시라고.

　지금도 한 가지 서운한 것이 있다. 한편으론 이해도 가지만, 어떻게 부모님이 저렇게 처신하실 수 있을까? 하는 서러운 마음을 지금도 못내 버리지 못했다. 부산에서의 삶은 지금껏 살아온 기억 중에 제일 편안하고 좋은 추억이 많다.

　부산에서의 생활은 인간들 속에서 소통도 잘되었고, 부담 주는 어려운 난감한 상황 없이 즐겁고 편안히 잘 살았다.

　부산서 다시 서울로 이사 오면서 또 편치 않은 부모님의 삶이 나를 압박하였다. 참으로 편치 않았던 서울의 여러 형태의 삶, 지금도 삶의 형태를 수시로 바꾸어가며 살고 있다.

　운전대를 잡으면서 희비가 교차한다. 슬며시 들어오는 생각을 제재 못 하고 다 받아들이니 우울감과 밝음의 기운이 교차한다.

　왜! 몰랐을까?

　지나간 삶의 과정이 멋스러웠던 연속된 시험지 여정이었는데.

　이렇게 멋진 삶을 지금껏 살아왔는데, 왜 몰랐을까?

　무엇이 힘들다고 떼를 쓰고 투정을 부렸지?

　일반적인 사람들은 경험할 수 없고 해낼 수도 없는 것을 수없이 겪어가며 연속된 시험지 여정을 통과 중이었음을….

　어려울 때마다 하늘과 교신했고, 건강이 안 좋은 상황들을 적절히 풀어가면서 살아왔음을. 하늘이 교묘히 나를 이렇게 만들어왔음을 영성공부를 하면서 알게 되었다. 행복감이란 이럴 때 갖는다는 것을.

　개인의 삶을 위해서 걸어왔다면, 나는 이 행복을 만끽하지 못했을 것이다. 대의를 위해서 또한 삶의 질을 위해서, 천신들의 부름을 받아서, 조상들의 넋두리를 위해서, 내 신명을 위해서, 순간순간 변신해 가는 나의 일상들이 행복을 준다는 것을 운전대를 잡으면서 불현듯 깨달음을 얻었다. 참으로 멋진 삶을 살아오고 있었음을.

　나는 정말로 멋진 사람이구나! 이렇게 멋지게 살아가게 해준 나의 신명계에 온 마음을 다해 감사함을 표한다.

오늘도 내 자신을 위해 숨을 쉰 것이 아니라 타인을 위해 숨을 쉬고 있었구나 하는 감사 축원을 올린다.

봉사는 큰 숨을 쉬기 위해서 하는 것이다. 큰 숨을 쉴 때 세포가 살아난다. 인간들은 자신의 삶을 위해 숨을 쉬지만, 타인을 위해 숨을 자주 쉰다면 죽은 세포가 다시 꿈틀거리며 부활하게 될 것이다.

타인을 위해 숨을 쉬는 것이 얼마나 감사한지 순간순간 살아 있음에 감사하며 이것은 체험해 보아야만 알 것이다.

제자들의 미련함을 탓해 본다. 영성공부한 자들이 어떻게 일신상의 편안함만을 추구하는지?

대단한 우주와 같이 숨을 쉰다면 죽은 세포가 다시 태어난다. 우주는 대단한 것이다. 내 자신과 하늘을 믿고 영성공부를 하였더니 하늘과 우주가 내 편이 되었다. 그 대단한 우주가 내 편인 것이다.

영성공부하면서 대우주를 내 편으로 만들어보지도 못하고 중간에 탈락한 제자들을 보면서 안타까움을 금치 못한다.

인간의 삶은 잠시 접어두고 우주 속의 삶, 경험 속으로 들어가 보면 내가 참으로 멋진 삶을 살고 있다는 것을 알게 된다.

타인의 시행착오

나는 지금까지 성공한 자의 삶의 자세와 실패한 자의 삶의 자세를 깊이 연구해 왔다. 나와 같이 걸어가는 수행자들, 이미 앞서간 선배들, 그들의 실수를 보면서 어떻게 하면 나는 저 과정을 걷지 않을까? 한동안 많이 고민했다.

지금은 도력이 있어서 실수해도 빨리 만회한다고 치자. 그 실수가 점점 더해 간다면, 그 실수는 꼬리에 꼬리를 물고 어떠한 방향으로 튈지 모른다.

다만 세월이 흐르면 그 꼬리가 어떻게 변해 갔는지 알 수 있겠지만 그때는 실수를 만회하기에 너무 늦다.

나는 매초 실수하지 말자 하더라도 최소한 횟수를 줄이자라며 살얼음판을 발바닥에 항시 붙여놓는다.

나에게 도움을 주었던 스님의 절이 경매에 들어갔다는 소식이 들린다. 난 그 노스님의 삶과 철학을 별로 좋아하지 않는다.

검은 물과 하얀 물이 교차하여 만나 에너지를 일으킨다. 검은 에너지와 하얀 에너지가 부딪쳐 나오는 에너지 먹는 것도 좋다. 그것도 좋은 이론이라고 긍정해 주었다.

허나 작은 에너지 먹는 것은 탈 나도 수습이 빠르지만, 큰 에너지 잘못 먹으면 토해 낼 때 큰 고통이 따른다고 주의를 주었는데, 결국 사찰이 경매에 넘어갔다.

사람들을 만나는 것도 그렇게 하더니 탁한 속세의 인간들을 믿다가 결국 어렵게 장만한 사찰을 넘기게 되었다.

참신한 삶을 살아가는 자와 허망한 삶의 기준을 가진 자를 고르지 않고 아무나 다 만난다는 삶의 지론에 노 스님은 스스로 제 발등을 찍었다.

수행자는 가려서 인연을 만들어야 하지 않는가! 하며 깊이 토론한 지 10여 년이 지난 이 시점에서 돌이켜보면, 당시에는 수행자의 철학이 옳다며 뜻을 굽히지 않더니, 결국은 그 철학에 자신이 무너졌고, 스스로 발등 찍고, 노후는 노숙자가 되었다.

그 사람이 제대로 살았는가는 임종 시에 알 수 있다. 현재 어렵고 지쳐 있더라도 환경이 어떻게 변할지 아무도 모른다. 지금 처한 환경이 여유롭고 즐겁고 행복하더라도 상황이 어떻게 변할지 아무도 모른다.

나는 지금까지 수많은 역경을 딛고 여기까지 왔다. 또한 앞으로도 수많은 난관의 과정을 거쳐야 할 것이다. 그래도 오는 난관을 비켜가지 않을 것이며, 즐기고 받아내며 이겨내고 앞으로 나아갈 거다.

수행자들이 무너지는 것을 보면서 나는 어떻게 하면 저렇게 안 무너질 것인가를 연구하고 있다. 그중 한 가지 방법은 그들의 특이능력을 부러워하지 않는 것이다.

내가 할 수 있는 능력에서 점차적으로 능력을 키워가며 수행자로서 하늘과 하나가 되어가기를 게을리하지 않을 것이다. 나는 나이다.

이번 세상에 오막살이집 한 채 가지고 왔다면 그 오막살이집에 나무 한 그루 심어놓았으면 그것도 성공한 것 아닌가? 하나라도 늘려놓았으니 말이다.

그렇다. 그렇게 하나씩 늘려놓는 것이다. 성공은 하루아침에 이루어지지 않는다. 나에게 피나는 노력과 열정이 섞여 있느냐에 따라서 수행의 질은 달라질 것이고, 선배들의 실패한 수행의 그루터기를 보면서 나는 그러한 수행을 안 하면 되는 것이다. 꼭 된장인지 똥인지 먹어봐야 아는가?

나는 나의 정신을 가지고 두 눈 똑바로 뜨고 수행의 질을 높이고자 지금도 열정을 다해 하늘과 대우주에 임한다.

실패한 이유는 꼭 짚고 넘어가야만 향후 그러한 실패는 나의 수행에서 사라질 것이다.

앞서간 수행 선배들의 실패를 거울로 삼고 올바른 수행 거울을 항시 앞에 두고 정진하며 가자.

애로사항

천지신명에게 청해 본다.

"할배여, 할매여! 마음선원이 이제 천지신명께서 거할 수 있는 공간을 마련하고자 합니다. 천지신명께 청합니다. 인간이 반성합니다. 인간이 마음 깊이 반성합니다. 인간이 잘못했습니다. 그러하니 한 번만 다시 봐주시고 다시는 주어진 소명을 놓지 않고, 신들께서 거하는 자리를 꼭 만들어주십시오. 영성 지도자를 배출하는 선원으로 만들어주시고, 한 사람인 제가 하기에는 어려우니 하늘에서 우주에서 기운을 모아주시면 한량없이 감사드리겠습니다. 제가 이렇게 글을 올리게 됨은 하늘에 계시는 천신들의 동의가 필요하기 때문이며, 이제 인간의 욕심이 아니라 대의를 위해 기도드리겠습니다. 신명들의 위력을 이제는 사용하실 때가 된 것 같습니다. 지금까지는 이 제자가 게으름이 붙어 있어서 영성 지도자 배출을 기피하고 있었습니다. 이제 게으름에서 벗어나겠습니다. 그러하니 이제 천지신명들 거하는 자리를 만드소서. 공기같이 떠돌지 마시고 이제는 정착하소서! 감히 청해 봅니다. 이미 하늘에서 작업이 들어간 것을 알고 있지만, 이렇게 제자가 감히 청해 봅니다."

오랜 세월의 업

나는 나에게 그러한 습이 내려와 있는지 몰랐다.
나의 의지 없이 맡겨둔 행동이 이제 와서 눈덩이처럼 굴러서 인간이 어떻게 할 수 없는 지경까지 오게 되었다. 알게 되었을 땐 이미 수습하기란….
인사사고가 일어났다.
왜?
뜻밖의 상황에서 벌어진 인사사고라 순간 당황했다.
그런데 이미 감이 온 상황이라 그냥 받아들이기로 했다.
그것이 풀어야 하는 나의 업이라면 받아들여야겠지.
이제는 마음이 편안하다.
피눈물 나는 수행을 하려면 어떤 악신이 있어 방해한다. 아마도 그것이 나의 큰 업인가 보다. 내가 그러하게 했었던 적이 있었나 보다. 그러니 그렇게 큰 업으로 만나 결국은 모든 기도들이 수포로 돌아가고 말았지.
누구를 탓하랴?
그것이 굴레라면, 이 기회에 그 굴레를 풀어야 하는 운명이라면 풀어야지. 뿌리 깊이 박힌 것이라면 뽑아내는 수행에 다시 들어가야 함이겠지.

낮은 신들의 장난

어제는 정월 대보름 행사를 했다. 나도 어렸을 적 추억이 있어서 행사장을 둘러보았다. 행사장 중앙에 상이 차려져 있고, 굿판이 크게 벌어지고 있어 가까이 구경을 가보았다. 대뜸 신들이 이구동성으로 외친다. 오늘 인간들에게 돈을 뜯으러 왔다고 한다. 이곳은 소도시라서 아직까지 굿이라는 것이 통한다.

여자 만신이 마을 굿을 시작한다. 조금 있으니 노인네 몇 분이 신사임당 할매를 놓으면서 만신에게 올 한 해 잘되게 해달라고 연신 허리를 굽혀가면서 절한다.

신들이 킥킥대고 웃고 있는 것이 보인다.

"드디어 떡밥이 먹혔어."

무당들이 신이 났다. 이번에 돈 한번 갈퀴로 긁어보자 하면서 무당끼리 신호를 주고받는다. 시간이 지날수록 많은 여자, 남자들이 줄을 서서 오방기를 뽑으려고 야단법석이다. 빨강색을 뽑아야 좋은 줄 알고 녹색기나 노란기가 나오면 다시 뽑아보겠다고 한다. 빨강색이 나오면 올해는 명산대천을 많이 밟으라는 뜻, 녹색기는 숨쉬기를 잘하라는 뜻이고, 노란기는 주저앉으면 죽는다는 의미이다. 해석이 조금씩 다르지만.

어느 무당도 진실한 공수를 주지 않고 그저 돈 버는 데만 급급해 좋은 말들만 해준다. 어리석은 잡신들에게 연신 허리를 굽혀가면서 자식들과 건강을 위해 손이 닳도록 비는데 낮은 조상신들에게 조롱당하는 것을 모른다.

조상신들의 장난이 저토록 허무맹랑한데 그저 잘되기만 바라니 어떻게 자신을 성장시킬 것인가? 자신의 조상신들은 손을 비벼가며 정성을 들이는 것이 아니라, 신들을 성장시켜 달라고 하는데 신들과 소통이 안 되고 있으니 신들의 답답함을 인간이 같이 안고 있다.

어린 시절 쥐불놀이 추억을 살리려 했는데….

제자들은 신들의 장난에 놀아나지 말기 바란다.

행복한 시간들

　오늘을 맞이하기 위해 수많은 난관을 극복하면서 자기 의지와 싸워왔다. 누구를 위한 것이 아니라 순전히 나 자신을 위해서였다. 이제 와 돌이켜보니 꼭 그런 것만은 아니었다는 것을 알게 되었다.
　행복하다. 이제는 분리됨이다.
　그분들이 서로가 움직이신다고 하니, 앞으로 어떻게 변화가 주어질지 모르지만 지금 이 순간만은 행복이라는 단어로 일단락 짓는다. 궁금하지만 또 가는 수밖에 없음을….
　자그마한 일도 감사하라고 한다. 우연히 오는 것이 아니기에 벗어나기가 얼마나 힘이 드는지. 지금도 호시탐탐 노리고 있고, 다시 그 자리에 넣어두려는 신명들.
　탈락한 수많은 제자들을 볼 때 아쉽고 화도 나지만, 그 자리에 들어가기가 낙타가 바늘귀에 들어가기보다 더 어려운 것이라 더 이상의 말을 삼가고자 한다.
　지금도 제단 앞에서 각자의 신명들에게 고하고 있지만 저기에서도 탈락할 자들이 나올 것인데…. 그냥 믿고 가면 될 건데… 믿고만 가면 되는데… 의심이 들어가게 하는 순간 싸움이다.
　의심이 들어오면 경계하라.
　또한 구걸하는 순간 탈락이다.
　또다른 세상으로 이동한다 하니 더 어려운 정의 자리이기에 또 다른 신중함을 진정으로 원한다.

수많은 절벽

나는 지금도 수많은 절벽을 넘어가고자 동아줄을 허리춤에 항시 매고 다닌다. 사람이 넘어가기 힘든 가파른 절벽이라면 줄이라도 타고 올라가야 하기 때문이다.

동아줄이 무엇이냐고 질문이 들어온다면, 그것은 우주의 지혜라고 말해 준다. 지혜로운 자는 어려운 관문이 있어도 어떻게든 타고 넘어가는 길을 개척해서 난관을 타개한다.

어떠한 절벽이라도 거부하지 않는 자세가 필요하다. 절벽을 거부하는 자는 인생의 패배자가 되는 길밖에 없다.

지금도 영성공부하는 제자 중 한 여자가 짧은 절벽을 넘지 못하고 스스로 주저앉기를 원하기에 탈락시키기로 했다.

영성공부의 기본은 자기 자신을 속이지 않는 거라고 했는데, 그 제자는 속이는 자체를 심각하게 받아들이지 않기에 하늘에 고하고 탈락시키기로 했다.

약속을 지키지 않는 자는 필요치 않다.

인내하는 자가 하늘을 이긴다

몇 년 전 삼척에서 발목을 심하게 접질리는 대형 부상을 당했다.

당시에는 얼마만큼의 큰 대가를 치러야 하는지 잘 몰랐다. 발목을 접질려 남모르는 고통으로 눈물로 지새운 날이 셀 수 없을 정도다. 이 아픔, 이 통증으로 활동사진 움직임이 끝날 때까지 가져가야 하나 하는 막연한 두려움으로 몸서리를 친 적이 수없이 많았고 길을 찾는 데 전력투구했다.

발을 제대로 쓸 수 있는 방법을 찾아가면서 청했다. 사람의 병이 아니라 신의 조화로 아픔을 준 것이니, 어디 가서 치료해 달라고 해야 하나 아니면 신명이 바뀌어야 낫는 것인지 내내 하늘에 답을 청했다.

어느 날 밤 치료해 준다고 한다. 발목 부상 자리에 엄청난 고통이 오더니 이내 통증이 사라지면서 가벼워진 것 같았다.

이 치료가 사실인지 확인 작업에 들어갔다. 정말 치료되었는지 갓 김치를 담그면서 시험해 보았다. 이 정도의 일감이면 양쪽 발목이 충분히 시달림을 받아 대형사고가 터질 터인데 의외로 발목이 부드러웠다. 아침에 일어나도 예전 같은 큰 통증은 없었다. 약간은 남아 있는 듯하지만.

이렇게 하면서 다친 부위를 고쳐왔다. 다치고 싶어서 다친 것이 아닌데 누구의 소행인지만 안다면, 인내하고 하늘과 소통만 한다면 영적인 병들은 수월하게 고쳐나갈 수 있으나 제자들은 믿지 않는다. 내가 그렇게 해서 많은 병들을 고쳤다는데 왜 믿지 못하고 중도포기를 하는지? 고통을 두려워하지 말라고 했는데.

나 역시 고통을 싫어한다. 그렇지만 신들의 업으로 오는 고통은 피해 갈 수 없다. 신들로부터 오는 업은 피해서 살 수 없다. 그래서 제자들에게 전한다. 하지만 영성공부하는 자는 피해 가는 것이 가능하다. 인내하고 간다면 신들의 업은 해결할 수 있다.

그러나 인내만이 다는 아니다. 인내하는 동안 사람이 할 수 있는 모든 방법을 동원해 가면서 인내해야 한다.

무리만 하지 않으면 큰 통증은 없을 것이다.

• **확장**

　남자 제자가 이러한 말을 한다. 선원을 활성화하지 않는 이유가 무엇이냐고.
　시간을 두고 잠시 생각해 본다. 선원이 활성화되는 것은 모두 제자들 몫이다. 제자들이 선원을 위해서 각자 어떤 노력들을 해보았는가? 하고 물어본다. 지금까지 근 10년씩이나 공부한 제자가 선원에 손님 한 사람도 보내지 않았다면 그게 제자인가?
　반문한다. 어떤 배짱으로 나에게 선원을 활성화시키지 않느냐고 물어본 것에 대해서. 선원에 대해서 걱정 한 번 해보았는가? 어떻게 하면 선원의 식구들을 늘릴 수 있는지? 각자 노력들을 해보았는가? 자아도취에 빠져 어느 누가 선원을 걱정해 보았는가? 하고 말이다. 자기들이 공부하는 장소를 천덕꾸러기로 만들어놓고 이제 와서 활성화 운운하는 그 머리가 쓴웃음을 짓게 한다. 덕을 보았으면 광고는 해야 하지 않는가?
　그래서 난 다른 곳으로 업종 변경하여 놀러 나간다. 업종 변경은 약초 재배하러 농장에 가는 거다.
　제자들아! 내가 항시 그 자리에 있는 것이 아니다. 너희들이 내가 이 자리에 오래 있게끔 하라는 암시였는데, 그 암시를 못 알아들으니 난 업종 변경하여 놀러 나간다. 누구 손해인지 각자가 알겠지.
　나 스스로 확장하러 나간다. 농사는 나의 심신에 휴식을 준다.
　이제 제자들은 나를 보러 선원이 아니라 농장으로 와야 한다.

신명 저축

선원이 5년 만에 장소를 이동한다. 그 시간 동안 나는 신들을 저축해 놓았다.

선원을 이동할 때마다 제자들에게 알아서 공부를 찾아가라고 하늘 문을 맘껏 열어놓는다.

하늘 시집살이 대가를 찾아가라고.

제자 수준대로 신명들을 챙겨가라고.

그런데 아무도 숨은 뜻을 알지 못한다.

그 뜻을 모르는 이유가 무엇인가? 말로만 공부했기 때문이다. 행동으로 공부했다면 벌써 신명들을 챙겼을 것이다. 어떠한 신명을 찾을 줄 모르니 좀 아쉽다. 선원 이사할 때 신명 챙기기가 가장 유리한데 말이다.

이사하는 것을 아는 제자들이 몇 명 있는데 아직도 인사가 없다. 인사가 없다는 것은 이미 자신들의 신명들이 죽었다는 것이다. 신명들을 죽여놓고도 정작 본인들은 모르니 참 답답하다.

하늘은 항시 주려고 하는데 제자들이 못 받아먹으니 한숨만 푹푹 나온다.

선원 이사는 이사가 아니라는 것을 모르는가 보다.

● **특이체질**

저녁형과 아침형이 있고, 특이체질형이 있다. 나는 특이체질형에 속하는데, 하루 중 가장 힘든 시간이 아침 기상 시간이다. 나에게는 오전 10시가 가장 좋은 기상 시간이다. 그 시간에 일어나면 아침형에게 게으르다고 욕을 먹는다. 아침형은 저녁 식전부터 잠을 자려고 준비하지만, 나는 새벽 3시에 자려고 준비하고 거의 새벽 4~5시에 잠을 청한다.

기도한다는 명분하에 새벽 시간에 잠을 청하다 보니, 아침형에게는 내가 아주 게으른 사람으로 보일 것이다. 밤 11시에 참선에 들어가면 동트기 전에 잠을 청한다. 그래서 이른 시간에 일어나는 것이 상당히 곤혹스럽고 어렵다.

지방으로 내려가는 일정이 잡힐 때가 가장 어렵다. 잠을 못 자고 일찌감치 출발해야 하는데, 장거리를 가다 보면 졸음운전 때문에 애를 먹는다.

지금은 약초 농사를 짓기에 잠을 자는 시간이 조금은 빨라져 덕분에 오전 8시면 일어난다. 우스운 이야기지만 농사꾼에게는 게으른 시간이고, 나에게는 획기적인 반전이다. 획기적인 반전으로 나의 일상생활이 다소 바빠졌고, 의미 있는 사건들도 많아졌다. 수행한답시고 선원 아니면 자연 속에 빠져 살다 이제는 약초 농사에 흥미를 가지다 보니 그 분야 사람들을 찾게 된다.

인맥 형성도 중요하고, 신들과의 관계 형성도 중요하다. 신들과 가끔 대화하면 답답하다고 한 번씩 여행을 떠나자고 한다. 신들의 걸음

걸이를 맞추다 보면 재미있는 일도 많이 생긴다.
 신 나게 자동차로 달리다가 잠시 멈추고, "여기서 잠 좀 자고 갑시다" 하고 주문하면 신들도 잠시 걸음을 멈춘다.
 기도를 다닐 때 어디 숙소를 정해서 찾는 것이 아니라 산이고 바다를 누비고 다니다가 맘에 드는 자리가 들어오면 그 자리를 기도 자리로 정하고 명상에 들어가는 것이 다반사였다.
 그렇게 기도하다 보니 편안한 방에서 자는 것보다 오히려 차 안에서 더 달콤하게 깊은 수면을 취했다. 지금도 차 안에서 잠을 자면 마음도 편하고 단잠을 푹 취하며 행복감을 만끽한다.
 특이체질형은 신들과 교류가 많기 때문에 일찍 잠을 안 잔다. 신들이 새벽에 움직이기에 특이체질형들은 신들이 움직이는 시간에 민감하게 반응한다.

죽어야 산다

실로 오랜만에 자신을 죽이는 공부 과정을 회상해 본다.

나를 죽이는 입문 과정에 있을 때였다. 천신들은 계속 나를 죽이고, 그 사이에 또 다른 천신들이 좌정하고, 좌정하기 위해서 인간에게 무한한 인내를 강요하고, 또 한 인간이 알고서 인내에 협조하면, 새로운 천신들도 빨리 좌정하여 신속히 진행해 준다.

전생의 필요 없는 천신을 정리하는 데 많은 시간과 고통이 따랐다. 고통의 대가는 나의 업그레이드와 다른 천신이 좌정하는 것이었다.

낮은 천신이 나에게 "인간 승리는 이런 것입니다. 당신은 천신 이기는 방법을 이미 알고 있고, 인간이 겪을 수 없는 수준까지 도달하여 이젠 내가 설 곳이 없으니 당신을 떠나려고 합니다" 한다. 천신도 낮은 수준이 있다는 것을 체험으로 알게 해주었다.

전생에 내가 중으로 공부한 적이 있는 조상신이었음을 알려주고 이만 간다고 하는 데서 확실히 알았다. 여태 전생의 중이었던 조상신명이 나의 뇌 일부를 조종해 왔으며, 공부가 승급되어 떠난다면서 고맙다고 인사한다.

조상신이 감사하다고 인사한 것은 처음 들었다. 조상 신명을 다스리려면 인내 싸움에서 이기는 것밖에 없다. 인내는 판단을 잘하는 것이다.

고개를 숙일 줄 아는 것과 머리를 세울 줄 아는 것이 판단 공부이다. 그래서 끊임없이 공부하라는 것이다.

결과

　살면서 지금 이 시간만큼 두렵고 떨리는 시간을 가져야 함을 감사해야 하나, 아님 원망해야 하나 잠시 고민한다. 심판대에 앉아서 끊임없는 결과 판정을 들어야 하는 가장 고통스럽고 어려운 시기이다.
　내면세계에서 천지공사를 다 하여 주시었는지?
　빠뜨리지 않고 틈 하나, 나사 하나 빠짐없이 다 막았는지?
　감리사가 와서 아니라고 하면 다 뜯어야 하는 막바지에 서 있다.
　나의 감리사는 뇌물도 통하지 않고 빈틈이 없는 고지식한 신이다. 정직하고, 확고하고, 봉사심도 많고, 주위를 배려하는 마음 자락이 하늘을 다 덮을 정도로 넓으시다. 그 감리사가 나의 내면세계에 있기에 더더욱 떨리는 감정을 속일 수 없음이다.
　타인들 속이는 것은 식은 죽 먹기보다 쉬운데, 나의 신들을 속이기는 하늘의 별 따기보다 어렵다.
　자신을 속이는 것은 나의 세포들을 죽이는 것과 같아서, 언제나 자신에게 솔직함을 인정받으려고 노력한다. 내면과의 약속은 하늘이 두 쪽 나더라도 지켜야 한다는 것을 세포의 감각으로 알게 되었다.
　지금은 행복하다. 또한 숨 쉬고 있는 내 자신에게도 고맙다는 인사를 빠트리지 않는다. 판정이 어떻게 나올지 미지수지만, 현재의 나는 자축이라도 할 기분으로 무척 들떠 있다.
　천지공사를 진행해 주신 여러 우주 천신들에게 감사드린다.

뻔뻔함

어느 날인가? 내가 무척 낯설게 느껴질 때가 있었다.

꼬집어도 감각조차 없는 무감각. 앞뒤 정황을 맞추어본다.

1년 전 상황은 지금을 위한 퍼즐 맞추기였고, 현재도 나의 인생은 퍼즐 맞추기의 연속이고, 앞으로도 그러할 것이다.

나는 게임을 즐긴다. 그것도 인생 게임을.

어려운 상황이 전개되었을 때 더더욱 게임에 몰두했고, 게임을 풀어나감에 흥이 났다.

어떤 이들은 나의 사고가 마음에 안 든다고 했다. 그들에게 나의 사고가 맘에 안 드는 것은 당연하겠지. 그러나 나를 뻔뻔하게 만들어 준 신에게 감사한다. 나는 그것을 당당함이라고 표현하고 싶다. 당당함이 때로는 문제해결에 상당한 도움을 주기 때문이다. 냉철한 이성적 태도가 상황을 판단하는 데 무척 큰 도움이 된다.

인간은 정에 의해 판단이 흐려진다. 흐려진 판단은 주위 사람들에게 민폐를 끼친다. 먼지 같은 자잘한 정으로 판단을 흐리게 하여 주위를 힘들게 하지 말자.

때론 뻔뻔함이 나와 내 주위를 보호할 수 있다.

봄맞이 대청소

작년 겨울, 너무 춥다고 게으름 펴는 방법은 다 동원하여 게으름을 즐겼더니 주변이 너무 어질러져 있어 정신 둘 곳이 없음에 게으름 신명을 제대로 키워주었다.

이제 더 이상 게으름 신명을 봐줄 수 없어, 청소하는 신명을 불러 청소하기에 도전한다.

청소하면서 알게 해준다. 나의 내면이 지저분하게 일그러져 있고, 신명들이 제자리에서 벗어나 있음을.

봄이면 가정에서도 봄맞이 대청소를 한다. 우리는 대청소라는 의미를 알아야 한다. 왜 봄맞이 대청소를 하는가? 이는 춥다고 게을렀던 것들을 털어내는 작업이다. 기왕이면 봄맞이 대청소를 하면서 자신의 내면도 같이 청소하면 어떨까? 사람이 움츠리고 있으면 신명세계도 움츠리고 있음을 알게 해준다.

이제 다시 신명 건설을 해야 한다. 지기를 듬뿍 받아 먼지 쌓인 내면의 생각을 털어내고, 빈자리에는 새로운 기운으로 채우자. 그러면 춘곤증으로 고생하지 않을 것이다.

처음 만난 고마움을 잊지 말자

나는 순수한 마음을 주었는데 상대방에게 오해가 생겼나 보다. 처음의 순수한 마음을 내가 잃어버렸는지, 상대방이 잃어버렸는지? 환경 차이인가?

그렇다고 이해해 달라고 하지는 않는다. 기다리는 시간의 투자도 있어야 할 것이다. 아마도 내가 상대방을 생각하는 마음과의 생각 차이로 오해가 생기는 것 같다.

상대방이 나의 것을 참견하기에 나도 참견해도 되는가 보다 하고 참견했더니 본인의 참견은 생각 안 하고 타인의 참견만 기분이 나쁘다고 한다.

그러면 그 자리에서 솔직히 말했으면 이해했을 텐데 시간이 지나서 이상한 말로 나에게 전달된다.

그래서 전하고 싶다. 타인을 참견하고 싶으면, 타인의 참견도 받아들이는 자세가 되어 있어야 한다고.

처음의 순수한 마음을 잊지 않았으면 한다.

신을 다룬다는 것

오래전부터 고민하고 있다.

과연 신을 다룬다는 것은 무엇인지?

보이지 않은 정신세계를 어떻게 쥐락펴락해야 하는 건지?

명령을 내려야 하는 건지, 아니면 부탁해야 하는 건지?

이제야 실마리를 푼 것 같다. 신들과 공생공존함이고, 나의 내면세계에서는 인간에게 원하는 것이 무엇인지, 원하는 것을 하지 않아서 등을 돌렸다면 신들의 마음을 어떻게 돌려놓아야 하는지.

인간들은 신이 있는지조차 모르기에 신들이 무엇을 원하는지 알지 못한다. 내면보다 내가 더 중요하다고 생각하기에 그런 것 같다. 나라는 것이 항상 주체가 되어 인간을 헷갈리게 만든 것이다.

이번에 3개월을 앓으면서 많은 것을 잃고 많은 것을 얻었다. 잃은 것은 건강이고, 얻은 것은 높은 정신이다.

측은지심! 말로만 행하는 것이 아닌 몸소 실천하는 측은지심!

몸을 생각한다면 하지 않아야 할 일을 해준 적이 있다. 너무도 딱한 중생인지라 측은한 마음이 들었고, 잘난 마음도 들어가서 일을 해준 것이 화근이 되었다.

제자들에게는 함부로 손대지 말라고 항시 말했던 것을 내가 하고 말았다. 내가 말한 것에 책임을 져야 하기에 누구에게도 말 못 하고 혼자서 미련을 떨었다. 누구에게 하소연할 것인가? 내가 자초한 일인데…. 그렇지만 불쌍한 중생을 구제해서 마음은 기뻤다.

신의 마음을 얻으려면, 신을 다루려면 '나'라는 주체가 없어야 한다는 것을 알게 해주었다.

　감사하다.

　막연히 그렇다는 것만 알았었지.

　신들과 공생공존하며 가야 한다는 것을….

해제된 안부 전화

영성공부하기 전에는 주변에서 나를 왕발이라고 부러워했다.

주변을 돌아보니 지인들이 참으로 많았는데, 그렇다고 특별히 내가 지인들을 만나러 다닌 기억은 없다. 그네들이 나를 필요로 하기에 찾아왔던 것 같다. 친구들과도 연락들을 주거니 받거니 하였고 부모형제들 간에도 사이가 좋은 편이었다.

그런데 영성공부하는 시점부터 부모 형제들과 이별 아닌 이별을 하게 되었고, 지인들도 순간적으로 아무 관계 없는 사이로 변하였다. 물론 친구들과도 연락을 두절하게 되었다.

공부하는 동안은 모든 인연을 끊으라는 엄명에 가족만 남겨두고, 모든 만남을 단절하였다.

오로지 네 자신과 하늘만 믿고 가라는 엄명에 변명도 못해 보고, 인간도 아닌, 밑바닥부터 묵언으로 가는 외로운 길을 걸어가는 연습을 시켜주었다.

사방을 높은 장벽으로 막아놓았다. 내가 다닐 수 있는 환경은 정해져 있었다. 집과 선원 그 외에는 어느 곳도 인정해 주지 않았다.

천문을 열어놓고 천문을 소리 없이 막아놓고, 스스로 열고 나오는지, 막혀 있는지도 모르고 있는지, 수없는 시험지 속에서 인간의 답답함은 이루 말할 수 없었다.

막긴 막아놓았는데 어디서 막혔는지 찾지 못하게 만들어놓고, 막힌 것을 찾으라는 천신들의 고함에 간담이 서늘해져, 우왕좌왕하게 만들어놓고 교관들은 또 지켜본다. 수천 리 낭떠러지에서 떨어지게 만들어놓고 어떠한 방법으로 헤쳐 나오는지? 헤쳐 나오지 못하면 아예 쳐다보지도 않는 천신들.

어머니의 영이 옆에서 힌트를 주신다. 죄책감도 가지지 말고, 소심해하지 말고 자신감을 가져라.

탈락하지 말고 얼른 앞으로 나가라고 응원도 해주시는 덕분에 긴 수행 끝에 알게 되었다. 나는 이 길뿐이 없다고 눈물로 하늘에 고하면 하늘은 감동하는가 보다. 또다시 공부를 시켜주신다.

나 또한 이 길이 나의 길이고 천직이다.

하늘이여, 할배여, 한 길뿐이 없는 천신제자 꾸짖으시고 가는 길 제대로 일러주시고, 공부를 게을리하지 않게 해주소서!

발원기도를 드리면서 지금까지 왔다.

모진 수행을 해오면서 마당발이라는 호칭과 친구들과의 관계도, 부모 형제들과의 관계도 다 끊어놓고 공부시키더니 어느 날 인간관계를 다시 이어준다.

영성공부는 개인적 삶과 개인의 생각을 모두 인정하지 않는다는 것을 수행하면서 그 이유를 알게 해주고, 이유를 안 뒤에는 굳이 나의 개인사 삶은 주장할 필요가 없었다.

그렇게 인간의 개인 삶을 홀연히 놓고 나니 천신들과의 교류가 터지기 시작했다. 그렇게 해서 또다시 깨닫게 되었다.

소통이 될 때까지는 인간의 이기적인 개인적 생각에 집착하면 안 되고, 소통이 되었다고 해서 게으름을 피워서는 안 된다는 것을 또다시 깨닫게 해주었다.

지금은 끊어졌던 부모 형제들과의 인연을 제자리로 돌려주었으며, 옛 인연은 정리되어 꼭 필요한 인연만 소중히 나를 지켜준다.

물론 친구들도 십여 년 못 만났지만 여전히 반갑게 대해 준다. 친구들은 내가 살아온 과정들이 여러 환경 속에서 공감이 가는 부분들이라 미소로 답을 준다.

처음 영성 수행할 때는 모든 것을 다 잃어야 되나 보다 하고, 한쪽 구석에 쭈그리고 앉아 남들에게 우는 모습을 안 들키려고 숨죽이며 울었던 기억이 새록새록 난다.

지금 돌이켜 생각해 보면 해맑은 웃음으로 미소를 짓지만, 그 당시에는 큰 사건 중의 큰 사건이었다.

이제는 인간들 속의 만남도 인정해 주시기에 친구들과 안부 통화도 허락해 주신다.

이제야 알겠다. 인간이 죽지 않으면 하늘과 우주와 빙의가 될 수 없음을. 하늘의 대변자는 하늘의 마음을 알아야 한다. 그래야 하늘의 대변자로 인정받고 하늘의 자격증을 받게 된다.

영성으로 수행하고자 하는 사람은 일단 인간적인 사고는 죽어야 한다. '나'라는 문이 닫혔을 때 나의 생각도 들어준다.

그러니 제자들은 개인의 생각의 문을 닫아달라고 위에다 청하고 인간 스스로 뼈 아픈 수행을 해야 한다.

'나'라는 것이 안 나올 때까지 내가 죽어야 산다!

제 6 장

영성공부를 받다

네 번의 죽음의 고통 속에서

처음 스승님과 사업 파트너로 만나 약초 농장을 운영하게 되었다. 농사를 지으며 공부하는 제자들의 모습이 날이 갈수록 밝아지고 제자들의 마음 됨이 바르게 서는 모습을 3년여간 지켜보다 이 정도면 믿을 수 있겠다는 신뢰가 생겨 제자들과 함께 공부를 받게 되었다.

"나도 영성공부시켜 주세요."

말은 던졌지만 막상 시작해 보니 마음과 뜻대로 잘되지 않았다. 듣도 보도 못 한 단어들이 귀에 들어오지도 않았거니와 영성공부는 인간이 외워서 하는 공부가 아니라 자신들 에너지 장 공부시켜 주는 거라고 하는데 도통 이해가 되지 않았다.

소감을 묻는데도 어떠한 소감을 내놓아야 하는지 몰라 항시 소감 들어가는 시간만 되면 핑계를 대고 슬쩍 자리를 이동하였다.

나는 공부하고 있는지도 몰랐는데 어느 날 뒤돌아보면 어! 공부가 되었네 하고 감탄하기도 하였다.

영성공부는 지금도 매우 어렵다. 그래도 정신적 변화가 크기에 제자들 공부할 때 커닝해서 세포 속에 저장해 놓고 있다. 그리고 공부하면서 개인적으로 상상도 못 할 많은 영적 경험 변화를 즐비하게 겪었다.

이럴 수가! 하는 기이한 행적도 보여주었지만, 눈앞에서 펼쳐진 기이한 행적이라 믿고 싶지 않아도 믿을 수밖에 없다.

지금도 잊히지 않는다. 정을 사용하지 말라고….

정을 사용하면 내가 다친다고… 그 말이 무엇인지 몰랐다. 시간이 흐르고 나니 정을 사용한 나만 마음의 상처를 받고 있다는 것을 깨달았다.

이래서 정을 사용하지 말라고 했구나. 이제는 이성적으로 판단하려고 나름대로 노력하고 있다. 그리고 먼저 자식에 대한 집착을 정리할 수 있었다.

각자의 인생이 있음을 인정하고 자식에 대한 욕심을 내려놓으니 삶은 오히려 더 홀가분하고 자유로워졌다. 자식도 나도 각자의 삶을 충실히 살아가며 서로의 삶을 응원해 주는 모습에 더 보람을 느낀다.

내가 보기에 남들이 잘못하고 있는 부분이나 약간 아쉬워 보이는 부분을 지적하고 도와주고자 했던 말과 행동들이 오히려 오해를 불러일으키게 된 경우가 많았다.

그로 인해 불필요한 감정을 사기도 하였는데 영성공부하면서 그런 부분이 많이 정리되었다.

나는 말보다 행동이 앞서는 타입이라 크고 작은 실수가 많이 뒤따랐는데, 이제는 말하기 전에 상대방의 입장을 헤아려보게 되었다. 무엇보다 사람마다 주어진 수준과 성향이 다르다는 점을 깨닫고 나서부터는 한 발 물러서서 기다려주는 배려심도 갖게 되었다.

의욕과 자신감으로 일을 도모하지만 모든 사람이 다 내 마음과 같을 수는 없다는 것을 깨달은 후부터는 나의 부족함을 먼저 반성하게 되었다. 삶을 의욕만으로 살기보다 부족한 점을 보충하며 사는 것이 더 보람 있다는 것도 알게 되었다.

4번의 죽음의 고통 속에서 그때마다 삶을 연장시켜 주신 은혜를 말로 표현은 못 하겠고, 천부경을 써서 선원에 증정하고자 시간 나는 대로 서예 연습에 박차를 가하고 있다.

  나날이 보람 있는 삶을 살 수 있게 해주신 스승님께 진심으로 감사드립니다.

– 영적 스승님께, 관주 올림

처음 약속을 지켜주신 스승님

15년 전 내 나이 29살 때 처음 선원을 찾았다. 그때 나는 대학 졸업을 앞두고 인생 상담을 위해 멘토를 찾던 중이었고, 우연히 카페에 올라 있는 글에 감명을 받아 지금의 스승님을 찾아뵙게 되었다.

그때 난 그야말로 자유인이었다. 왜냐하면 인생을 거의 포기하다시피 내려놓고 내 맘이 이끄는 대로 살고 있었기 때문이다. 고등학교 때부터 난 외톨이였다.

겁이 많은 나는 학교폭력에 대한 두려움을 이기지 못해 급기야 몸이 아프다는 핑계를 대고 학교에 적응하는 것 자체를 포기했다. 약자는 건드리지 않겠지 하는 비굴한 마음으로 억지로 학교생활을 하였는데 결국 아무도 나를 돌아보지 않으니 외톨이가 되고 만 것이다.

사람과 부딪쳐가며 처세를 배울 때인데 그 과정을 반납했으니 졸업 후 사회생활이 될 리 만무했다. 기본이 안 돼 있었던 것이다. 그런 떳떳하지 못한 마음 자세로 사람들의 얼굴을 제대로 쳐다볼 용기가 없었고 삶을 성실히 헤쳐나가는 또래들에 비해 뒤처지는 상황이었다. 스스로도 자신의 비굴함이 용서되지 않았다.

나는 피아노를 전공했다. 정상적인 사회생활의 벽은 너무 높고, 피아노가 그나마 사람들에게 인정받을 수 있는 무기였기에 어떻게든 성공하고 싶었다. 하지만 기초가 부족해서 피아니스트가 되긴 어려웠다. 그러나 음악은 종류가 많다. 어차피 희망 없는 인생이니 하고 싶은 것이나 실컷 해야지 하는 생각에 음악에 관한 꿈을 크게 그리며 피아노 앞에 앉아 많은 시간을 보냈다.

어디선가 들은 얘기로 베토벤이 맹인 소녀에게 피아노를 연주해 주니 눈을 떴다고 하고, 『초한지』의 장량이 항우와의 결전에서 망루에 올라 연주한 가야금 선율로 초나라 대군의 심금을 울려 전의를 상실케 하여 승리했다는 등의 초현실적인 음악을 꿈꾸며 삶의 위안을 삼던 시절 스승님을 만났다.

스승님은 나의 상태를 잘 아셨고 현실 가능한 부분들에 대해 말씀하셨는데 나에게는 매우 희망적인 제안이었다. 부족한 인성을 채워나가면서 사회생활에 적합한 사람으로 만들어갈 수 있다는 것과 내가 전공한 음악으로 사람들의 혼을 치유할 수 있다는 말씀에 두 번 생각할 겨를도 없이 공부하리라 결심했다.

인생의 희망이 생긴 것이다. 사람의 영혼을 치유하는 음악을 하게 되다니…. 모든 것을 투자할 만한 가치가 있는 목표였다. 잊고 싶은 과거와 부족한 사회성에 대한 고민도 그 희망 앞에서 희석되고 꿈에 부푼 나는 영성공부를 시작했다.

그때부터 15년 동안 상상도 못 했던 다양한 경험들을 하게 되었다. 처음 상담할 때는 몰랐는데 스승님은 스케일이 매우 크신 분이었다.

일반인들이 실행하거나 접하기 힘든 스케일의 경험들을 다양하게 접하게 되었고 그것들은 어디서도 보지 못할 것들이라 할 수 있다. 스승님은 사람의 마음을 힐링하는 음악을 만들려면 폭넓고 다양한 사고를 갖추어야 한다고 하셨다.

전국 방방곡곡과 해외를 누비며 다양한 자연을 접하게 하시고 평생 다 못 먹어볼 산지의 제철음식들을 먹게 하시면서 보는 것이 공부이고 음식이 영이라고 가르쳐주셨다.

사람들을 두려워하던 내게 알맞은 직장을 찾아주셔서 사람에 대한 진실한 모습을 공부하게 하시고 인간관계에 대한 만족할 만한 추억을 만들도록 해주셨다.

공부가 끝나자 음식점을 차려서 스스로 경영하고 관리하는 법을 배우고 체력을 갖추도록 하시고, 그 과정이 끝남과 동시에 카페를 운영하면서 조금 더 심도 있게 사람 공부를 할 수 있도록 자리를 마련해 주셨다.

어느 날 선원 문을 닫고 약초농장으로 들어와 공부하는 자리를 만들어 하늘과 땅의 이치를 자연 속에서 터득하도록 해주셨다. 그 덕분에 다양한 약초에 대해서 알게 되었고 선천성으로 고생하던 아토피 피부염이 완치되었다. 사회에서는 다 접해 볼 수 없는 다양한 분야의 사람들을 경험하게 하여 사람에 관해 세부적으로 공부할 수 있도록 해주셨다. 그 외에도 수많은 경험과 진귀한 공부들은 셀 수 없을 정도로 많고 그렇게 한눈팔지 않고 세월은 흘러 15년이 후다닥 지나갔다.

내면을 힐링하는 음악을 연주하기 위해서는 다양한 경험들을 통해 자격을 갖추어야 한다는 것을 알았다. 하지만 시간이 흐를수록 음악과는 무관한 경험들만 겪다 보니 슬슬 불안해지기 시작했다.

스승님이 약속을 잊어버리신 건 아닐까? 지금의 경험들이 내 꿈에서 너무 벗어나고 있는 것은 아닌가? 나 역시 도반들과 주위 사람들에게 내 목표에 대해 설명한 일이 거의 없다 보니 그 사실은 세월 따라 사라지고 있는 것인가?

나조차도 그 기억과 열정이 희미해지고 있었다.

어느 날 내면에서 선원을 떠나 내 자신을 다시 찾아야 한다는 생각이 들어왔다. 즉시 고향으로 내려가 어린 시절부터 지나온 길을 모두 돌아보고 그곳의 자연을 보며 내 뿌리에 대해 공부하는 시간을 가졌다.

만행 기간 내내 노래 부르고 있는 내 모습을 보며 음악을 완성하고자 하는 마음이 결코 작은 것이 아니었음을 알았다. 선원으로 복귀하자 스승님은 처음 약속을 잊지 않았다고 말씀하시고, 자연과 소통하여 즉흥연주를 할 수 있는 작업을 마무리해 주셨다. 그래서 나는 지금 카페에 오는 손님의 내면세계를 음악으로 표현하게 되었다.

손님들은 신기해하기도 하고 때론 감동하기도 한다. 나의 내면의 에너지들도 세상에 존재하지 않던 음악을 표현하는 데 대해 매우 경이로워(?)한다. 이것은 음악가들의 꿈이었나 보다.

즉석에서 우주의 에너지와 소통해 그 세계를 표현하는 것, 그 순간은 매우 신비롭다. 그것은 영적이기에 가능한 일이다.

해와 달의 에너지를 담아서 표현하기도 하고 별들의 에너지, 국가의 에너지, 바다와 산이 주는 에너지 등등 존재하는 모든 것들과 소통하여 즉흥연주를 하는 것은 나에게도 설레는 일이다.

놀랍게도 스승님께서는 15년간 준비하여 약속을 지켜주셨다. 하늘과 자연에서도 약속을 지켜주었다고 한다. 내 행성에서도 축하잔치가 벌어졌다.

그동안 나는 내 못난 점을 숨기고자 하늘과 자연을 기만했었다. 별것 아닌 것을 부여잡고 못난 점 들키기를 두려워했었는데 이제는 그래선 안 된다는 것을 안다.

자연은 인간과 함께 가기 위해 자격을 갖춘 자를 키운다. 자연을 왜곡시키지 않고 각자의 자리에서 주고받는 역할을 해줄 수 있는 인간을 필요로 한다. 잘난 것과 못난 것도 모두 자연에서 주는 것이고 성장시키는 것도 자연에서 담당한다. 음악의 길로 안내하고 프로그램을 짜서 경험을 갖추는 것도 자연에서 움직여야 가능한 것이다.

자연은 인간과 함께하길 원한다. 자연의 역할이 어떤 것인지 인간이 알아주길 원한다. 지금의 내 음악도 사람들에게 그러한 뜻을 전해주길 원하는 자연의 바람이 아닐까?

음악은 하나의 도구이다. 중요한 것은 수많은 사람들이 자신들의 내면과 소통하는 것이다.

다양한 사람들만큼이나 다양한 세계가 그 속에 존재할 것이고 나는 이제 겨우 음악 하나를 만났을 뿐이다. 또한 앞으로는 제대로 된 자세로 공부를 해야 한다. 나의 문제를 나만의 것으로 담고 있어선 안 된다. 자연과 상의해야 한다.

하늘은 내가 출발할 때 나를 꼬드기기 위해(?) 했던 약속을 진짜 지켜주었다. 나는 그 이유를 안다. 진짜 공부를 시작하게 하기 위해서였다. 하늘이 약속을 지켰다는 것은 이제부터 제대로 공부하라는 뜻이다.

어린 시절 갖추지 못했던 것을 다시 갖추기 위해 15년이 흘렀다. 조금만 겸손했더라면 이렇게 긴 시간이 흐르진 않았을 것이다. 하지만 긴 시간만큼이나 충분한 에너지가 가득 찬 느낌이다.

아무리 생각해도 즐겁고 신기하며 흥분되는 경험을 가득 쌓은 나는 이제 누굴 만나도 해줄 말이 많다. 일반인들은 절대 경험하지 못할 진귀한 것들….

어렵고 힘들었던 시절 누구에게도 바랄 수 없는 내 삶에 대한 책임을 내 자신에게 자문했었다.

"내가 제대로 살아갈 수 있으려면 어떻게 해야 할까?"

어린 내 바람이 꽤나 간절했는지 내면에서는 기다렸다는 듯이 얼마 가지 않아 화답을 주었고 그에 합당한 인연을 만나게 안내해 주었다. 어쩌면 인간이 던진 간단한 질문 하나에 이렇게 답을 해주는 것이 자연의 마음이 아닐까?

주고받는 관계는 합당한 것이다. 자연과 인간의 관계, 대단한 경험과 공부를 하게 해주신 스승님, 감사드립니다.

— 피아노 건반 두드리며, 제자 명관 올림

영성공부를 받으며

저는 몸이 너무 아파서 이렇게 사는 것보다 차라리 죽는 게 낫지 않을까 하는 생각이 종종 들던 2010년, 선원에서 스승님을 만나 지금까지 직장에 잘 다니는 공무원입니다.

초기에는 신기한 일이 너무 많아서 흥분하곤 했었는데, 시간이 점점 흐르면서 이런 일들은 당연시되고 환호했던 신기한 일들은 기억 저편으로 사라져 많이 기억나지는 않습니다. 하지만 지금 생각나는 에피소드 몇 가지를 적어보려고 합니다.

선원에 오고 3년 정도 됐을 때 몇 년 전부터 가고 싶었던 청산도에 가려고 예약을 해놨었습니다. 그런데 출발 3일 전 식당에서 점심 먹고 일어나다 한쪽 발이 옆 사람 의자에 걸려서 통나무처럼 옆으로 쓰러지면서 왼쪽 팔꿈치로 바닥(일명 도기다시)을 찍었습니다.

체중이 팔꿈치에 전부 실린 상태라 너무나 아파서 일어나지도 못하자, 옆에서 밥 먹던 직원들이 뛰어와 부축해서 일으켜주었습니다. 넘어지는 소리가 어찌나 컸는지 당장 정형외과에 가야 한다고 난리들이어서 알았다고 하고 나오면서 지금 병원에 가야 하나? 퇴근하고 가도 되지 않을까? 생각하면서 일터로 올라갔습니다.

너무 바빠서 정신없이 일하다 한가한 시간이 돼서야 점심시간에 넘어진 생각이 났습니다. 팔꿈치를 움직여 보니 아무렇지도 않아 이상해서 들여다보니 멍도 없고, 붓지도 않았으며 눌러도 아프지 않았습니다.

잠깐 이런 생각이 들었습니다. 내가 넘어지긴 했나? 분명히 넘어졌는데… 직원들이 전부 봤는데….

그때 제가 모르는 무언가가 있는 것 같아서 스승님께 보고드렸더니 여행 가면 좋지 않은 일이 생기니 제 신명이 못 가게 한 것이라고 알려주셨습니다. 어쩐지 평소에 다친 것이랑 너무 다르더라. 감사합니다.

다음 날 점심시간에 식당에 갔더니 직원들이 병원에 다녀왔냐고 물어보는데 너무 멀쩡해서 민망할 정도였습니다.

2017년 9월, 물건을 빌려달라는 직장동료의 부탁을 거절했습니다. 그 부탁을 들어주면 제 업무에 문제가 생길 수 있었거든요. 그런데 이 사람이 미친 사람처럼 화를 냈습니다. 부탁을 들어주지 않았다고 저렇게 화를 내다니 너무 기가 막혔습니다. 이후 복도에서 만나면 저는 자동으로 안녕하세요? 하고 인사하는데 저보다 나이가 한참 아래인 그 사람은 인사만 받고 그냥 가기를 8개월 정도 그랬는데, 스승님께 보고드렸더니 전생의 일 때문이라고 하시면서 푸는 법을 알려주셨습니다.

차 한 잔 끓여놓고, 그 사람 신명을 부른 다음 "우리가 어느 생에서 만나 얽혔는지 모르지만 이 생에 공부하러 나왔으니 이제 그만 풉시다"라고 3회 반복해서 말하라고 하셨습니다.

그런데 놀랍게도 2번 했을 때 그 사람을 만나 인사했더니 자기도 고개를 숙이면서 인사하고 가더라고요. 3번을 다 하고 난 다음 만났을 땐 고개 숙여 인사하고 입으로 "안녕하세요?"라고까지 하기에 너무 신 나고 재밌어서 역시 영성공부하길 잘했다는 생각이 또 한 번 들었습니다. 이 공부를 하지 않는 사람들은 모르겠죠?

저는 어렸을 때부터 드라마를 보거나 친구랑 얘기할 때, 책을 읽을 때 죽음에 대해 생각하면 너무 무서워서 몸이 부들부들 떨리면서 공황상태에 빠지곤 했습니다. 그 상태에서 빠져나오려면 상당한 시간이 필요했습니다.

그 공포는 나이 50이 넘어도 계속되었는데, 어느 날 문득 최근에는 죽음에 대한 공포가 생기지 않았다는 것을 자각하게 되었습니다. 언제부터 없어졌지? 생각해 보니 선원을 다닌 이후부터였습니다. 그래서 스승님께 얘기드렸더니 빙긋이 웃으시며 공부하려고 태어났는데 공부하지 않고 돌아가게 생겼으니 무서워서 그랬다고 합니다. 마치 숙제하지 않은 아동이 학교 가기 싫은 것처럼.

그런데 올봄에 죽음에 대한 공포가 다시 한 번 찾아왔습니다. 건강이 좋아지니 초심을 잃은 것이지요. 그제야 아이쿠, 공부를 게을리했구나 반성하면서 제 신명들에게 꾸준히 공부하게 해주세요 하고 청했습니다.

가끔 이런 생각이 듭니다. 스승님을 만나지 못했더라면 어떻게 됐을까? 지금 살아 있기는 할까? 살아 있었다면 몸은 얼마나 아팠을까? 직장을 다닐 수 있었을까? 타고난 성격대로 살았다면 얼마나 힘들게 살고 있을까? 등등.

스승님을 만나 영성공부할 수 있음에 감사합니다.

– 제자 하연 올림

스승님께 감사!

2004년, 약국을 운영한 지 23년 만에 몸과 마음이 많이 피폐해져 병원을 가보고 용하다는 한의원에서 침을 맞고 한약도 먹었지만 효과를 보지 못해 할 수 없이 약국도 폐업하고 지내다 남편의 권유로 8월 초 무진 선생님을 만나게 되었습니다.

손가락 하나 까닥하기 싫을 정도로 만사가 귀찮고 병약해져 있었는데 선생님의 기 점검을 통해서 조금씩 건강을 되찾게 되었고, 또 제자들에게 영성공부 가르치는 걸 옆에서 지켜보면서 서서히 마음공부인 영성공부를 하게 되었습니다.

스승님과 만나기 전에는 30여 년간 교회에 다녔지만 스스로 "나는 사이비 교인이다"라고 말하고 다닐 정도로 겉돌았는데, 스승님과 만나 단 1시간도 안 되는 동안 말씀을 들으면서 울음을 터트리고 말았습니다.

정말 열심히 산다고 살았는데 제가 이렇게까지 심신이 피폐해진 것은 내면의 신들이 원하는 것을 하지 않고 다른 곳을 헤매고 살다 보니 내면의 신들이 화가 나서 인간을 쳐서 깨닫게 하려 한 것이라고 하셨습니다.

이렇게 해서 지금까지 15년을 스승님 곁에서 지내는 동안 풀기 어렵고 힘든 일들을 스승님 덕분에 수월하게 풀어가며 살게 되었고, 현재는 아주 건강한 삶을 누리며 70이 다된 지금도 직장에 다니고 있습니다.

돌이켜보건대 무진 스승님을 만나지 않았다면, 전 이 세상에 없거나 아주 병약한 상태로 어디에선가 무지한 채 살고 있을 거라 생각됩니다.

스승님의 영적 성장을 위한 가르침과 보살핌 덕분에 내면을 성장시키고 건강한 삶을 살 수 있음에 이 지면을 통해서 무한한 감사의 마음을 전합니다.

스승님께 큰절 올립니다.

– 제자 호연 올림

삶의 여정

하늘의 소리

할라방치망구인지군파차아윰이징으미파차할치쿠유만차크츠이창하야.

의식은 귀에 두고 입에서 나오는 소리를 마음에 묻는다. 언어의 뜻이 결정되지 않은 나의 무의식이 내는 소리를 듣는다.

흐크치이밍정하으명상을령

연결되지 않는 소리, 의식이 결정되지 않은 미완의 소리에는 형상도 형체도 지시도 없다. 나뭇잎을 흔들고 지나는 바람, 호수 위를 지나며 습기를 묻히고 하늘 높이 솟아올라 뭉게구름 옆을 지나며, 어느새 돌아와 팔, 등, 얼굴을 부드럽게 지나며 습기를 묻히는 느낌.

1. 그냥 두는 것이다.
2. 하려고 하지 마라.
3. 지시하지 마라.
4. 생각하지 마라.

뒤돌아보면 많은 생각을 하게 한다.

2007년 7월 7일, 길을 가다 창밖으로 보이는 천부경을 보고 찾아간 웅천선원에서 공부한 지 10년도 더 지났다.

나의 마음을 휘감는 알지 못하는 기운을 주체할 수 없어서, 휘몰아치는 기운을 어떻게 할 수 없어서 헤매다 들른 웅천선원에서 선생님을 만난 날 질문을 했다.

"내 속에서 휘몰아치는 기운이 '심기신' 원리로 움직이는 것 같은데 어떻게 해야 안정시키나요?"

몇 달을 절간으로, 암자로, 무당을 찾아 헤맨 끝에 홀로 몇 날 며칠 마음속을 들여다보고 찾아낸 기운에 흐름을 물었다. 또한 다시 찾은 '심기신' 질문을 다시 절간으로 무당으로 들고 다녔지만 아무도 말해주지 않았다.

선생님은 그건 심기신이 아니고 영기신이라고 말씀하시며 하라는 대로 3년 하면 그 기운 다스리는 방법을 가르쳐주시겠다고 했다.

나는 혜광이란 이름을 받았다.

지금은 조상신과 혜광과의 관계 공부 중이다. 공부한 만큼 알 수 있다. 현재 혜광이 공부한 만큼 알려준다. 내일이면 변해 있을 테지만 혜광은 이렇게 말해 준다.

"뜻이 있는 모든 언어는 조상이다."

간다, 온다, 행복하다, 슬프다, 즐겁다, 위대하다, 신인합일, 깨달음, 도, 지옥, 천당, 화, 증오, 미움 등등.

조상신은 혜광에게 조상들 뜻을 전달하고 행하길 원한다.

내 손, 내 얼굴, 내 생각, 내 느낌조차 조상이다. 조상과 혜광 자신으로 분리하는 삶은 보이지 않는다.

월출산 여행에서 혜광이 알려준다.

"조상 없이는 살 수 없지만 혜광으로 사는 건 가능하다."

현재 자신의 모든 것이 조상이라고 받아들이는 것으로부터 시작이다. 시작부터 혜광을 찾아가는 여정에 들어섰다.

첫 번째로 혜광에게 있던 자격지심의 조상신으로부터 벗어나는 공부를 시키는 것으로 시작했다.

자신을 찾아가는 여정에 방향이 되어주신 선생님, 감사합니다.

— 이번 여행을 다녀오며, 제자 혜광 올림

가정의 화목을 찾다

저는 마흔둘에 남편과 사별하고 1남 3녀를 부양하게 되었습니다. 살아갈 길이 막막하고 마음이 답답했지만 어떻게든 살아야 했기에 일을 마다하지 않고 열심히 살아왔습니다.

어느 날부터 큰딸과 막내아들의 잦은 다툼으로 인해 죽고 싶을 정도로 힘들었습니다. 약을 먹고 죽을까 하는 생각까지 했던 그 시점에 스승님을 만났습니다.

남편의 천도재를 권유받고 며칠 고민 끝에 돈보다 가족이 먼저라는 생각에 천도재를 하기로 결정하였습니다. 남편의 천도재 후 기가 막히게 큰딸과 막내아들의 싸움이 멈췄습니다.

항상 마음이 답답하고 근심스런 표정이던 저는 그날 이후 가슴이 뛰고 즐거워 이것이 사는 것이구나 하는 생각이 들며 세상이 다시 보이는 것 같았습니다.

그때부터 일주일에 한 번은 공부하러 선원으로 오게 되었고 다투던 자식들도 막내아들이 큰누나를 의지하면서 지금은 남매간 우애가 매우 좋아졌습니다.

또한 장가가지 않는 아들이 염려되어 결혼하길 원했는데 지금은 아들의 인생이 있고 내 인생이 있는 것이라고 마음이 정리되어 털 수 있게 되었고, 자식들에게 말을 부드럽게 하는 법을 배워 예전보다 더 잘 지내고 있습니다.

얼마 전 딸 셋과 함께 태국 여행을 다녀왔습니다. 일하느라 해외여행 한 번 제대로 못 가본 큰딸이 마음에 걸렸는데 이번에 날을 잡아

함께 여행을 다녀온 것이 너무 기뻤습니다.

공부한 덕에 여행을 가서도 항상 하늘과 자연에 먼저 인사를 건넸는데 그래서인지 여행하는 동안 날씨가 좋았고 교통편도 편리해서 너무나 편안한 여행을 하고 왔습니다.

큰딸과 함께 여행을 다녀오고 나니 이제는 자식들에게 할 일은 다 했다는 생각이 듭니다.

영성공부를 통해서 가족이 화목해지고 제 자신도 밝고 건강하게 살 수 있게 되어 행복합니다.

공부시켜 주신 스승님께 감사드립니다.

- 무더운 여름날, 제자 연심 올림

자연과 함께하는 공부

건강을 생각해서 자연 속에서 농사를 지어보고 싶은 마음에 매주 선원에 오고 있다. 처음에는 고추를 심었는데 해보지 않던 일이고 쓰지 않던 근육을 쓰게 되니 힘이 들었지만 꾸준히 농사에 참여하면서 지금은 많이 적응되었고 맑은 공기와 흙을 만지면서 매우 건강해진 것 같다.

그러던 어느 날 잡초를 제거하고자 계획을 잡고 도반들과 농장에 왔는데 느닷없이 잘 자라고 있던 옥수숫대들이 뿌리째 일제히 넘어져 있는 것을 발견했다.

조금 늦은 시기에 심어서 그런지 뿌리가 단단히 박히기 전에 키만 자란 옥수수들이 강한 바람을 이기지 못하고 넘어진 것이다.

나와 도반들은 이윤이 아닌 공부 목적으로 농사를 짓기에 당황하지 않고 곧바로 지지대를 세우고 옥수수를 묶어준 후 얕은 뿌리 위에 흙을 두텁게 덮어주었다. 하나 둘씩 지지대로 세워가다 보니 이것이 살리는 공부로구나 하는 생각이 들었고 다시 일어선 옥수수를 바라보니 보람과 희망의 에너지를 얻을 수 있었다. 무언가 살린다는 것이 매우 보람 있는 일이로구나! 그 작업을 통해 각자에게 들어온 공부를 대화로 나누며 공부하는 시간 동안 내면이 성장한 듯했다. 그래서 그 일이 더 즐거웠는지 모른다.

그 일을 끝내고 집에 가려는데 약초농장이 있는 산에 사는 개가 새끼를 출산하고 갑작스레 죽어 있는 것을 발견했다. 사실 아침부터 젖도 떼지 못한 새끼들이 울어댔었다. 그런데 바빠서 쳐다보지 못하다가 하도 새끼가 온 힘을 다해 울어대니 마음이 동했는지 도반들과 함께 구출하여 동물보호소로 보내기로 결정했다. 그리고 은신처에서 새끼들을 꺼내어 따뜻하게 해주고 우유를 먹였더니 그제야 안심했는지 잠이 드는 모습을 보았다. 오늘은 아침부터 저녁까지 살리는 공부를 했구나!

얼마 전에는 올해 처음으로 고추를 땄는데 고추의 매운 기 때문에 눈이 몹시 따가웠다. 그렇다고 눈을 비빌 수 없고 씻을 수 있는 상황도 안 되는지라 두 시간가량 참고 고추를 땄다. 무더운 날씨에 땀이 이슬비처럼 흘러내리고 눈은 매웠지만 나름 인내심을 길렀다. 당장 못 견디어 포기할 수 있지만 그것을 참는 과정에서 인내심이 길러진 것 또한 큰 공부였다.

얼마 전 선원에서 월출산, 달마산, 두륜산 산행을 다녀왔다. 처음 동행한 여행인지라 뭐가 뭔지 몰랐지만 함께하는 도반들과 어울려 놀고 공부를 나누고 평소 해보지 않던 경험들을 하다 보니 여행 후 몸과 마음이 매우 가벼워져 있다는 것을 알게 되었다. 특히 달마산 정상에서 본 절경과 그곳에서 받은 에너지가 나를 더 건강하게 만들어주었다. 웬일인지 그 이후로 사람들이 나에게 더 친근하게 다가오는 일상의 변화를 경험하였다.

늘 새로운 공부를 주시고 즐거운 대화를 나누며 공부하게 해주시는 스승님과 도반 여러분, 감사합니다.

— 여름날 고추 농사지으며, 제자 최완열 올림

삶의 방향을 바꾸어놓은 공부

사람은 누구나 굴곡진 삶으로 인해 많은 고민과 고통 속에 살기도 하며 희망을 갖고 하루하루 살아가기도 한다. 나 또한 그런 수많은 사람들 중 한 명이었다.

사업 부진으로 인한 빚과 물질적 어려움으로 직원과 주변 사람들에게 많은 피해를 주었다. 그러던 어느 날 지인으로부터 인생 상담 한번 받아보자는 권유를 받아 웅천마음선원 무진 선생님과 첫 만남을 갖게 되었다.

첫 만남임에도 상담은 장시간 진행되었으며, 장시간 상담 끝에 무진 선생님께서는 내가 누군지 과거부터 알 수 있도록 천도재를 권유하셨고 내가 승낙하자 일정을 잡아주셨다.

하지만 그때 형편이 너무 어려워 천도재 비용이 걱정되었다. 무진 선생님은 그런 나의 상황을 아셨는지 배려해 주시며 내가 할 수 있는 만큼만 할 수 있게 해주셨다.

며칠 후 예정대로 천도재는 진행되었으며 무려 네 시간이 넘는 장시간 동안 천둥번개를 동반한 비가 요란하게 내리며, 전기는 정전이 된 가운데 진행되었다.

그로부터 1년 후 기억을 더듬어 선원을 찾아오게 되었고 무진 선생님은 나에게 공부할 것을 권유하셨다. 무진 선생님의 권유에 그러기로 하였으며 2015년 9월 18일 대찬이라는 새로운 이름을 내려받았고 무진 선생님은 그렇게 나의 스승님이 되었다.

공부의 시작

첫 공부는 고추농장에서 땅을 파고 갈아엎으며, 두둑을 만들고 이랑을 내는 농사일이었다. 뜨거운 태양볕 아래 하우스 안에서의 농사일은 쉽지 않았다. 온몸이 땀범벅에 마음속에서는 꼭 이걸 해야 하나 하는 반감까지 올라왔으며 그 반감은 나를 부추기기 시작했다. 이렇게 안 해도 된다고….

그러나 도망치고 싶다는 갈등 속에서도 잘 이겨내면 모든 일이 순조롭게 풀려나갈 거라는 마음 하나만을 붙들고 나 자신을 다독이면서 하루하루(매주 토, 일)를 농장에서 보냈다.

1년간은 도무지 알 수 없는 공부를 하였다. 책도 보지 못하게 하셨으며, 일을 열심히 하면 또 누가 노동하랴 했냐고 호통을 치셨다. 그러시고는 이 공부는 인간공부가 아니라 신공부이며 내면공부라고 말씀하셨다.

인간으로서 듣지 말고 인간으로서 행하지 말라는 무진 선생님의 가르침은 당시 나의 입장에서는 도저히 이해가 안 되는 어려운 말씀이었다. 나는 답답한 마음만 가득했으며, 간혹 호기로 말씀을 알아들은 척하면, 척한다 하시며 꾸짖으시는데 나로서는 사방이 꽉 막힌 느낌이었다.

그로부터 1년이 더 지난 후 조금씩 귀는 열리기 시작했다. 참으로 신기한 일이었다. 같은 말임에도 불구하고 어느 때는 들리고 어느 때는 들리지 않았다. 후에 알게 되었는데 인간의 생각으로 들으면 들리지 않고 인간의 생각을 내려놓으면 들리기 시작했다.

영성공부(영을 성장시키는 공부)

영·기·신의 원리에 따라 내 내면 구조의 부족한 것을 하나씩 하나씩 채우고 다듬으면서 조금씩 변화가 일어났다. 이제 공부를 시작한 지 3년이라는 세월이 지나 되돌아보니 많은 과정을 통해서 공부를 내려주셨고, 나는 조금씩 알아가고 있었다.

뿌리공부를 통해서는 내면세계의 구조와 원리를 알게 되었고, 균형공부를 통해서는 지식과 지혜의 균형을 알게 되었으며, 겸손을 통해서 참된 반성을 알게 되었다. 그 외에 많은 과목들을 통해 내 자신을 알았고 지금은 편안함을 얻은 가운데 자유 또한 얻었다.

아직은 너무 부족하고 갈 길이 멀지만 한 발 한 발 앞으로 나아가다 보면 목표지점에 가까워질 것이다. 앞이 보이지 않고 좌충우돌 우왕좌왕하던 삶을 이렇게 바뀌도록 이끌어주신 무진 스승님께 진심으로 감사드리며 그 외에도 공부할 때마다 제대로 할 수 있도록 모범을 보여주시는 선배 도반님, 동료 도반님들께도 이 글을 빌어 진심으로 감사의 인사를 드립니다.

― 희망의 계단을 밟으며, 제자 대찬 올림

영성공부를 하며

지금의 회사에 입사하고 3년차 되었을 때 어려운 일이 생겼다. 너무 힘들어 어렵게 들어온 회사를 그만두고 싶었으나 차마 그러지 못해 죽을까 생각하던 차였다.

그때 스승님을 만나 영성공부를 알게 되었다. 처음 영성공부를 접했을 때 그렇게 어지럽던 마음이 정리되며 평온해졌다. 순식간에 일어난 너무나 놀라운 변화였다.

상담소를 찾아도, 정신병원에 가도 더 우울해지기만 할 뿐 나아지지 않았었다. 그런데 이렇게 순식간에 정리되다니… 너무 놀라웠고 이것이 내가 찾던 것이구나 하는 생각이 들었다. 그 뒤에 무엇인지도 모르고 매주 선원에 영성공부를 하러 갔다.

농장에서 처음 농사를 짓기도 하고 선원에서 공부를 지도받기도 했다. 무엇인지 모른 채 매주 선원을 다녔다.

그러다 1년이 지났을 때쯤 사무실에 직원이 전출을 왔다. 표현이 강한 여자였다. 예전 같으면 피했을 스타일의 직원이었다.

다시 1년이 지났을쯤 그 여직원이 나에게 이야기했다.

"주무관님, 1년 전과 지금은 완전 다른 사람 같아요. 사람이 확 커진 것이 느껴져요. 어떻게 그럴 수 있죠?"

다른 직원들도 나에게 밝아졌다, 전보다 커졌다, 의지가 된다 같은 이야기들을 하면서 종종 본인들의 고민을 털어놓았다.

"내가 주말마다 공부하러 가는데 그래서 커졌나 봐요. 너무 기분이 좋네요."

그런 곳이 있냐며 관심을 보인다. 공부한 이야기를 해주면 즐거워 한다.

'내가 영성공부해서 사람들과 편하게 이야기할 만큼 컸구나.'
너무나 기쁘고 인도해 준 내면과 스승님께 감사한 마음이 든다.
영성공부는 하면 할수록 자신이 커지는 것을 느낀다. 옛말에 사람은 절대로 변하지 않는다고 했는데 이 공부를 알게 되어 사람이 변해가는 것을 보고 성장하는 것을 느끼니 신기했다. 그러다 어느 순간 이 공부는 모두가 알아야 하는 것이구나 하는 생각이 들었다. 이 공부는 스스로가 주인이 되어 바로 서는 것이다.

사람들은 누구나 자기 자신이 누구인지 알고 바르게 서야 한다. 누군가의 노예가 되어 섬기려고 태어난 것이 아니다. 자신의 주인이 되어 나를 알아야 한다.

지금까지는 이러한 것이 없었다. 모두 나를 섬겨라. 누군가를 섬겨라. 그러면 구원받는다. 그렇게 많은 이들을 노예로 만들었다.

이것은 오류이다. 자신의 주인은 자기 자신이다. 이 오류는 정정되어야 한다. 그러기 위해서는 자기 자신을 알아야 한다. 어떻게 자기 자신을 알 수 있을까? 많은 시도가 있었지만 명확하게 설명해 준 이가 없었다. 설명했어도 당신의 수준이 너무 낮아 못 알아들었을 것이다. 못 알아들은 것을 전했으니 누가 이해할까?

영성공부를 해보니 조금씩 자신을 안다는 것이 어떤 것인지 알게 되었다. 자신을 알게 되니 내 안의 오류들을 정정할 수 있었다. 그러다 보니 어느 순간 많은 사람들이 "예전과 달라졌어요"라고 할 정도로 내 자신이 성장해 있었다.

참으로 기쁘다. 이 공부를 접해서 성장해 나가고 있는 이 상황이 즐겁고 흥겹다.

　지금 많은 사람들은 크든 작든 우울증을 가지고 있다. 대부분 우울증을 해결하지 못해 방황한다. 자신을 보고 원인을 찾아야 하는데 대부분 밖에서 찾는다. 자신의 잘못된 부분을 알아도 정정하지 못하고 결국에는 자신과 마주하지 못하고 회피해 고집과 아집이 되어버린다.

　흔히 말하는 꼰대가 되는 것이다. 내가 공부해서 변화하고 보니 안타깝다는 생각이 든다. 자신을 변화시키고 성장시킬 수 있는 공부가 있는데 대부분 찾지 못해 헤맨다. 그리고 고통스러워한다.

　많은 사람들이 이 공부를 접해 자신을 성장시켰으면 좋겠다. 그러면 인생이 훨씬 즐거워질 것이다. 내가 왜 그렇게 집착했지? 싶은 생각이 들며 자신을 편하게 하는 방법도 알게 되었다.

　이 공부는 모든 현대인에게 필요하다. 그러나 많은 사람들이 모르고 헤맨다. 찾으려 하지만 찾지 못하고 사기당하는 경우도 많다.

　먼저 공부를 시작한 자로서 자신 있게 이야기할 수 있다.

　"영성공부를 시작하세요. 마음이 편안해지고 커지는 자신을 느낄 수 있습니다. 인생을 즐겁게 살 수 있습니다. 인생을 즐기세요."

　　　　　　　　　　　　　－ 한 단계 한 단계 올라가며, 제자 아연 올림

새로 태어난 삶

그동안 산전수전 다 겪으며 세파에 시달리다 남은 건 병밖에 없어 죽지 못해 살았습니다.

우울증이 와서 정신병원에도 가봤지만 치료가 안 되어 그냥 있었습니다. 그러다 딸의 소개로 웅천선원 스승님을 만나서 무엇인지도 모르지만 영성 심리 상담받고 영성공부하면서 마음도 몸도 좋아지고 머리 아프고 몸 아픈 것도 많이 좋아졌습니다.

영성공부하는데 눈에 보이지는 않지만 무엇인가 도움을 받아 건강이 호전되었습니다.

성격이 모나고 사람들과 다툼이 많았는데 내려놓는 것을 배우고 물 흘러가는 대로 사는 것을 배워서 마음 편히 살고 있습니다.

공부하면서 겪은 일이 너무 많아 모두 이야기할 수는 없지만 이끌어주신 스승님께 감사하고 고맙습니다.

– 새로 태어난 제자 해심 올림